WALDEMAR BONSELS

Indienfahrt

Nachwort von
Vridhagiri Ganeshan

MANESSE VERLAG
ZÜRICH

CIP-Titelaufnahme der Deutschen Bibliothek

Bonsels, Waldemar:
Indienfahrt / Waldemar Bonsels
Nachw. von Vridhagiri Ganeshan
Zürich : Manesse Verlag, 1989
(Manesse Bibliothek der Weltliteratur)
ISBN 3-7175-1764-3 Gewebe
ISBN 3-7175-1765-1 Ldr.

Indienfahrt

ERSTES KAPITEL

Von Panja, Elias und der Schlange

Als ich in der gesegneten Provinz Kanara in der Stadt Cannanore anlangte, führte mich der Hindu Rameni vor das Haus, das er mir für die Zeit meines Aufenthaltes vermieten wollte. Es war nach der Art der europäischen Häuser Indiens erbaut, einstöckig, mit hohem, überhängendem Dach und einer breiten Veranda, die die ganze Front entlanglief. Ich erblickte es, nachdem wir uns mit vereinten Kräften durch den verwilderten Garten gearbeitet hatten. Rameni sagte: «Dies ist mein liebstes Besitztum auf Erden. Ich habe es geschont und behütet, und seit sieben Jahren hat kein menschlicher Fuß es betreten. Sein letzter Bewohner war Sahib John Ditrey, ein englischer Offizier von großer Macht, dem jeder Soldat Gehorsam leistete, der in seine Nähe kam. Er war Tag für Tag glücklich unter diesem Dach und wäre es heute noch, wenn die Regierung ihn und seine Leute nicht an einen anderen Ort verschickt hätte.»

Ich betrachtete die großen, meist leeren Räume, in denen sich eine üppige Vegetation entwickelt hatte und in denen eine Tierwelt ihr Dasein fristete, deren Mannigfaltigkeit meine Erwartungen aufs höchste steigerte.

«Alle diese Tiere sind arglos», sagte Rameni freundlich, «sie werden sich zum großen Teil wahrscheinlich zurückziehen, denn sie lieben die Gesellschaft der Menschen nicht. Aber da du in Begleitung bist, Sahib, einen Hund, einen Diener und einen Koch mitgebracht hast, wird dein Gemüt von keiner Einsamkeit zernagt werden. Ich gebe Hühner, wenn du willst...»

Rameni beherrschte die englische Sprache in einem Maße, daß ich fühlte, wie meine Haare sich unter dem Korkhelm sträubten.

«Auch du bist ein Engländer», sagte er zu mir, als er eine lange Ruhmrede auf Sir John Ditrey, den Offizier, beendet hatte.

Ich sagte ihm, daß ich ein Deutscher sei, und er tröstete mich.

«Ich habe von diesem Land niemals gehört», sagte er endlich, «aber seine Bewohner gelten als freigebig, und wahrscheinlich ist es reicher als das Britische Reich.»

Da ich ihn verstand, fragte ich nach dem Preis, den er als Miete für seine Besitzung fordere. Er sprach darauf so eifrig von anderen Dingen, daß meine Befürchtungen an Raum gewannen. Endlich gelang es mir, ihn zu Geständnissen zu überreden, und er begann zu rechnen und addierte mit geheimnisvoller Ergriffenheit die Verluste zusammen, die ihm in den sieben Jahren entstanden waren, in denen sich kein Mieter gefunden hatte. Ich beobachtete schweigend ein Volk weißer Ameisen, das die Dielen des Fußbodens und das Mauerwerk auf das geschickteste zur Anlage ihrer Ortschaften untergraben hatte. «Ich werde euch nicht hindern», dachte ich, «eure Reiche sollen unter meiner Herrschaft zu ungeahnter Blüte gelangen, und ich will euch ein weiser Fürst und treuer Gefährte sein.» Durch das Palmendickicht am Fenster strahlte die Morgensonne, durch grüne Schleier voll zackiger Ornamente. Das unfaßliche Bewußtsein jenes Glücks, unter dem ich erzitterte, seit ich den Boden Indiens betreten und zum erstenmal den Geruch, die Wärme und das Licht dieses Landes eingesogen hatte, sank mir aufs neue ins Herz.

«Fürchte dich nicht, Sahib», sagte Rameni und zählte an seinen krampfhaft gespreizten Fingern, vor Zweifel, Hoffnung und Erwartung beinahe fassungslos. Ich sprach von meinem Mut, und er hob die Hand zum zehnten Male, um aufs neue die braunen, mageren Finger von rechts nach links nebeneinander zu ordnen. Dann vergaß er alles und sprach hastig von der Teuerung und den schlechten Reisernten. «Jeder Kuli wird es dir bestätigen», rief er, «soll ich einen rufen?»

«Wieviel forderst du?» sagte ich streng. «Ich habe von einem Haus am Meer gehört, das der Kollektor vor Jahren bewohnt haben soll und das die Regierung für einen geringen Preis hergibt.»

Rameni gab sich mit großer Anstrengung einen Ruck und teilte mir mit, daß das Haus im Jahre wohl einen Mietwert von hundert Rupien habe, für die verlorenen sieben Jahre wolle er mir nur den vierten Teil dieser Summe in Rechnung stellen, unter der Bedingung, daß ich ihm für die drei kommenden Jahre den vollen Preis vorauszahlte.

Als ich nickte, erblaßte er. «Sahib», stammelte er, «verspottest du deinen Diener? Es ist wahr, ich habe eine große Forderung gemacht. Vergessen wir die sieben verderblichen Jahre, ich werde die

Schickung des Himmels verschmerzen, zumal sie vorbei ist. Wenn du in der Tat drei Jahre vorausbezahlst, so werde ich dir so lange dienen, als ich lebe.»

Ich habe über meine Bereitwilligkeit niemals Reue empfunden, und obgleich ich nur einige Monate in Cannanore geblieben bin, hat mein geringes Opfer sich in der ausgiebigsten Weise belohnt, denn Rameni setzte seine ganze Ehre ein, um die Beschämung gutzumachen, die ich ihm ohne meinen Willen angetan hatte. Er sandte mir beinahe täglich Eier und Früchte, Fische oder Geflügel und widersetzte sich keinem meiner Wünsche, die sich auf Einrichtungen oder Veränderungen in Haus und Garten bezogen. Erst als er nach Wochen bemerkte, daß ich in einem Glaskasten eine lebende Kobra unterhielt, zog er sich von mir zurück, ohne meine Schwelle noch einmal zu betreten und ohne meine Hand noch einmal zu berühren. Er vermied es weniger aus Furcht und, wie ich zuverlässig weiß, nicht ohne Kummer, sondern weil er es nicht mit seinen Überzeugungen vereinigen konnte, eine Gottheit gefangenzusetzen, um durch eine Glasscheibe zu beobachten, was sie tat. Aber die Zeit unserer Gemeinschaft bis zu dieser Entdeckung gehört zu den liebenswürdigsten Erinnerungen meiner indischen Jahre.

Als mein Gepäck auf einem Ochsenwagen vom Hafen herbeigeschafft worden war, begann ich die bestgelegenen Zimmer für die Nacht einzurichten, wobei mir mein Diener Panja und der Koch zur Hand gingen. Panja warnte mich oft und eindringlich, kannte mich damals aber schon gut genug, um zu wissen, daß gerade seine Befürchtungen nur zu häufig auf dasselbe hinausliefen wie meine Hoffnungen.

Der Koch, ein Sohn aus den Bergen von Südmaratta, der in Bombay an den Umgang mit Europäern gewöhnt worden war, widerstand längst nicht mehr dem Bösen in mir. Allerdings war ich ihm gleichgültig; er tat verschlossen und in stoischer Ruhe seine Pflicht, bestahl mich, wo er konnte, und erwartete mit matt gesenkten Lidern meinen Untergang, den er jedesmal voraussagte, wenn ich ihn über einer Ungehörigkeit ertappte. Trotzdem habe ich immer eine Neigung für diesen eigensinnigen und auf seine Art stolzen Mann empfunden, der es nicht über sich brachte, sich vor den Europäern zu beugen, und der seinen Haß gegen die Fremden um der Liebe zu seiner Heimat willen nährte. Gegen Panjas gefügige Unterwürfigkeit, die übrigens keiner niedrigen Gesinnung entsprang, sondern einer kindlichen Bewunderung für den Glanz alles Fremden, hob sich der schweigsame Widerstand dieses Mannes seltsam würdig ab. Ich nannte ihn Pascha, weil ich seinen Namen nicht behalten konnte. Das hätte übrigens niemand gekonnt.

Als ich auf die Veranda hinaustrat, um mich davon zu überzeugen, daß im Hause keine Scheibe heil war, hockte Panja auf einer Bücherkiste, rauchte und zog meine Hängematte über die Knie.

«Sie ist überall zerrissen», sagte er, ohne aufzustehen und ohne, wie er es anfangs getan hatte, bei meinem Herannahen in größere Arbeitseile zu verfallen. «Sahib, das kommt davon, wenn du eine Hängematte zum Fischen im Fluß verwendest.»

«Es war ein ausgezeichneter Gedanke», entschuldigte ich mich.

Aber Panja antwortete nur: «Du hast nichts gefangen.»

Ich untersuchte die Fußböden, die überall von den Ameisen untergraben waren; die Steinfliesen und Bretter schaukelten fast alle oder sanken tief ein, wenn man darauf trat, ein Sodom und Gomorrha dieses Volks vernichtend.

«Wenn du sehen willst, was diese Tiere tun», sagte Panja spöttisch, «so darfst du sie nicht stören. Übrigens sind Ratten im Haus», fügte er hinzu, «und vor dem Tor von Cannanore ist die Pest.»

«So müssen wir Katzen halten», entschloß ich mich. «Morgen wirst du in die Stadt gehen, um welche zu kaufen.»

Panja sah mich mitleidig an. «Wer wird eine Katze bezahlen?» fragte er. «Überall laufen sie herum. Auch in diesem Hause werden Katzen wohnen.» Er meinte die Moschuskatzen, eine kleinere Art, die mir in Malabar viel begegnet ist und die in fast keinem älteren Gebäude fehlt.

So beschloß ich zu warten. Aber da die Ratte als Trägerin der Pest gilt und diese furchtbare Seuche immer noch nicht erlosch, obgleich die eigentliche Regenzeit längst vorüber war, handelte es sich darum, vorsichtig zu sein. Meistens erlischt die Pest mit dem letzten Regen, zu Beginn des indischen Frühlings, da ihr Bazillus nur im Feuchten fortkommt. Mit dem ersten Regen, nach der heißen Zeit, taucht sie aufs neue auf.

Übrigens könnte die Darstellung unseres Geprächs ein falsches Bild meiner Stellung zu Panja geben und der Stellung der Europäer zu den dienenden Klassen der Hindus überhaupt. Es ist wahr, daß ich Panja, wie überhaupt allen Leuten, die mir dienten, viel persönliche Freiheit ließ, aber meine Opfer an Autorität oder gar an Selbständigkeit wurden durch eine Gegengabe bedankt, die ich immer höher eingeschätzt habe als jede andere Darbietung, und dieses Geschenk bestand in der freimütigen Offenheit des Menschenwesens. Die Verwendbarkeit eines Menschen ist der geringste Teil seiner Anlagen, die mir Interesse abnötigen, und alle Unterwürfigkeit verbindet sich mit Verstellung. Die Art, wie die Engländer die Hindus behandeln, verschließt ihre Charaktere und unterdrückt ihr wahres Wesen, wenngleich ich ohne Einwand zugebe, daß solche Stellungnahme wie die ihre das unerläßliche Erfordernis zur Beherrschung des Landes ist. Aber ich bin nicht nach Indien gereist, um es zu beherrschen.

Übrigens gab es auch zwischen Panja und mir erregte Szenen im Ringen um die Oberhand des Einflusses. Für gewöhnlich endete solch ein Auftritt damit, daß ich diesen Sklaven niederschlug. Nun waren allerdings mein Schlag und sein Niedersinken zwei Erscheinungen, die in keinerlei Beziehung zueinander standen, denn häufig brach er schon zusammen, bevor meine Hand ihn erreicht hatte, und im schlimmsten Falle wußte er sich für gewöhnlich immer noch auf eine Art zu wenden oder zu schützen, die kaum mehr als eine Deformierung seines Turbans oder seiner geölten Haarfrisur zuließ. Trotzdem brach er jedesmal zusammen, wälzte sich von einer Ecke des Zimmers in die andere, beklagte heulend meine Undankbarkeit und die Folgen seiner Treue.

Aber ehe der Abend hereinbrach, sorgte er doch dafür, daß die Last solcher Verschuldung gegen ihn mir nicht die Nachtruhe raubte. «Sahib», sagte er und pflanzte sich kerzengerade vor mir auf, wobei ein Stolz und eine Menschenwürde seine Züge verklärten, die in der Tat mein Herz mit Dankbarkeit erfüllten. Aber er schien nicht zu wissen, wem er beide verdankte. «Sahib, wie konntest du dich so vergessen?»

Sein Gesicht trug einen Ausdruck so ehrlicher Traurigkeit, daß ich alles eher vermocht hätte, als an ihr zu zweifeln. Ich erklärte ihm bescheiden den Umfang seines Vergehens und die Bedeutung der Folgen, aber in solchen Fällen verstand er nicht genügend Englisch, um mich zu verstehen.

«Deine Studien in Hindustani machen keine Fortschritte», meinte er dann etwas betrübt, und wir beide waren froh, ein Gebiet gefunden zu haben, das uns wieder auf die Straße unseres gewöhnlichen Verkehrs brachte. Es kamen dann Zeiten eines glücklichen Wandels und schönster Gemeinschaft, in denen Panjas Selbstentäußerung so weit ging, daß er sogar meinen Whisky unverdünnt auf den Tisch brachte und ich daher genau nachprüfen konnte, wieviel er aus der Flasche gestohlen hatte.

Ich war damals im zehnten Monat in Indien, und außer Panja und Pascha war noch ein prächtiger Hund die ganze Zeit hindurch mein treuer Begleiter gewesen. Er hieß Elias und hatte eben sein erstes

Lebensjahr vollendet, so daß mir vergönnt gewesen war, seine Erziehung selbst zu leiten und seine Entwicklung zu überwachen. Leider ist es bei den Hunden so bestellt, daß man bei einem zwei Monate alten Tierchen sehr schwer in der Lage ist, über seine Abstammung und seine endgültige Ausgestaltung irgend etwas mit Bestimmtheit auszusagen. Aber ich habe immer eine besondere Neigung für solche Menschen empfunden, die allen Erscheinungen und Personen die besten Seiten abzugewinnen wissen und ihre eigenen Tugenden in andere so lange hineinlegen, bis sie eines Schlechteren belehrt werden. Und in der Nacheiferung solcher Charaktere ist es mir gelungen, in Elias das Muster eines vortrefflichen Tieres zu erblicken. Ich möchte bei der Aufzählung seiner Vorzüge nicht in Dingen seiner äußeren Erscheinung steckenbleiben, zumal nicht abzusehen ist, ob sich im Laufe der Zeit nicht noch das eine oder andere bei ihm verändern wird, aber sicher ist, daß er einen gesunden Appetit und einen gesunden Schlaf hat. Er ist außerordentlich vorsichtig und begibt sich niemals in Gefahr, auch fällt er keine Fremden an und unterdrückt seine Wachsamkeit aufs äußerste, was mir um so willkommener ist, als ich oft in aufreibende geistige Arbeit verstrickt bin, bei der jedes Gebell mich stören würde. Seine Anhänglichkeit ist so groß, daß er sie auf alle Menschen erstreckt, die ihm begegnen, und besonders muß man, ohne das Vorurteil einer selbstsüchtigen Hoffnung, den außerordentlichen Eigensinn seines Willens rühmen, der die Grundlage des echten Charakters ist. Elias läßt sich weder durch Drohungen noch durch Versprechungen dazu bringen, die Wünsche anderer – oder die meinen – zu beachten. Er verunreinigt weder den Garten noch die Straße und nimmt uns auch, was seine Fütterung betrifft, jede Mühe ab, die durch Herzutragen von Nahrung entsteht.

Leider ist es mir bisher nicht gelungen, zwischen ihm und Panja ein erträgliches Verhältnis herzustellen. Wahrscheinlich läßt Panja sich als Orientale in seinen herkömmlichen Begriffen vom Wesen des Hundes gehen; sicher ist, daß ihm jedes tiefere Verständnis für Rasse abgeht.

«Sahib, was ziehst du für ein Schwein ins Haus?» rief er, als ich damals den eben erworbenen Elias heimbrachte.

«Er ist bestaubt, und die Schnur hat sich am Hals zugezogen», sagte ich; «warte, bis er gewaschen ist.»

«Willst du ihn waschen?» fragte Panja und verschlang abwechselnd mich und Elias mit übergroßen Augen.

«Es ist ein vorzüglich veranlagtes Tier, das uns gute Dienste leisten wird», versicherte ich etwas enttäuscht von dem Empfang, den uns Panja bereitete, und mit einem nachdenklichen Blick auf Elias, der die Türschwelle bekämpfte und in seinem hilflosen Eifer einen entzückenden Anblick unschuldiger Tatkraft bot.

Wenn nicht alle Samenkörner, die ich in Elias' junge Seele legte, zu gedeihlicher Entfaltung erblüht sind, so ist sicher Panja schuld daran, der seine herabwürdigende Meinung über dieses Tier niemals bekämpft hat. Nach meiner Überzeugung verdankt alle pädagogische Einwirkung auf ein unerwachtes Gemüt ihren Erfolg der gemeinsamen Mühe aller Hausgenossen. Solange Elias keinen Rückhalt an Panja hat und Panja Elias zur Quelle allen Übels macht, werde ich kaum an einem von ihnen die volle Freude erleben, die ich mir versprochen habe.

Der Abend überraschte uns nach diesem ersten Tag in Cannanore. Panja stöberte in den Kisten umher, um Kerzen zu finden, und warf alles durcheinander, um Ordnung zu schaffen. Die Moskitoschleier für mein Lager befanden sich in der größten Kiste zuunterst, da Panja sie bei unserem Aufbruch naturgemäß zuerst abgenommen und damit auch am tiefsten vergraben hatte.

Ich saß noch lange, nachdem Panja schlief, auf der Veranda meines Hauses und wartete auf den Mond und auf die Kühle. Aus den unbeweglichen Vorhängen der Bäume, Büsche und Pflanzen des Gartens zog ein schwüler Hauch voll betäubender Gerüche, alles blühte, und eine leidenschaftliche Lebensfülle drängte auf mich ein, um den Weg in mein Blut zu finden. Überall entzündete der gewaltige, stille Drang zu überschwenglichem Keimen die von den Grillen schallende Luft, die so ruhig war, daß die Flamme meiner Kerze nur wie in der Bedrängnis der übersättigten Luft zitterte, ohne zu flackern. Aus den Palmwaldungen, irgendwoher aus der Ferne hinter dem Garten, klangen die Blasinstrumente der Hindus aus einem Tempelhof, untermischt mit einförmigem, blechernem Klirren. Man merkte dem begleitenden

Gesang die zunehmende Trunkenheit der priesterlichen Sänger an.

Wenn ich die Augen schloß, überwältigte mich bei dieser Musik ein Bild aus meiner frühesten Kindheit. Ich erinnerte mich, daß ich einmal durch ein seltsames Klingen, dem ich nichts von allem Bekannten zu vergleichen vermochte, aus dem elterlichen Garten auf die Landstraße gelockt wurde. Es schallte fernher, von dort, wo die Chausseelinden, die sich beim Dorf aneinander zu nähern schienen, alles in geheimnisvolle Schatten hüllten, und ich lief hinaus in die Sonne; die Gartentür blieb hinter mir offen, und ich vergaß das Verbot meiner Mutter.

Vor einem Bauernhof fand ich im Kranz einer hellhaarigen Schar von Dorfkindern zwei große, traurige Männer unter einem Baum stehen, mit schwarzen Bärten und in langen Mänteln. Sie bliesen diese schreiende Musik auf grauen Säcken und überwältigten mein Herz zum ersten und größten Ereignis meiner Kindheit. Ich weiß deutlich, daß ich wie in einem Taumel des Bluts Halt suchte, um nicht zur Erde zu sinken. Heute begreife ich, daß seit jener Stunde die Ahnung einer schmerzlichen Ruhelosigkeit in meiner Seele wach geworden ist und daß der erste Blick meines Geschicks mich segnete. Immer noch gehen die Wünsche meiner Seele dieser tierhaften Klage voll ungestümer Lustbegier wie im Banne einer Erlöserhoffnung nach. Sie tauschen mir das Nahe und Vertraute gegen das Fremde und Ungewisse ein, das Haus gegen die Straße und die Heimat gegen die Welt. –

Als ich die Augen öffnete, saß ein großer brauner Nachtfalter auf dem kupfernen Griff des Leuchters und sah bestürzt und hilflos in das unfaßbare Licht. Nach einer Weile begann er langsam die Flügel zu heben und zu senken, und seine Augen voller Angst und unbeweglicher Schwärze füllten sich mit dem Lichtwesen des heiligen Feuers. Die Luft trug seine starken Flügel leicht, diese Luft, die so schwer in meine Brust einzog und so ermüdend auf ihr lastete. Ich bemerkte erst jetzt, daß die Veranda sich bevölkert hatte und daß ein geflügeltes Geschlecht nächtlicher Vagabunden bei mir zu Gast gekommen war. Alles drang auf geheimnisvolle Art aus dieser grünen Mauer hervor, die mich und mein Haus einschloß. Der Mond mußte hinter ihr aufgegangen sein, denn ich unterschied in der warmen Pflanzenwand nun hellere und dunklere Flecke, die Ornamente der Palmenfächer und die gewaltigen Formen der Bananenblätter, die wie die Keulen schlafender Riesen emporragten oder gebrochen wie zerrissene Häute niederhingen. Den Himmel konnte ich nicht sehen. Da löschte ich mein Licht aus, und eine matte, magische Dämmerung erhob sich lautlos um mich her, als sei die Welt durch ein grünes Glasmeer vom Licht getrennt.

Von allem, was dem Menschen gegeben ist, sind seine Gedanken das Herrlichste. Und die Nachtgeborenen, die auf ihrer Reise über die Erde das unvergängliche Licht erstreben, werden in der Nacht am lebendigsten, als erwachten sie im Dunkeln, wie in heimlicher Angst, zu verdoppelter Tatkraft. Ihnen ist nichts verschlossen, der Weg in die Zukunft ist ihnen so frei wie der in die Vergangenheit, und sie dringen in die Geheimnisse der versunkenen Geschlechter ein, in die Kelche der Blumen und in den Schlafraum der Geliebten. Die kleinen Dinge des Alltags, mit denen sie sich beschäftigen, nehmen ihnen die Schwungkraft nicht, das Wesen Gottes zu ermessen. Ihr Triumph liegt im Grenzenlosen, und ihr unbewußtes Ziel ist die Ewigkeit. Je stärker sie sind, um so mehr streben sie die Ordnung an, die Schwester der Erkenntnis, und es ist ihre irdische Arbeit, die Zusammenhänge zwischen den versunkenen und den gegenwärtigen Geistern zu finden.

Während ich so meinen Besinnungen freie Fahrt ließ, hörte ich merkwürdige Geräusche aus dem Hause dringen; bald war es ein Scharren oder Pochen, bald rieselte es von den Wänden oder knisterte im Gebälk. Manchmal unterschied ich Tierstimmen, seltsam klagende Laute des Kampfes oder der Liebe. Es war schwer zu unterscheiden, ob die Laute von außen oder von innen zu mir drangen, aber ich entzündete nach kurzer Zeit mein Licht aufs neue, um den Ungewißheiten der nächtlichen Dämmerung zu entgehen. Als ich aufbrach, um mich zur Ruhe zu begeben, war der Mond voll aufgegangen; es lockte mich, den beschienenen Garten zu betreten, aber die damit verbundenen Gefahren waren auf einem fremden und seit langem von Menschen verlassenen Gebiete zu groß.

Im Hausgang schlief Panja auf seiner Kokosmatte am Boden, und sein Schnarchen beruhigte mich als der einzige vertraute Laut in dieser Abgeschiedenheit. Im Hintergrund flüchtete ein niedriger Schatten lautlos in eine der geöffneten Türen der Gartenzimmer. Ich erwog es, ihm nachzugehen, unterließ es aber. Elias lag auf meinem Bett, als ich eintrat.

Die Holzstäbe an den Fenstern waren morsch und teilweise zerbrochen, Scheiben waren nicht mehr vorhanden. Auch hier verhüllte die undurchdringliche Pflanzenwand den Ausblick ins Freie und den Zuzug frischer Luft. Der Blütenduft im Raum war berauschend, bald giftig, bald süß, die Düfte erschienen mir schwer und greifbar, während der Gesang der Grillen betäubend im Mondlicht zunahm.

Ich untersuchte meine Schußwaffe, obgleich ich wußte, daß sie in Ordnung war, und rückte mein Lager weit vom Fenster ab. Es stand mir schwer bevor, Elias wecken zu müssen, denn es war mir bekannt, daß ihn jede Störung aufs tiefste verletzte, und für diese unsichere Nacht wollte ich meinen einzigen Gefährten ungern verstimmen. Aber er knurrte nur unwillig und schlief am Boden weiter, ohne recht erwacht zu sein. Da ich gezwungen war, das Licht bald zu löschen, weil seine Anziehungskraft auf die Insektenwelt zu groß ist, lag ich bald unter den Gazevorhängen im grünlichen Dämmerlicht und versuchte einzuschlafen.

Draußen wurde es von Viertelstunde zu Viertelstunde lauter und leidenschaftlicher; die Lebendigkeit des fremden Getiers teilte sich meinem Blut in aufreizender Art mit, und ich fühlte den Augenblick herannahen, in welchem man die letzte Hoffnung auf Schlaf fahren läßt. Meine Gedanken beschäftigten sich mit den vielerlei Veränderungen und Einrichtungen, die für einen dauernden Aufenthalt in diesem Hause notwendig waren. Solche Erwägungen verstimmten mich, wie leicht gleichgültige Dinge es tun, die mit einem Augenblickszwang an Stelle guter und harmonischer Besinnungen treten. Aber allmählich umfaßten meine Gedanken die Gegenstände nicht mehr, mit denen sie sich abgaben, die Umrisse verwischten sich; ich hatte unter den geschlossenen Lidern noch den unbestimmten Eindruck, als ob es im Zimmer heller geworden sei, und das Grillengeschrei verschwamm zu einem schwülen, drückenden Luftmeer, in dem ich leblos dahintrieb. Ich versank in Schlaf wie in einen Opiumrausch.

Ein weiches Gedränge an meiner Seite ließ mich auffahren; erstarrt blieb ich in der Haltung liegen, in die mich mein Erwachen gestürzt hatte, bis ich Elias erkannte, der sich mitsamt dem Moskitoschleier unter meine Decke verkrochen hatte. Wäre nicht ein schrecklicher Lärm im Zimmer stärker als mein Zorn gewesen, so hätte ich sicher meinem unschuldigen Hunde eine ganz neue Art des Luftsprungs beigebracht, aber mein Instinkt sagte mir rasch, daß das äußerste Entsetzen Elias zu seinem Vorgehen veranlaßt hatte. Er zitterte heftig, und sein Winseln glich den Lauten der Todesangst. So ließ ich ihn gewähren, drückte ihn an mich und forschte nach der Ursache des eigentümlichen Lärms, der meinen Schlafraum füllte.

Es war fast hell im Zimmmer, da der Mond nun so hoch am Himmel stand, daß seine Strahlen durch die Palmenwipfel den Weg ins Haus fanden, aber die Lichtflecke am Boden und die blassen Streifen in der Luft verwirrten mein Auge anfänglich, bis ich erkannte, daß der Fußboden von einer erregten Schar großer Ratten wimmelte, die sich wie zu einem Angriff an der einen Seite des Raums gesammelt hatten. Ihnen gegenüber kauerte in der Ecke eine Katzenfamilie, kleinere, langhaarige Tiere mit ihren Jungen, und zwischen den beiden Parteien lagen getötete Ratten, einige verwundete schleiften sich mühsam unter kläglichem Piepen voran, einen Blutstreifen hinter sich zurücklassend.

Es war deutlich erkennbar, daß die Katzen – ich zählte deren ohne die Jungen etwa vier oder fünf – sich im Zustande höchster Angst und äußerster Bedrängnis befanden. Sie kämpften einen Verzweiflungskampf gegen die Übermacht der Ratten. Ihr drohendes Fauchen und Miauen hatte etwas selbst überlegene Gegner außerordentlich Einschüchterndes, und ihre Gebärden erinnerten mich an die eines gereizten Panthers. Es schien eine alte Feindschaft zu sein, die seit langem im Bereich dieses Hauses herrschte und die in dieser Nacht vielleicht zum soundsovielten Male blutig ausbrach. Es mag einmal anders gewesen sein, vielleicht herrschte vorzeiten das Geschlecht der Katzen ohne Einschränkung und als tyrannischer Unterdrücker der Ratten, bis diese zu jener Überlegenheit gelangt waren, die mir jetzt über jeden Zweifel erhaben schien.

Die Ratten rückten langsam und mit widerwärtigen Lauten des Zorns und der Blutgier heran. Das magische Licht und der fast leere Raum, dessen Ekken in Dämmerung gehüllt waren, verschob meinen Sinnen auf eigenartige Weise die Verhältnisse von Größe und Weite, es kam mir vor, als rückten dunkle Ungeheuer zum Kampfe gegeneinander heran; ich selber war kleiner als sie, auf einem weit entfernten Berg.

Als die erste Katze – wie es mir erschien, ein alter und erfahrener Kater – zur Verteidigung mit einem langen, flachen Satz vorsprang, erschreckte und begeisterte mich die Wildheit ihrer Bewegung. Der Kater verließ sich im Kampfe weniger auf sein Gebiß als vielmehr auf seine Pranken, die mit zäher Geschmeidigkeit und tödlicher Sicherheit dreinhieben. Die Ratten stoben anfangs auseinander, als er mitten unter sie sprang, nur eine, die von seiner Tatze getroffen worden war, wand sich schreiend neben ihm am Boden, ohne daß er sie vollends tötete oder auch nur noch beachtete. Seine glühenden Augen, dicht über dem Boden, waren auf die aufs neue heranrückenden Gegner gerichtet. Sie kamen langsam und mit häßlichem Kreischen näher, aus welchem sowohl Todesangst als auch äußerste Kampfeswut klangen, aber ein erneuter Sprung des Katers mitten unter sie hatte nicht mehr die gleiche Wirkung wie der erste. Die diesmal getroffene Ratte hatte sich offenbar an seiner Lippe festgebissen; jedenfalls schlug das Tier, von seinen Schmerzen wie von Sinnen, mit ungeheuerer Wut planlos um sich, sprang hoch empor und wälzte sich am Boden, während immer die eine Ratte, schon fast zerfleischt und in Strömen blutend, an seinem Maule festgebissen hing und hin und her geschlenkert wurde, hinauf und hinab. Und während ich, von Grauen fast atemlos, sah, daß die unheimlichen, schattenhaften Gefährten der geopferten ersten sich von allen Seiten in der kämpfenden Katze festbissen, beobachtete ich sogleich, wie hart an der Wand eine andere Rattenschar gegen die in der Ecke zusammengedrängten Katzen vorrückte. Sie glitten, eng aneinandergedrängt, wie ein langsamer Schatten dahin, und das furchtbare Geschrei des sterbenden Katers mitten im Zimmer begleitete ihren gespenstigen Zug wie eine greuliche, herausfordernde Kampfmusik.

Plötzlich, wie auf einen heimlichen Zuruf hin, stürzte der herannahende Schatten blitzschnell auf die zusammengekauerten Katzen, und es entspann sich ein zweiter, nicht weniger erhitzter Kampf im Dunkel, der mich um so mehr entsetzte, als ich keine Einzelheiten zu erkennen vermochte.

Ein winziges, junges Kätzchen von zärtlicher Anmut flüchtete betroffen – und scheinbar die Gefahr kaum ahnend – mit zierlichen Sätzen ins Licht. Zwei rasche Schatten folgten ihm, man sah keine Bewegungen an ihnen als einzig die des Dahingleitens, und in wenigen Augenblicken war das Tierchen zerfetzt. Auf den kurzen, jammervollen Angstschrei arbeitete sich die Mutter mit verzweifelten Anstrengungen zur Hilfe heran, und zu meinem Entsetzen sah ich die schauerlichen Nachtgesellen in ihren Leib verbissen, und sie schleppte, vor Schmerzen heulend, wie ich niemals eine Katze habe klagen hören, ihre blutdürstigen Mörder mit sich, ohne ihrem Kinde Hilfe bringen zu können.

Wäre dieser Kampf nicht gleich darauf auf eine entscheidende Art unterbrochen worden, so hätte ich sicher eingegriffen, um ihn endlich zu beenden. Ich habe mich später oft gefragt, was mich daran gehindert haben mochte, es gleich zu tun. Dem Menschengemüt haftet ein sonderbarer Hang an, kämpfenden Tieren zuzuschauen, und der wollüstige Genuß an solch erregenden Schauspielen ist nicht nur verwerflicher Art, sondern er muß auch eine Achtung vor den selbsttätigen Bewegungen der Natur zur Grundlage haben und ein heimliches Bewußtsein für die Wahrheit, daß der Mensch ihrem Walten weder etwas nehmen noch hinzufügen kann.

Ich entsinne mich, daß ich schon als Kind einem Hahnenkampf mit Freude und Genugtuung zuschaute und daß ich sein Ende mit dem erhebenden Gefühl einer Bewunderung und ohne Beschämung erwartete. So habe ich als Knabe auch nur schwer begreifen können, daß die Menschen Hunde zu trennen suchten, die in eine Beißerei geraten waren, und obgleich einem reizenden Affenpinscher, den ich mein eigen nannte und dem ich aufrichtig zugetan war, von einem Wolfshund die Kehle durchgebissen wurde, weiß ich doch gut, daß ich trotz meines Schmerzes dem bösen Sieger mit einer Ergriffenheit nachschaute, die geradezu an Anbetung grenzte und die mit heftigem Neid auf seinen Lorbeer gemischt war.

In jenem Augenblick nun, als ich, von Entsetzen und Mitleid gepeinigt, in den blutigen Kampf der Tiere einzugreifen beschloß und vorsichtig nach meiner Schußwaffe tastete, im voraus mit heimlicher Genugtuung die furchtbare Wirkung ermessend, die das Krachen eines Schusses auf dem nächtlichen Schlachtfeld hervorrufen würde, erklang aus dem dunklen Winkel des Raumes, hinter mir, ein Laut, dessen gebieterische Macht stärker war als der feurige Donner aus dem eisernen Mund meiner Waffe. Es war ein leises Zischen, das man auch ein trübes Fauchen hätte nennen können und das den seltsamen und etwas lächerlichen Lauten zu vergleichen war, mit denen bisweilen Gänse mit gesenktem Kopf gegen einen Gegner vorzugehen pflegen.

Aber die Wirkung dieser klanglosen und widerlich eindringlichen Stimme war alles andere als lächerlich, sie war von einer geradezu grauenhaften Macht. Ich fühlte mein Blut in den Adern gerinnen, und die Totenstille, die im Raume eingetreten war, erhöhte den Schauer meines Entsetzens zu einer todesartigen Erstarrung. Es war so still, daß ich mein gehemmtes Blut in den Ohren sausen hörte, bis langsam, ganz langsam mein Herz jenes furchtbare, dumpfe Hämmern begann, unter dem der Atem stockt und ein schmerzhaftes Gefühl des Erstickens einsetzt. Ich sah die Tiere wie dunkle, reglose Flecke am Boden, selbst das Todesgeschrei der Verwundeten verstummte für eine Weile; nur eine große Ratte, deren Leib völlig aufgerissen war, kreiste in einer Lache ihres Blutes am Boden, in ihr Eingeweide verwickelt, mitten im Mond, und ihr heiseres Piepen hatte in Gemeinschaft mit ihrem scheußlichen Reigen eine fast komische Wirkung unbeteiligten und ahnungslosen Eifers.

«Die Schlange hat gesprochen unter den heißen
Steinen,
ihr tauber Gesang schüttet das Herz in Schnee,
aus ihrer Stimme brechen die Augen des Todes
wie aus den Berggefilden des ewigen Schnees.»

Ich hatte diese Verse in Maratta von einem Fakir gehört und sie mir später geben lassen, wobei ich erfuhr, daß sie alter Herkunft sind und einem vielgesungenen Liede der Bergvölker der West-Gates entstammen. Nun dachte ich in diesem Augenblick zwar nicht an sie, sondern die Verse schienen an mich zu denken; sie bemächtigten sich meiner in dieser schrecklichen Lage, und mir geschah aufs neue das ergreifende Wunder jener erhabenen Gelassenheit, die in Augenblicken der Angst wie eine höhere und unbeteiligte Gewalt über uns hereinbrechen kann.

Darüber sah ich eine große Schlange herangleiten; ihr schmaler Kopf war wohl eine Handbreit über dem Erdboden erhoben, und als er ins Licht kam, sah ich die feine Zunge eifrig spielen. Es erschien mir, als lächelte das Tier.

Unter meinen Augen begann nun das grausame Spiel der Schlange, das alle Völker der Erde kennen und rühmen oder verfluchen. Keinem anderen Tier ist die geheimnisvolle Macht dieser Wirkung verliehen, die lautlos, unerklärbar und wie aus einer unterirdischen Welt des Bösen stammend daherkommt. Kraft und Mut oder gute Waffen und kühner Sinn bringen ihrer Herrschaft nur selten Gefahr, denn sie hat neben vielen magischen Mitteln jenes furchtbare in ihrer Begleitschaft, das auch den Helden wehrlos macht: den Ekel. Aber neben ihm und vielem anderen, das ihr Wesen enthält, erstrahlt jener dämonische Abglanz aus ihren Regungen, der uns wie eine alte Erinnerung an den beständigen Triumph des Bösen anmutet.

So ist ihr listiges Schleichen mit Weihe gepaart, ihre Schönheit mit Verstecktheit und ihre Macht mit Niedrigkeit. Alle Eigenschaften, welche dem Starken Freimut verleihen, verbindet sie, wie in einer heimlichen Genugtuung eigennütziger Bosheit, mit Falsch. Die Elemente von Wasser, Erde und Luft scheinen bei den Bewegungen dieses Körpers ihre unterscheidende Eigenart einzubüßen, denn der Gang der Schlange ist dem keines anderen Lebewesens zu vergleichen; in ihm ist das einfältige Rieseln des Wassers mit den Beschwörungen der Magier verbunden.

Die Schlange umkreiste eine verwundete Ratte, die noch lebte, fuhr aus ihrem verschlafenen Tanz, der alle Wesen bannt, jählings zu und begann das erbeutete Tier zu verschlingen. Ihre Sorglosigkeit und die überlegene Sicherheit ihres Tuns erregte meine Bewunderung in hohem Maße; es war, als wäre sie sich keiner Feindschaft bewußt, die ihr etwas anzuhaben vermöchte. Das Zimmer blieb still, nur von der Decke rieselte bisweilen ein feiner Staub, und die zackigen Lichtornamente am Boden rückten langsam beiseite.

«Die Erde kreist», dachte ich, «mit mir, mit dieser Räuberin, mit den kleinen Sterbenden und Toten dieses Raumes und mit allen, von denen ich durch ein unendliches Meer getrennt bin.»

Draußen schnarchte Panja, und Elias war an meinem Rücken eingeschlafen.

So nahm ich vorsichtig vom Kofferrand eine der großen indischen Landzigarren, die braun wie Torf und feucht wie Erde sind, zündete sie an und wartete auf den Morgen. Meine Gedanken zogen mit den Rauchwolken in die grünliche Dämmerung, und ihr Gegenstand war das Leben der Menschen und Tiere auf der merkwürdigen Erde.

ZWEITES KAPITEL

Cannanore, die Fischer und das Meer

Ehe die Morgendämmerung hereinbrach, trieb es mich hinaus, um den stillen Kampf der roten Morgensonne mit dem grünlichen Silberlicht des Mondes zu sehen. Oft sah ich die einsamen, hohen Palmen am Meer auf der einen Seite in rote Glut getaucht, während die andere noch die silbernen Wahrzeichen des Mondlichtes trug, aus dessen kaltem Leuchten sie langsam im Morgenwind zu erwachen schienen. In solcher Licht- und Farbenpracht standen sie gegen das bewegte Meer, dessen Stimmen den herauf eilenden Tag begrüßten.

Aber ich sollte diesen Morgen nicht zur Freude des herrlichen Anblicks gelangen, denn Panja hatte mit mir zu verhandeln.

«Sahib», rief er, als ich ihn um Wasser bat, «was ist dies für ein Haus, in welches du eingezogen bist!»

Ich begann es zu beschreiben, aber er unterbrach mich mitleidig.

«Ich habe die ganze Nacht kein Auge zugemacht!» rief er, und die herausfordernde Traurigkeit seiner Augen grenzte geradezu an Mißachtung.

«Sieh, Panja», sagte ich so freundlich, als es mir möglich war, «ich brauche nun Wasser; bedenke die Sitten meines Landes.»

Da führte mich Panja durch den Garten, ohne noch etwas zu sagen, denn er verzweifelte offenbar daran, mich anders als durch Tatsachen von der Ungerechtigkeit meiner Forderung zu überzeugen.

Die ganze Frische des indischen Frühlingsmorgens umfing uns. Alle Blüten strömten von Tau über, ihre Farben leuchteten im ersten Licht, so daß meine Augen das Entzücken dieser Pracht nicht zu fassen vermochten, und der Geruch von Nässe, Erde und tausend aufbrechenden Blumen ließ mich taumeln vor Glück.

Auch über Panja kam dieser Rausch, als risse das irdische Lebensheimweh der Blühenden seine Seele, wie auch die meine, mit sich empor. Er hob die braune Nase in die Luft, lächelte breit in einfältigem Behagen und sah sich nach mir um. Mit allen Sinnen sog er die Frische und das Licht ein, und sein dunkler, nackter Körper glänzte von Tau.

Als wir am Ende des Gartens, dicht beim Palmendickicht, an der Zisterne anlangten, erblickte ich anfänglich nichts als eine turmartige Wildnis von Schlinggewächsen, und erst als Panja die Ranken zerteilte, gewahrte ich die zum Wasserspiegel niederführende Treppe, die wie in eine unterirdische Höhle hinabging. Die zerbröckelten Steinquadern in der Dämmerung waren von seltsamen Moosen übergrünt und fast ganz bedeckt, ein kühler Modergeruch kam mir entgegen, und Panja, der den Eifer seiner Entrüstung vergessen zu haben schien, warnte mich mit einem geflüsterten Wort und sah fast ehrfürchtig drein. Sein braunes Gesicht unter dem weißen Turban schaute aus einer

Wolke halboffener roter Blüten hervor, die so groß wie Kinderköpfe waren. Ein Falter wie aus blauem Samt erhob sich schläfrig aus ihrem Ampellicht und zog lautlos davon, in die Pflanzenwildnis hinein.

«Du darfst nicht hinabsteigen», sagte Panja, «überall hockt der Tod im halben Licht, hierhin geht er aus dem Tag der Menschen; tritt zurück. Ich habe das Wasser gesehen, es ist grün wie sterbendes Laub und von Pflanzen bedeckt, es trägt Blumen, die niemals ein Sonnenstrahl getroffen hat und die deshalb giftig sind wie die Schlange und das Fieber, die bei ihnen wohnen.» Dann besann er sich plötzlich, seine kindlichen Augen verloren ihren andächtigen Ernst, und er sagte mit gerunzelter Stirn: «Solch ein Haus mietest du! Wie lange willst du hier bleiben? Wir reisen nach Bitschapur zurück; ich werde alles in die Koffer stekken.»

Auf dem Rückwege trafen wir Pascha, den Koch, der über die Straße kam und auf das Haus zuging. Einen roten Tonkrug mit Wasser auf der Schulter, schritt er durch die Sonne, die inzwischen aufgegangen war. Aus dem Haus drang Holzfeuergeruch. Pascha grüßte mich mit der freien Hand und schritt stumm an mir vorüber. Mir war zumute, als sei er stolz auf sein Land und auf seine Pflicht, gönnte mir das erste nicht und täte das zweite um seiner selbst willen. In seinen großen, samtartigen Augen, unter den langen Wimpern, verbarg sich sein Verlangen nach den Bergen. Seine männliche Gestalt entzückte mich; ich empfand plötzlich den Namen, den ich ihm zugelegt hatte, als lächerlich und wünschte mir, den seinigen zu wissen, nur um ihn vor mich hinsagen zu können, diesen fremdartigen Namen seines fremden Geschlechts aus den Bergen. Mich ergriff aufs neue jene sonderbare Traurigkeit, die mich in Indien nie verlassen hat und die dem menschlichen Herzen allem Unerforschbaren gegenüber eigentümlich ist.

Panjas empfindsamer Sinn für alle meine Regungen, die sein Interessengebiet berührten, ahnte auf seine Weise, daß Paschas wortlose Tätigkeit mir wohlgefiel. Er sagte: «Diese Hunde aus den Felsspalten haben eine Spürnase für alles Genießbare. Er wird aber vergessen, das Wasser zu kochen, und morgen hast du das Fieber, Sahib. Ich werde also nach dem Rechten sehen.»

Er ging ins Haus, und gleich darauf hörte ich Elias klagen. Die Sonnenstrahlen wärmten bereits spürbar, obgleich ihr Licht noch rötlich war. Der Garten dampfte, und Vogelstimmen, mit den ersten Lauten der ausschwirrenden Insekten gepaart, drangen aus der nebligen Morgenschwüle des Dickichts. Ich verließ den gärenden Garten und betrat den rötlichen Sandweg, der unter uralten wilden Feigenbäumen breit dahinführte, auf Cannanore zu, in freierer Luft. Mein Haus lag etwa in der Mitte zwischen der Stadt und dem Meere; um die eine oder das andere zu erreichen, mochte etwa eine Viertelstunde Wegs zu gehen sein. So entschloß ich mich, die Stadt zu einem kurzen Besuche zu betreten, während Pascha den Tee bereitete.

Der breite Weg war fast leer; über Cannanore lag ein bläulicher Holzfeuerrauch, der aus den Palmen stieg, die Ortschaft war ganz von ihnen verborgen, wie die meisten Städte und Dörfer der fruchtbaren malabarischen Küste. Es war so still umher, daß ich das Rauschen des Meeres an den Felsen vernahm, und das Sonnenlicht war von unfaßbarer Milde und Wohltat. Ein Ochsenwagen knatterte langsam heran, die hohen Räder mahlten leise den Sand, und ein Hindu hockte auf der Deichsel, dicht zwischen den Schwänzen der prächtigen, geduldigen Tiere, sein Kinn zwischen den mageren Knien. Er blinzelte scheu zu mir herüber, ohne einen Gruß zu wagen; die gewaltigen Hörner der Ochsen schaukelten gemächlich wohl einen Meter lang über den blendend weißen Rükken.

Am zerfallenen Stadttor erhob sich zur Rechten und zur Linken eine einsame Palme, jene nach rechts, diese ein wenig nach links geneigt, und ihre Fächerkronen über den flachen Dächern der Häuser zeichneten sich dunkel und deutlich gegen den klaren Morgenhimmel ab, die Stämme waren von der Sonne bemalt, wie mit roter Farbe. Ich sah durch das Tor in die bereits belebte Basarstraße, in der die eiligen nackten oder weiß bekleideten Gestalten sich zwischen den niedrigen Häusern bewegten und die Händler ihre Straßenläden öffneten und ihre Waren ausbreiteten. Der Wächter am Tore erhob sich, um sich tief zu verneigen, wobei er sein Gesicht mit den Händen bedeckte.

Ich beschritt die Basarstraße und empfand die Stille und das Erstaunen, die ich hinter mir zurückließ; nur die Brahmanen, die graue Schnur auf der nackten Brust, gingen stumm und steil an mir vorüber, ohne zu grüßen und ohne sich umzuschauen. Ich erblickte schöne Gestalten und stolze Gesichter unter ihnen und las aufs neue aus ihren Zügen die ferne Verwandtschaft mit den germanischen Völkern unseres Erdteils, deren Wesen die Jahrtausende nicht ausgelöscht haben. Sie haben lange das gewaltige Reich beherrscht, bis Mohammed seine Fahnen inmitten ihrer Königsschlösser aufpflanzte und ihnen langsam mehr und mehr die furchtbare und geheimnisvolle Macht erschütterte, die heute nur noch tief im Lande, in düsterer Gewalttat und mystischem Dunkel, waltet. Bis auch Mohammeds Zeichen und die Pracht seiner Könige erblaßte, als das Gebrüll des britischen Löwen sich über dem Meer erhob und das Land erfüllte.

Als ich mich nach kurzem Gang zum Heimweg wandte, sah ich die Umrisse des englischen Forts gegen das Meer. Seine Kanonen sind Tag und Nacht auf das Schloß des Hindukönigs im Herzen der Stadt gerichtet, um es beim ersten Zeichen einer Revolte in Trümmer zu legen. Unter dem stummen eisernen Mund, der unerbittlich und unveränderbar unter der zornigen Sonne und dem ruhigen Mond auf die Stadt schaut, flackern die letzten, schüchternen Reste der alten Königsmacht von Cannanore.

Es war freilich mancherlei in meinem Hause vorzubereiten, bevor ich es zu dauerndem Aufenthalt behalten konnte, und beim Tee sprach ich mit Rameni und Panja über die Maßnahmen. Rameni hatte seine offenen Schuhe vor meiner Tür stehenlassen und versuchte während unserer Unterhaltung vergeblich, ein erträgliches Verhältnis zu dem Liegestuhl zu finden, den ich für ihn aufgerichtet und den er aus Höflichkeit angenommen hatte. Endlich stand er auf und ordnete sein weißes Gewand, aus dem von den Knien ab seine mageren braunen Beine schauten.

«Es soll alles nach deinem Willen geschehen, Sahib», sagte er so liebenswürdig als sein furchtbares Englisch zuließ. Panja verachtete ihn so angestrengt, daß ihm der Schweiß ausbrach.

Es war herrlich auf der Veranda. Der Morgen des indischen Frühlings – es war nach unserer Zeitrechnung Ende Oktober – ist frisch und erquikkend, erst nach drei oder vier Stunden wird die Sonne wirklich heiß. Panja wurde guter Laune, als Rameni gegangen war.

«Wie das Schwein stinkt», sagte er freundlich. «Er wird dich überall betrügen, Sahib. Wenn deine Reichtümer nicht unermeßlich wären, so würde dieser Schurke dein Untergang sein. Zuerst werde ich nun die Ameisen vernichten; sie fressen alles, was sie finden. Wenn man Whisky zwischen die Steinplatten gießt und zündet ihn an, so ist es um die Tiere geschehen. Gib eine Flasche, ich werde beginnen, wenn du ans Meer gehst.»

Ich schlug vor, es mit Petroleum zu versuchen, das man sicher in der Stadt auftreiben könnte.

Panja schüttelte sich. «Die armen Tiere», sagte er.

Nach einer Weile rückte eine Schar alter Weiber mit Besen, Eimern und Tuchfetzen heran, deren Anblick zuerst den ahnungslosen Elias und dann auch mich vertrieb. Nur Panja hielt dem Ansturm dieser wilden Amazonen stand, weil ihm daran gelegen war, seine Autorität in Szene zu setzen.

Das Haus war in wenigen Tagen derart instand gesetzt, daß ein beschauliches Leben voll reicher Eindrücke für mich hätte beginnen können. Auch Panja fand sich bald in unsere neue Lebenslage, und es kamen stille, herrliche Frühlingstage, die ich nie vergessen werde. Die beständige Sonne weckte mich, und meine durch tiefen Schlaf belebten Sinne empfingen die ferne Stimme des Meeres, das mich Tag für Tag in sein glitzerndes Reich hinablockte. Die Fischer wurden meine ersten Freunde in Cannanore, und ich hatte mich bald daran gewöhnt, ihre Arbeit mit ihnen zu teilen. Es gelang mir, ihr anfängliches Mißtrauen zu zerstreuen, und ich lernte von ihnen wie sie von mir.

Wir saßen in der Abenddämmerung bis tief in die Nacht hinein auf den schwarzen Uferfelsen, die in geraden, hohen Blöcken weit in die Meerflut hineindrangen. Oft mußten wir von einem Steinplateau zum andern springen oder über schmale Holzbretter balancieren, um bis an das äußerste Riff zu gelangen, von wo aus die Angeln weit in die See geschleudert wurden. Neben uns, zur Rechten und zur Linken, wogte still die ungeheure Wassermasse, erst in tiefem, klarem Blau, dann färbte sie sich langsam rot und blendete den Blick, bis sie endlich tiefschwarz und drohend auf und ab stieg, so daß es erscheinen konnte, als tauchte der Fels in einem unbeweglichen dunklen Spiegel auf und nieder. Weit hinter uns donnerte die Brandung, und hinter ihr ging über den Palmen der rötliche Mond auf.

Es war in der Hauptsache auf den Fang größerer Fische abgesehen, die Angelhaken hatten die Größe eines gekrümmten Kinderfingers und waren mit dem Eingeweide erbeuteter Fische umwickelt. Etwa vier bis fünf Meter vom Köder entfernt war ein Stückchen leichter Baumborke als Schwimmer an der Leine befestigt, und die Angeln wurden über dem Kopf in Kreisformen geschwenkt, so daß sie bis zu zwanzig Meter weit ins Meer hinaus gelangten. Dann hockten die Männer sich nieder und verharrten unbeweglich, wie mit dem Fels verwachsen, bis ein leises Rucken am Seil sie vom Erfolg ihrer Mühe unterrichtete.

Oft kam das wogende Meer bis hart an unsere nackten Füße, dann wieder sahen wir es viele Meter tief unter uns. Selbst in der Nacht erkannten die Leute deutlich das Herannahen einer größeren Welle, und ein leiser Zuruf warnte mich, damit ich mich am Felsen festhalten möchte. Wenn dann für Augenblicke der Steinboden den Blicken entschwand und nichts als das leise brodelnde nächtliche Element unter mir kenntlich war, hatte ich anfangs ein dumpfes Gefühl der Angst, ja der Todesfurcht zu überwinden, und nur die unerschütterliche Gelassenheit meiner Nachbarn sicherte meinen Mut.

Die Männer hielten ihre Leinen niemals fest in den Händen, sondern nur leicht zwischen den Fingern, weil es vorkam, daß ein Haifisch anbiß, und weil der erste Ruck ihnen hätte verhängnisvoll werden können. In solchem Fall, den ich einmal erlebt habe, schreckte ein lauter Zuruf alle empor. Ich sah die Leine wie ein Ankerseil in rasender

Schnelligkeit ins Meer gleiten und wie sie dann hastig um einen Felsvorsprung gewickelt wurde. In den meisten Fällen ging das Gerät dabei verloren; zuweilen gelang es aber, das Raubtier durch die Felslücken bis auf den Strand zu schleifen, und ich erschrak über die Lebenskraft und Wildheit des Gefangenen, der trotz seiner Hilflosigkeit einen geradezu einschüchternden Widerspruch gegen seine Bändiger an den Tag legte. Man befestigte den Rest der Angelschnur mit einem Pflock im Sande, ohne den Haken zu lösen, und ließ das Tier auf dem Trockenen sterben, so gut und rasch es konnte. Erst am anderen Tage oder nach Stunden bemächtigten sich die Frauen alles Verwendbaren von seinem glatten Leibe, dessen Fleisch nicht genossen wird.

Gegen Norden zu brachen die dunklen Küstenfelsen jählings ab, und es breitete sich, soweit das Auge reichte, die freie Bucht entlang, weißer Sand aus. Oft wuchsen Palmen, besonders wenn sie einem kleineren Bach das Geleite gaben, bis dicht an den Meeresstrand hinab. Dort sah man, noch nahe dem Ort, die bunten Boote der Eingeborenen in Reih und Glied im Sand, und weiter hinaus begannen eine Stille und eine Verlassenheit, die wohl dazu angetan waren, ein empfindsames Herz zu locken.

Dort lag ich oft am Wasser, bohrte mich in den Sand und warf die Lasten meiner unnützen Gedanken weit von mir. Es war herrlich, der Stimme des Meeres zu lauschen, die die ganze Welt zu beherrschen schien, und die endlos langen, ebenmäßigen Wogen zu betrachten, welche heranliefen wie sanfte Windwellen unter blaßblauer Seide, sich lautlos hoben und sich mit jubelndem Erbrausen, in ein weites Lichtband zerbrechend, auf den geduldigen Strand warfen. Das ging so lange so fort, wie nur immer die Sinne sich in Geduld und Traum hinzugeben vermochten, denn das Meer kennt keine Zeit. In seiner Stimme sind weder Hoffnungen noch Verheißungen, keine Liebe und kein Drohen, weder Wahrsagungen noch Beschwichtigungen. Das Wesen des Meeres hat keine Gemeinschaft mit dem unsrigen, und nichts als ein beseligter Unfriede erwacht in uns, wenn wir uns ihm zu nähern trachten; nur seine Größe erhebt uns, wie alle großen Formen dem Gemüt eine Ahnung künftiger Freiheit vermitteln. Das Meer enthält keine Maßstäbe für unsere Rechte oder für unsere Pflichten, wie die Erde sie uns bietet, die uns trägt und ernährt und deren Schicksal dem unsrigen verwandt ist.

Die Dichter haben das Meer selten verstanden, sie haben es nur beschrieben, aber wer würde durch sie ein Bild von seiner unermeßlichen Gewalt und Freiheit bekommen, wenn er das Meer niemals gesehen hätte? Nur in jenem ins Mystische hinüber verblühenden Geiste des großen, gottberauschten Schwärmers der Apokalypse leuchtet ein wahrsagerisches Licht vom Wesen des Meeres auf, als er das Tausendjährige Reich in seinen unendlichen Visionen erblickt und vom Meer sagt, es sei nicht mehr. In dieser Erkenntnis liegt eine tiefe Ahnung vom Wesen des Meeres, das nicht wie die Erde verflucht scheint und keinem Gericht, keiner Wiederkehr und keinem Wandel unterstellt ist.

So hat auch das Meer keineswegs eine Verwandtschaft mit der Seele des Menschen, wie manche festgestellt haben, die weder das eine noch die andere kennen und die nur deshalb, weil sie in der Seele etwas Bodenloses wittern, auf den Gedanken gekommen sind, sie wäre vielleicht so tief wie der Ozean in der Mitte. Das ist ein leichtfertiger Schluß, der schwer zu erweisen ist; die einzige Ähnlichkeit zwischen solchen Seelen und dem Meer ist die, daß man oft in beiden herumfischt, ohne etwas zu fangen. –

Einmal fand ich am Strand einige große Meerschildkröten, die auf dem Rücken lagen und nach Wasser schnappten. Aus den Spuren nackter Füße, die sie wie ein in den Sand eingeprägter Lorbeerkranz umgaben, ließ sich leicht entnehmen, daß diese Tiere sich nicht freiwillig in solche Lage begeben hatten und daß sich ein menschlicher Zweck mit dieser Grausamkeit verband. Und richtig sah ich unter den Bäumen einen braunen Hinduknaben flüchten, dessen Respekt vor mir so groß war, daß er eine Palme bis an den Wipfel erklomm.

Die Schildkröten waren in dieser Einschränkung ihrer Bewegungsfreiheit einem langsamen Tode in der unbarmherzigen Sonne ausgesetzt, der um so qualvoller war, als sie nicht wie die Fische rasch sterben, wenn sie ihrem Element entrissen worden sind, sondern eine zähe Lebensdauer, auch auf dem Trockenen, beweisen. In der Tat war auch der Gesichtsausdruck einzelner von ihnen bereits sehr verstimmt, anderen hing der merkwürdig häßliche Kopf schon leblos nieder an dem faltigen Hals, der mir wie ein welker, rissiger Schlauch erschien. Ich kehrte mit großer Mühe diejenigen um, die mir noch regsam genug für eine Fortsetzung ihres Daseins erschienen, aber sie taumelten wie betrunken hin und her und fanden das Wasser erst, als ich ihnen den Weg wies. Dort schwammen sie rasch und erregt hinaus und tauchten so bald als möglich unter, sichtlich im Zweifel darüber, ob dieser Vorgang eine Tatsache war oder nur eine neue greuliche Vorstellung ihrer Fieberphantasien im Sonnentod.

Später erfuhr ich, daß die Tiere von den Eingeborenen in diese Lage gebracht werden, damit sie sterben, denn sie können sich nicht aus eigenen Kräften wieder umkehren. Auf diese Weise gewinnen die Leute das sehr begehrte Schildpatt, ohne einen Eingriff in das Leben der Tiere vorzunehmen, was ihnen verboten ist und auch ihrer Überzeugung widerspricht. Die Tiere sterben auf diese Art durch den Willen der Gottheit und werden so nach Vorstellung der Hindus nicht von Menschen getötet; offenbar ersieht man aus der Tatsache, daß die Götter die Schildkröten nicht wieder umdrehen, ihren Beschluß, sie zum Nutzen der Menschheit sterben zu lassen.

Übrigens hatte ich es mit jener Handwerkerkaste in Cannanore endgültig verdorben, denn eben jener Knabe, welcher mir Achtung erwies, hatte von seinem hohen Versteck aus meine Maßnahmen wahrgenommen, und er nahm Anlaß, diese Neuigkeit in Cannanore zu verbreiten.

Es gab am Strand vielerlei Krebse und allerhand kleines Meeresgesindel, mit dem ich mich einließ; auch Ratten kamen bisweilen die Bäche herab und erkundeten, ob das Meer Tote angeschwemmt oder ausgewühlt hatte. Eine bestimmte Kaste in Malabar begräbt ihre Pesttoten am Meer im Sand; zwar werden meist die Sandbänke und Inseln gewählt, aber häufig findet man auch die Spuren der Gräber an der Küste.

Einmal machte ich die Bekanntschaft einer größeren Fliege, die nur einen Flügel hatte und den Rest ihres Lebens am Gestade zu verbringen schien. Ich beobachtete sie, während ich am Strand lag und rauchte. Sie suchte sich die Steine aus, die besonders rund, blank und heiß waren, und es schien, als bevorzugte sie die weißen. Wenn sie eine Weile auf einem solchen gesessen hatte, faßte sie einen anderen ins Auge und versuchte ihn mit einem sprungartigen Flug zu erreichen, aber sie landete jedesmal auf irgendeinem dritten, weil sich leider das Fehlen ihres einen Flügels beim Einhalten der Richtung bemerkbar machte.

Jedesmal schaute sie anfänglich etwas verdutzt um sich, ergab sich aber dann ihrem merkwürdigen Schicksal, immer anderswo landen zu müssen, als sie es gewollt hatte. Mit einem etwas bekümmerten, aber keineswegs gereizten Ausdruck orientierte sie sich über die ihr bestimmte Umgebung; schließlich schien die Sonne auch hier, und sie blieb sitzen im heißen Licht, vor dem glitzernden Wasser.

Ich faßte eine gewisse Neigung zu dieser flüchtigen Freundin meiner einsamen Stunden am Meeresstrand. So sehr viel besser ging es schließlich im Leben auch mir nicht, und im Grunde kam es uns beiden auf die Sonne an. Ich erzählte ihr, wie ich es mit dem Dasein hielt, aber da sie nicht auf mich achtete, warf ich mit kleinen Steinen nach ihr, die lustig über die runden Brüder ihrer Jahrtausende kollerten und vergnügt klirrten. Die meisten dieser Steine waren prächtig abgerundet; ich nahm einen von ihnen in die warme Hand und polierte ihn sorgenvoll. «Du bist noch nicht rund genug, mein Kleiner», und ich warf ihn ins Meer zurück, damit ihn die Flut noch ein paar weitere tausend Jahre lang abschliffe. Es kam mir auf tausend Jahre nicht an, sowenig wie auf einen Tag. Aber vielleicht würde dieser Stein mich nicht vergessen; sicherlich war es ihm noch nicht geschehen, daß eines dieser vergänglichen Menschlein sich seiner annahm und plötzlich einen solchen Eingriff in seine gemächliche Entwicklung machte.

Das Meer trug leichte und liebliche Gedanken in meinen Sinn, törichte und sinnvolle, aber niemals schwere. Seine Gaben waren Traum, Vergessen und Schlaf, sie stiegen mit der flimmernden, heißen Luft in unbekannte Regionen empor, und der flüchtige Seewind trug sie von dannen. Die Menschen meines verflossenen Lebens versanken in einem schimmernden All, in welchem ich wesenlos, wie sie selbst, dahintrieb, und auch die Liebe wurde zur Erinnerung.

Nie aber, daß Langeweile oder Mißmut mich plagten; das Leben war ein makelloses Gefäß, angefüllt mit dem klaren alten Wein lieblicher Sinnenfreude und heiterer Daseinslust. Ich begriff die Menschen dieses Landes und dieser Sonne, die kein anderes Begehren zu bewegen schien, als das Dasein auf solche Art als seligen Bestand auszukosten und sich dem selbsttätigen Walten von Erstehen und Vergehen, den vergänglichen Glücksgütern der Erdenzeit gegenüber wahllos und zufrieden, ohne Bedenken, anheimzustellen. Was den Unedlen zu einem Anlaß anteillosen Verkommens wurde, das wurde im verwandten Geist den Edlen zu einer tiefen Offenbarung tatlosen Versinkens in einer hellseherischen Demut der Selbstbeschränkung.

Zuweilen zollte ich am Strande dem Tode eine kleine Abschlagszahlung auf seine künftigen Rechte und schlief ein, aber die Stimme des Meerwassers ging mit mir in das dunkle, ruhige Land. Die Monotonie seiner frischen Stimme verwandelte sich in meinen Träumen in einen beredten Glanz von großer Mannigfaltigkeit, und ich erfuhr Wunder und Sagen vom Gang der Welt, die ein ganzes Buch füllen würden, aber etwas an der Weisheit des Meerwassers verhinderte mich daran, so törichte Pläne zu fassen. «Ich sage es allen», rief es gleichmütig, «warum willst du es tun? Niemand wird Dinge über Menschen hören, die ihm die Natur nicht vertraut, und ihr, die ihr nicht einmal euch selbst versteht, wie wollt ihr mich, das Meer, in seinem heiligen Wesen erfassen?»

Als ich erwachte, sah ich im Abendglanz auf der Silberleiste der Meerflut groß und nah ein schwarzes Boot im roten Himmelsschein dahinfahren, das von vier Männern angetrieben wurde, die stehend ruderten und die mir gleichfalls schwarz erschienen, weil das Licht hinter ihnen mich blendete. Vielleicht fuhren sie ins Weite, vielleicht kehrten sie heim, ich wußte es von ihnen sowenig wie von mir.

Ein bedauernswertes Ereignis dieser Zeit, das den Wert meines Charakters in den Augen der Einwohner Cannanores ernstlich in Frage stellte, ist mir lebhaft im Gedächtnis geblieben. Von Jugend auf habe ich den Hang verspürt, Schmetterlinge und Käfer zu sammeln, es aber leider auf diesem Gebiet niemals zu Erfolgen gebracht, im Gegenteil begleitete mich stets ein spürbares Mißgeschick bei solchen Unternehmungen, und es lag nachweislich kein Segen darauf. Der prächtige Kasten mit einem Glasdeckel, den meine Eltern mir zur Förderung meiner lehrreichen Neigung schenkten, wurde bald zu einer Goldgrube billiger Ernährung für eine kleine, lausartige Sorte von Parasiten, die über meine gesammelten Insekten herfielen und sie verzehrten. Auf den Rat eines erfahrenen Schulfreundes hin erwarb ich das prächtige Schutzmittel, das Naphthalin genannt wird, aber die Parasiten fielen auch über das Naphthalin her, fraßen es auf und gediehen dabei zusehends. So sah ich die Resultate meiner Bemühungen zuschanden werden bis auf einen rötlichen Erdfloh, der hoch an einer Stecknadel hockte und kaum größer war als ihr Kopf.

Es wäre sicherlich besser gewesen, wenn ich mir diese Erfahrungen meiner Jugend auch in Indien zunutze gemacht hätte, anderseits aber wird es jedem verständlich sein, daß meine alte Leidenschaft bei der außerordentlich mannigfaltigen und prächtigen Insektenwelt Indiens aufs neue angeregt wurde. Ich schlug Panjas Einwände in den Wind und ließ in Cannanore bekanntgeben, daß ich Erwachsenen und Kindern für jeden Schmetterling oder

Käfer, die mir in meine Niederlassung gebracht würden, den Preis von einer Anna zu zahlen bereit sei.

Am Morgen nach dieser Kundgebung weckte mich in aller Frühe ein seltsames Geräusch vor meinem Hause, das ich anfänglich vergeblich zu erkennen trachtete, bis ich endlich herausbrachte, daß es ein Volksgemurmel war. Erschrocken trat ich ans Fenster und erkannte nun eine auffallend geordnete Reihe von Menschen – Kindern, Greisen, Frauen mit Säuglingen auf den Hüften, Männern und Jünglingen; auch fehlte es nicht an Bettlern, Straßendirnen und Landstreichern. Die Reihe machte gehorsam den Bogen des Gartenwegs mit, schlängelte sich durch die offene Pforte und ging dann auf Cannanore zu. Es war nicht abzusehen, wie lang sie war; diese Erfahrung blieb mir anfänglich erspart, wie es das Leben bei harten Schicksalsschlägen seinen Opfern zuweilen dadurch erleichtert, daß es nicht sofort die ganze Fülle des Ungemachs offenbart.

Panja sagte nur: «Sahib, die Leute bringen die Tiere.»

Ich muß gestehen, daß ich in große Verwirrung geriet und mich nur mühsam fassen konnte, aber es gelang mir doch, weil ich Panja den Triumph nicht gönnte, der hinter seinen stillen Augen lauerte, welche schräg und erwartungsvoll ohne Unterbrechung auf mir ruhten.

«Hast du kleine Münze genug?» fragte ich ihn fröhlich, während ich mich rasch ankleidete.

Panja fragte mich ernst, ob ich genug große hätte.

Da nahm ich Elias an mich, setzte den Korkhelm auf und betrat mutig die Veranda meines Hauses. Ein beifälliges Murmeln der Erwartung begrüßte mich. Recht gelegentlich, als läge mir nur daran, ein paar Schritte in der Frische des Gartens zu tun, trat ich bis an die Pforte und schaute die Straße nach Cannanore hinab. Die Kette der wartenden Menschen erstreckte sich weiter als meine Augen reichten, fern unter dem Dach der wilden Feigenbäume verlief sie im Laubschatten wie ein schwarzer Kohlestrich auf dem roten Latrittweg. Elias zog sich still ins Haus zurück, weil dieser Anblick ihm neu war, und auf der Veranda empfingen mich wieder Panjas ruhig abwartende Augen; er hatte einen Liegestuhl für mich herausgetragen.

Es blieb mir nichts anderes übrig, als zu beginnen. So sandte ich denn Pascha mit einer Handvoll Rupien zum Wechseln in die Stadt, denn ich brauchte Panja als Dolmetscher; auch wäre er wahrscheinlich bis zum Abend ausgeblieben, um mich dadurch am Erfolg meines Unternehmens zu hindern.

Der erste der zahlreichen Ankömmlinge war ein kleiner dicker Knabe mit prachtvollen dunklen Augen und völlig nackt. In der fest geschlossenen kleinen Faust, die er mir mutig hinreckte und die von Schmutz starrte, entdeckte ich die Staubreste einer zarten Motte, die völlig zerquetscht und aufgeweicht war. Ich verabfolgte eine Anna, um nicht mit einem verneinenden Bescheid zu beginnen, und der kleine nackte Jäger entfernte sich mit einem glücklichen Satz, ohne daß er wagte, in den Jubel auszubrechen, der ihm die Brust weitete. Offenbar hatte er bis zuletzt nicht an den Erfolg dieses Geschäftes geglaubt.

Panja sah ihm nach und sagte boshaft: «Unterwegs wird er sich lausen, und dann schließt er sich hinten wieder an.»

Der nächste der Wartenden war ein alter Mann, der in der mageren Hand einen grünen Beutel aus einem großen Blatt emporreckte, das er oben zuhielt. Es befanden sich weiße Ameisen darin, von denen mein ganzes Haus wimmelte, und er war mit der Hoffnung herzugetreten, seine Tiere einzeln honoriert zu bekommen. Ich wies ihn ab; da legte er sich aufs Bitten und begann die Schicksale seiner Familie zu erzählen, der es in der Tat nicht gutgegangen zu sein schien; so gab ich zwei Annas, und er entfernte sich mit einem mißgünstigen Blick auf meine Münzen, nachdem er mir zwei Ameisen auszuhändigen versucht hatte.

Ich kann nicht alles aufzählen, was mir an diesem Morgen an Gewürm, Fliegen, Ungeziefer und Kerbtieren zugetragen worden ist; es gelang mir, Indiens Reichtum an diesen Geschöpfen zu ermessen. Eine alte Frau brachte ein Küken, das von Ratten zur Hälfte aufgefressen worden war und keine Federn mehr hatte. Sie hoffte, daß ich es meiner Sammlung einverleiben würde, weil sie keine rechte Vorstellung von meinen Interessen hatte.

Ein Mädchen, blühend wie der sonnige Morgen, in welchem sie schüchtern vor mir stand, hatte einen wahrhaft schönen Schmetterling von der Größe eines Singvogels, orangegelb, mit zartestem Lila an den Rändern, aber er war zwischen ihren Fingern zerdrückt wie ein Trambahnbillett in einem Handschuh. Ich betrachtete das Kind und den unschuldigen Glanz seiner großen Augen, die mir erschienen wie dunkler Samt, in braune Seide gebettet. Jahrtausendalte Träume brachen aus ihnen hervor, ruhig und traurig, Mohn und Schlaf.

Mich überkam ein jäher Wandel meines Empfindens und eine Traurigkeit; plötzlich wurde ich mir der ganzen Nichtigkeit meines Vorhabens in beschämender Klarheit bewußt. Wie hatte ich dem Irrtum verfallen können, zu glauben, daß wir den Herrlichkeiten der Natur dadurch auch nur um ein Geringes näher kommen, daß wir ihre Erzeugnisse unter Glas und in Kästen bergen. Ich empfand mich plötzlich als vielfachen Mörder, und vor mir harrte ein Heer der blutigen Krieger ihres Lohns. Da gab ich dem Kinde den Rest des Geldes, das Pascha mir gebracht hatte, und stand auf, um verkünden zu lassen, daß meine Ansprüche befriedigt seien und daß ich keiner weiteren Insekten mehr bedürfte.

DRITTES KAPITEL

Die Nacht mit Huc, dem Affen

Eines Morgens stand auf der Veranda meines Hauses in Cannanore ein brauner Hinduknabe, der einen Affen auf der Schulter trug. Wie lange er schon dort gestanden hatte, wußte ich nicht, weil die Eingeborenen bescheiden zu warten pflegen, bis es dem fremden Herrn gefällt, sie anzureden. Auch wenn sie annehmen, längst gesehen worden zu sein, harren sie geduldig fort, oft stundenlang, ob es nun auch gefällt, sie zu beachten. Dieser Umstand hat mir in der ersten Zeit meines indischen Aufenthalts oft einen nicht gelinden Schreck eingebracht, denn auch wenn ein Diener des Hauses ein Zimmer betritt, wartet er still in der Nähe des Herrn, bis er angeredet wird.

Es geschah mir in Bitschapur, wo ich zu Anfang meiner Reise inmitten alter Königsschlösser mein Lager aufgeschlagen hatte, daß ich nächtlicherweile plötzlich am Schreibtisch den Eindruck gewann, es stünde jemand hinter mir. Solche Befürchtung ist in der Verlassenheit tiefer Nacht viel beängstigender als die Gewißheit eines jähen, unerwarteten Zusammentreffens. Ich weiß noch heute genau, daß ich lange nicht wagte, mich umzuschauen, und, als ich es endlich langsam, Zoll um Zoll, tat und plötzlich den Umriß einer braunen Gestalt, dunkel in dunkel, hinter mir gewahrte, emporfuhr, als sei es der Böse selber, der mich heimsuchte. Der Bote hatte, in der festen Annahme, daß ich längst von seiner Gegenwart Notiz genommen hätte, bescheiden und geduldig auf meine Anrede gewartet. Da die Hindus den Tritt nackter Füße, selbst auf einer Kokosmatte, deutlich hören, begreifen sie nicht ohne Schulung, daß unser Ohr an deutlichere Beweise einer Annäherung gewöhnt ist. Glücklicherweise erschrak damals der nächtliche Ankömmling so heftig über meinen Schreck, daß mich ein Lachen befreite und aus meinem Entsetzen riß.

Eine große Zahl Berichterstatter aus dem heutigen Indien behaupten in Büchern und Journalen immer wieder, dies Land sei aller Geheimnisse und Wunder und aller Mystik längst entkleidet. Wahrscheinlich kennen sie von Indien nur die neumodischen Hotels. Ich habe den poetischen Glanz der Veden und den Geist Kalidasas überall gefunden und erst im Lande selbst recht würdigen und fassen gelernt, und der bedauernden Ernüchterung der modernen Propheten habe ich nur den Kummer entgegenzuhalten, daß meine Kräfte nicht ausreichen, von den mystischen Herrlichkeiten und dem geheimnisvollen Zauber aller Erscheinungen ein rechtes Bild zu geben.

Wer allerdings die Wunder Indiens in der Kunst der Taschenspieler sucht und enttäuscht ist, wenn ihm keine Gelegenheit geboten ist, auf einem frei hängenden Seil emporklettern zu können, wird seine Erwartungen nicht erfüllt sehen, aber er wird nicht nur in Indien, sondern überall in der Welt enttäuscht sein, wo er glaubt, etwas Rechtes erleben zu können, ohne etwas Rechtes zu sein. Denn das Mystische ist weder das Dunkle und Unklare noch das phantastisch Bedrohliche unverständlicher oder geheimnisvoller Vorgänge, sondern es umschließt, seiner tiefen Bedeutung nach, viel eher die Gewißheit ewiger Wahrheiten in ihrem Fortwirken jenseits unserer Erkenntnis. –

Jener Knabe nun, den ich vor meinem Hause fand, bot mir seinen Affen zum Kauf an; ich erfuhr durch Panja sein Anerbieten und den nützlichen Zweck, der sich für jeden Garteninhaber mit dem Besitz eines Affen verbinde.

«Er holt die Kokosnüsse aus den Palmen», erklärte mir Panja.

Das kleine graubraune Tierchen, das etwa die Größe eines Foxterriers hatte, sah mich von seinem erhöhten Sitz ruhig aus seinen alten Zügen an. Es war an einer Kette befestigt, deren Ende einen Ring um seine hageren Lenden bildete. Der Knabe erklärte sich bereit, seinen Affen vorzuführen, und in der Tat zeigte sich das Tier außerordentlich gut unterrichtet. Kaum war er von seiner Fessel befreit worden, als er mit großer Geschwindigkeit eine Palme erstieg, eine große Nuß abdrehte und sich geduldig wieder festlegen ließ, nachdem die Nuß gefallen war und er, um vieles langsamer, wieder niederkletterte.

Panja verhandelte mit dem Knaben wegen des Kaufpreises, und während ich, ohne zu verstehen, die beiden beobachtete, gewahrte ich, daß eine sichtbare Besorgnis das Gesicht des Hinduknaben betrübte. Er schien begierig und traurig zugleich. «Er will seinen Affen nur vermieten», erklärte mir

Panja; «das kommt daher, daß er ein Dummkopf ist.»

Mir schienen die Dinge anders zu liegen; ich bemerkte deutlich, daß der Knabe heißes Verlangen nach der Kaufsumme trug, die er zu erzielen hoffte, daß er sich aber schwer für alle Zeit von seinem Affen zu trennen vermochte.

«Biete ihm fünf Rupien als Kaufsumme», sagte ich.

Panja bot eine. Der Knabe zitterte heftig, denn schon diese kleine Summe, die nach unserem Geld noch nicht zwei Mark ausmacht, bedeutete ihm einen großen Schatz.

Da die Ergriffenheit des Kindes mich deshalb fesselte, weil ich deutlich zu fühlen glaubte, daß nicht einzig seine Geldgier ihn bewegte, gab ich Panja ein nicht mißzuverstehendes Zeichen, daß ich vorübergehend Gehorsam von ihm forderte. Er wußte, daß ich genug Kanaresisch verstand, um ihn kontrollieren zu können, und sank in eine Haltung gottergebener Verzweiflung zusammen, die er stets einnahm, wenn ich meinem Untergang entgegenging, ohne seine Hilfsbereitschaft zu beachten.

«Weshalb willst du den Affen nicht verkaufen?» ließ ich fragen.

«Ich habe sonst kein Eigentum», antwortete das Kind.

«Aber wenn ich dir eine große Summe gebe, so kannst du leicht neue Affen erstehen. Ich biete dir fünf Rupien.»

Panja verschluckte sich bei der Summe, und er mußte sie noch einmal sagen.

Der Knabe zitterte so heftig, daß ich ihn am liebsten in die Arme geschlossen hätte. Er sagte zögernd: «Es ist kein Affe so gut wie Huc. Aber», fügte er schnell und mühsam hinzu, «für diese große Summe will ich ihn dir geben. Du wirst Huc weder schlagen noch töten, und wenn du erlaubst, werde ich zuweilen kommen und durch das Gartengitter schauen.»

«Weshalb verkaufst du ihn, wenn du deinen Affen liebst?» fragte ich.

«Soll ich so was wirklich übersetzen?» fragte Panja.

Ich sah ihn an, und er übersetzte meine Worte wie ein Automat.

«Meine Eltern hungern», sagte das Kind einfach, ohne Klage und ohne Anklage. Und im Verlauf des Gesprächs erfuhr ich eine merkwürdige Geschichte, die mich lebhaft fesselte. Der Vater dieses Knaben war von der deutschen Missionsgesellschaft in einer Weberei, die in Cannanore von den Missionen unterhalten wird, angestellt gewesen, nachdem er sich zum Christentum bekehrt hatte. Da er sich aber im Verlauf seiner Tätigkeit wiederholt Diebstähle hatte zuschulden kommen lassen, war er entlassen worden. Seine Stammesgenossen, die ihn längst als Abtrünnigen betrachtet hatten, wollten nun, bei seiner Wiederkehr in ihren Bereich, nichts mehr von ihm wissen, und er war hier wie dort ein Geächteter geworden und in Elend geraten.

Nun begriff ich wohl, daß man in einer Industrie keine Diebe gebrauchen kann, aber der Gedanke, ob im Tempel eine Weberei am Platze sei, erfüllte mich nach dieser Erfahrung mit mancherlei Zweifeln. Die Wechsler und die Priester werden in keinerlei Gotteshaus zum Segen einander dienlich sein, am wenigsten in einem christlichen. Ich sollte auf diesem Gebiet noch recht unterhaltsame Erfahrungen machen, und es stand mir noch bevor, einige dieser Gottesboten kennenzulernen sowie auch den Geist und Wert ihres Wesens.

Panja mußte nun zu seiner Bekümmernis mit dem Knaben einen Vertrag abschließen, nach welchem mir das Recht auf den Affen Huc für zwei Monate zustand, wogegen ich die Summe von fünf Rupien im voraus als Gebühr entrichtete. Dem Besitzer stand es zu, seinen Affen zweimal in der Woche zu besuchen und ihn abzuholen, falls ich früher als in der ausgemachten Frist Cannanore verließ. Das Kind eilte glücklich heim, und Panja kündigte mir den Dienst; dies hatte aber weiter nichts zu bedeuten, denn er tat es oft.

Als ich von seiner Abkehr keine Notiz nahm, blieb er stehen und sah mich an. «Sahib», begann er, «du wirst in wenigen Wochen ruiniert sein, und was wird dann aus mir und meiner alten Mutter, meinen Geschwistern, den Schwestern meiner Mutter und den Reisfeldern am Purrha?»

Ich erwiderte höflich: «Panja, als ich dir vor wenigen Wochen die zehnte Rupie deines Vorschusses ausbezahlte, sagtest du mir, deine Mutter sei gestorben und du brauchtest das Geld für ihre Bestattung.»

«Es war meine Großmutter», sagte Panja. «Soll ich dir von ihr erzählen?»

«Deine Großmutter starb bei unserer Ankunft in Bitschapur.»

«Du wirfst alles durcheinander», sagte Panja traurig, «nur den Vorschuß behältst du richtig im Gedächtnis.»

Diesen Tadel meiner Gesinnung zog ich mir deshalb zu, weil Panjas Vorschuß doppelt so groß war, als ich gewagt hatte anzuführen, und ich nahm mir ernstlich vor, künftig ehrlicher zu sein.

Als ich gegen Abend vom Meer heimkehrte, nachdem ich am Strand der Fischerstadt ein Boot erhandelt hatte, fand ich Huc in meinem Zimmer. Panja war nirgends aufzutreiben, und Pascha servierte mir schweigend den Reis am Ausgang zur Veranda. Ich sah seinen Bewegungen und dem gelassenen Schaffen des Mannes zu. Er nahm die Tonkrüge mit gekochtem Wasser aus ihren Bambusschaukeln, in denen sie zur Kühlung geschwenkt wurden, trug die Speisen und Früchte ernst und sorgfältig herzu, alles in kleinen Gerichten und sorgfältig verwahrt, Früchte des Zimtapfelbaums, Ingwer, geröstete Pisangfrüchte und Reis mit Curry und Kokossaft. Ich hatte mich damals längst an die indische Kost gewöhnt, die in ihrer großen Mannigfaltigkeit wahrhaft kennenzulernen wenigen vergönnt ist, denn selbst in den Hinduhotels bemühen sich die Eingeborenen, den Europäern die Speisen auf deren Art zuzubereiten. Wer den Reichtum der indischen Früchte kennengelernt hat und ihre Art seinen Bedürfnissen anzupassen versteht, ist in Indien wohl daran und wird diese erfrischende und gesunde Ernährungsart jeder anderen vorziehen und niemals vergessen.

Als Pascha die Ananas und die Bananen brachte und die ersten Mangofrüchte, die noch nicht in Malabar gereift waren, sah er Huc, den Affen, neben den Speisen auf dem Tisch sitzen und erschrak.

«Ich werde ihn hinausbringen», sagte er.

Aber ich erklärte ihm, daß ich mit Huc sprechen müsse, und er ging still hinaus. Anfänglich hatte der Affe nur geringes Zutrauen zu mir gehabt und sich in seiner weichlichen Vorsicht immer wieder zurückzuziehen versucht, aber bald hatte er herausgebracht, daß ich es gut mit ihm meinte, und in seiner scheinbar so nachlässig abwartenden Art betrachtete er mich und nahm zögernd mit matter, immer ein wenig hängender Hand, was ich ihm darbot. Er hatte großes Mißtrauen gegen die Menschen, der Arme, denn einem gefangenen Affen ist in Indien kein gutes Los beschieden, er muß den Haß und die Verachtung erleiden, die seinen räuberischen Gefährten gelten. Jeder Vorübergehende vergnügt sich eine Weile damit, an dem Gefangenen einen Teil seines Zornes auszulassen, den seine Brüder in der Freiheit mit ihrem frechen, spöttischen Wesen in der Sicherheit ihrer Palmenkronen heraufbeschworen haben. Am schlimmsten aber setzen die Kinder ihm zu, deren gedankenlose Grausamkeit in keinem Lande schlimmer ist als in Indien, da die Verdorbenheit der Gesinnung und des Blutes schon früh hinzukommt; und wieviel gilt in Indien das Leben eines Affen, wo kaum das Leben eines Menschen etwas gilt. Der Knabe, der mir Huc gebracht hatte, bildete in seiner Stellung eine Ausnahme. –

Die Abendsonne schien noch. Da ich im Garten eine schmale Bresche in das Dickicht hatte schlagen lassen, war nun ein Ausblick auf das Meer hinüber möglich, aber ich sah nur die Hochebene, hinter der es atmete, spürte seinen kühlenden Hauch und vernahm sein gedämpftes Dröhnen an den Felsen. Auf der Höhe der Ebene erblickte ich die Silhouetten zweier Palmen, deren eine kerzengerade emporstieg, während die andere sich demütig in einem sanften, ebenmäßigen Bogen zur Seite neigte. Fein und schwarz, wie mit Kohle gezeichnet, sah ich diese zierlichen Figuren in der Ferne gegen das Ampelrot des Abendhimmels; sie erhoben sich in der Melodie des Meeres mitten auf jenem Wege in die Freiheit des Himmels, den meine Augen nun Abend für Abend nahmen, solange ich in Cannanore weilte.

Lange noch, nachdem ich die Stadt verlassen hatte, erschien oft dies Bild unter meinen geschlossenen Lidern und mit ihm die verlorenen und versunkenen Gestalten meines indischen Lebens, dessen Herrlichkeit kein irdischer Mund wird nennen können. Im Getriebe der tobenden Großstädte Europas, mitten im Straßengetümmel, in erleuchteten Sälen unter schwatzenden und lachenden Menschen oder in der einsamen Ruhe meines nächtlichen Arbeitsraumes erscheint mir bisweilen noch dies einfache Bild, und mit ihm ersteht die große Melodie des Ozeans und der Ruf des Wassers an den dunklen Felsen. Das unstillbare Heimweh nach der Fremde liegt darin beschlossen und ein großer Friede.

Die Nacht sank nieder, aber Huc tat, wie es mir

erschien, deutlich den Wunsch kund, noch in meiner Nähe zu verweilen, und ich ließ es zu, da mich ohne Aufhör das merkwürdig beklemmende Bewußtsein gefangenhielt, daß wir einander in Rede und Antwort noch vieles schuldig seien. Kein Lebewesen der Schöpfung löst in so hohem Maße den Hang zur Nachdenklichkeit über sich selbst in uns aus wie der Affe. Während ich langsam ein Glas des schweren indischen Palmweins nach dem andern meiner isolierten Seele gönnte, zog der gewohnte Reigen meiner Traumgestalten, von Weinlaub bekränzt, an meinen Augen vorüber, und langsam verlor mein Herz die Kraft des Alltags, um sie gegen eine bessere und höhere Kraft einzutauschen, die keine irdischen Erweise ihrer Gewalt zu geben vermag. Während dieser Stunde saß Huc still und nachdenklich vor mir und betrachtete mich geduldig. Seine merkwürdig zarten, hellgrauen Augenlider, die an dünnen Guttapercha erinnerten, hoben sich nur selten über die Hälfte des scheinbar ermüdeten Auges empor, und die dunklen Greisenhändchen mit den schwarzen Nägeln führten ein schläfriges und gesondertes Leben, von dem seine Gedanken nichts zu wissen schienen. –

«Huc», sagte ich zu ihm, «mein geliehener Affe, der Gang, den das menschliche Herz antritt, wenn es sich ohne Gesellschaft den beschwingten Führungen des Weins anvertraut, ist überall in der Welt der gleiche, nur im Grad voneinander unterschieden, aber in seiner Art wie die Gemeinschaft, derer alle teilhaftig werden, die sich unter die Segnungen eines Sakramentes stellen. Ist es nicht zuerst, als träten die Sorgen des Alltags einen stillen Rückzug an, daß unser Gefühl erstaunt und sehr erfreut nach der Ursache dieser Flucht forscht? Auf der nun begrünten Walstatt ihres quälenden Aufenthalts erhebt sich der freundliche Engel unserer Hoffnung, der, ohne unsere Augen zu blenden, in feierlicher Weise das Schönste unserer Zukunft zur Gewißheit macht, so daß wir unvermerkt und heimlich am Ziel unserer Wünsche angelangt sind. Aber so ist es mit uns, Huc, an diesem Ziel wird uns plötzlich traurig zumute, weil es solchergestalt Guten, wie der Wein sie aus uns macht, nicht wohl tut, ohne Verlangen zu sein; es entsteht uns aus dem erreichten Ziel nicht mehr als ein Ausblick auf ein neues. Und mit der zugleich schmerzvollen und doch seligen Ahnung, daß es immer so bleiben wird, erwacht in unserem Herzen das Heimweh nach einem bleibenden Gewinn.»

«Prost», sagte Huc.

«Du mußt mich jetzt nicht stören», antwortete ich in jener Bekümmernis, in die leicht Leute geraten können, die ihre Gedanken viel wichtiger nehmen, als sie sind, und die deshalb glauben, man wollte sie ablenken, wenn man ihre Ergriffenheit nicht teilt. «Huc, wir müssen nun sehen, wo dieser Trost zu finden ist und in welcher Gestalt er einhergeht. Er taucht aus dem Grund unseres Glases hervor, aus dem Schatten des Kelchs, und wird zum Bildnis einer Frau auf seinem goldenen Spiegel.

‹Alles, was wir gern geglaubt,
strahlt aus seinem Grund,
Jesu schmerzgeneigtes Haupt
und der Liebsten Mund.›»

«Keine Verse, bitte», sagte Huc.

«Vergib», antwortete ich; «es kommt zuweilen vor, ohne daß man es beabsichtigt, aber ich begreife, daß die Wesen selten sind, die erkennen können, daß man die Dinge wahrhaft schön nur in Versen sagen kann. Sieh nun, Huc, das Bildnis dieser Frau gleicht keinem der Wesen, die wir kennen. Die Schönheit und Milde dieses Angesichts ist niemals in der Welt zu finden, und daran liegt sein unnennbarer Trost. Aus dem Grund ihrer Augen erstrahlen das unvergängliche Leben und der irdische Schlaf, und vom Schlaf steigen liebliche Schleier empor, wie der Duft des Jasmins in der Sommernacht, und legen sich über unsere Augen, so daß wir in Ruhe versinken, als hätten wir uns nichts gewünscht als diese gnädige Ruhe.»

«Ein Asket bist du also nur», antwortete Huc, «weil der Weg dorthin mit einer Reihe genußreicher Annehmlichkeiten verbunden ist.» Er fuhr sich rasch mit der Hand über die schmalen Lippen seines großen Mundes, der wie in eine dunkle Halbkugel eingeschnitten war, und ließ dann mit hochgezogenen Brauen die Hand wieder sinken, als habe er sie vergessen. «Gib einen Schluck her», fuhr er fort und zog die Schultern hoch, wobei sein Kopf vorrückte und mir so groß erschien wie ein Menschenkopf. Er trank vorsichtig, leckte sich umständlich die Lippen und atmete so schmerzvoll auf, wie nur Menschen aufatmen können.

Es war eine Weile still zwischen uns; die nächtlichen Geräusche der Natur drangen gedämpft zu uns herein und das leise, heimliche Sausen der reisenden Erde.

Da legte Huc die welke Hand auf die Gegend seines Herzens und sagte einfach: «Ich bin schwindsüchtig und werde nicht mehr lange leben; ich will dir von den Wäldern erzählen. Viel kann ich nicht sagen, denn die Schönheit der Wälder ist so groß, daß die Gedanken und Worte darüber zu Träumen werden, je näher sie der Wahrheit kommen. Denke nicht, meine Krankheit betrübte mich; nur armselige Wesen leiden an ihrem Leibe, alle Schmerzen des Körpers und seine Hinfälligkeit sollte man nur mit einem Lächeln hinnehmen.»

«Ich bin erstaunt über deine Weisheit, Huc», sagte ich.

«Wie hochmütig du sein mußt, um darüber zu erstaunen», antwortete Huc ohne Eifer. «Ihr Menschen habt verlernt, in den lebenden Wesen der Schöpfung den Schöpfer zu ehren, und ihr überschätzt eure Eigenschaften so sehr, daß ihr darüber diejenigen aller anderen Wesen belächelt. Aber wir sind alle auf dem gleichen Wege, und wenn wir Sinne hätten, die Zeit zu ermessen und sie in Vergangenheit und Zukunft zu überschauen vermöchten, würden wir ehrfürchtiger sein, bescheidener und frömmer. Gib einen Schluck her.»

Ich reichte ihm das Glas, das er mit beiden Händen nahm und langsam mit geschlossenen Augen leerte.

«Alle guten Menschen haben den Hang, den Tieren in ihrem Gehabe und Wesen zuzuschauen», fuhr Huc ruhig fort, «es regt ihre Ahnungen einer zukünftigen Vollendung in Rührung und ungewissem Glauben an; andere sind schon viel weiter und lernen es, die Eigenarten der Pflanzen zu bewundern, die, obgleich sie sich von denen der Tiere unterscheiden, doch nicht weniger mannigfaltig sind; wann aber werdet ihr das Leben der Steine beachten? Die Menschen haben die Geduld verloren. Ich habe lange unter ihnen leben müssen und darunter nicht nur gelitten, wie du meintest, als du mich ausliehst, sondern ich habe auch gelernt. Ich habe ihre Häuser und Städte kennengelernt, bin auf Schiffen die Küste entlanggefahren, so daß die Wälder an den Ufern mir wie feine blaue Nebelstriche erschienen, sogar eine Eisenbahnfahrt habe ich gemacht, so daß ich weiß, worauf ihr stolz seid. In der Gesellschaft mit Menschen habe ich mir meine Krankheit zugezogen, denn ich habe in Regen und Wind und in der furchtbaren Sonne ohne Schutz auf meinem Pfahl zubringen müssen, an den ich mit einer Kette angeschlossen war. Du wirst mein letzter Herr sein. Prost!»

Ich holte ein zweites Glas für mich herbei und schenkte uns beiden aufs neue ein. Huc saß still mit seinen alten, nachdenklichen Augen dicht vor mir auf dem Tisch, so daß unsere Stirnen etwa in gleicher Höhe waren, zwischen zwei glänzenden Flaschen im Kerzenlicht. Eine Weile spielte er mit dem farbigen Stanniol, zerriß es und roch daran. Als er es endlich aus den Händen fallen ließ, als habe er nie Interesse daran bekundet, zweifelte ich wieder für einen Augenblick an seiner Bedeutung.

«Du bist doch nur ein Affe», sagte ich und raffte mich auf wie aus einem Traum.

Huc zog seinen langen Schwanz melancholisch durch die Hand, hielt endlich das Ende fest und fragte, das runde Maul mit einem Ruck auf mich zustoßend: «Wieviel hast du schon getrunken?»

Ich entschuldigte mich beschämt; so war also Huc doch im Recht, wie ich gleich anfangs angenommen hatte, als er mich von der Schulter seines jungen Herrn aus mit seinem unbeirrbaren Ernst und seiner versunkenen Überlegenheit angesehen hatte.

«Erzähle von den Wäldern», bat ich.

«Ich meine oft», begann Huc ruhig, «ich kenne die Wälder erst, seit ich sie habe verlassen müssen, weil ich mich von jenem Tage an, Stunde für Stunde, bis tief in meine Träume hinein habe mit ihnen befassen müssen, und darüber habe ich auch erfahren, daß das Geliebte erst recht unser Eigentum zu werden scheint, wenn wir es verloren haben. Alles Kleine ist dahingesunken, und mir ist nur ein einziges strahlendes Bild von herrlicher Freiheit im Gemüt zurückgeblieben, es ist verwoben mit dem weißen Licht des Mondes über dem Blätterdach der Bäume, mit dem Spiel des Sonnenscheins im frischen Grün, mit dem Lied der Nachtigall am Wasser und dem Geruch der Blüten, deren es so viele gibt, wie unsere Sinne nur immer an Farben und Gestalten ersinnen können. Du wirst länger leben als ich, so will ich dir die Sehnsucht nach den Wäldern als Erbteil zurücklassen – bewahre sie!»

Ich hob mein Glas, um es als Zeichen der Bestätigung aufs neue zu leeren, aber Huc trank nicht mehr mit. Er schmiegte sich an die Flasche, die nur um weniges kleiner war als er, als könnte ihr buntes Funkeln im Kerzenschein ihn wärmen, und sprach eintönig und scheinbar ohne Begeisterung weiter; seine Züge lächelten weder, noch verrieten sie Trauer.

«Es war an einem Frühlingsmorgen, als ich in Gefangenschaft geriet; meine Heimat liegt weit von hier, in den Dschungeln von Mangalore, der alten Priesterstadt am Meer. Ich geriet auf einem Reisfeld in eine Schlinge, die von den Menschen gelegt worden war, und ergab mich in mein Geschick, als ich merkte, daß das Hanfseil unzerreißbar war, das sich mir um Arm und Schultern gelegt hatte. Zwei Knaben schleppten mich in eine armselige Hütte, die aus Lehmwänden und Palmblättern zwischen den hängenden Wurzeln eines wilden Feigenbaumes errichtet worden war. Es roch nach Sandelholz und verbranntem Kuhmist und war so dumpf und dunkel, daß ich lange Zeit wenig erkannte.

Als ich nach der ersten Nacht am Morgen erwachte, sah ich den Sonnenschein auf den Bananenblättern vor dem engen Fenster und dachte an die Gefährten in der Freiheit, die sich nun, wie einst auch ich, auf den Wipfeln der Arekapalmen im Morgenwind schaukelten und den Kranichen zuschauten, die auf den Sandinseln im seichten Wasser des Flusses standen und fischten. Wenn ich meine Augen schloß, so hörte ich das Wasser rauschen und die Stimmen der Schilfpflanzen am Ufer. Ich hörte die Lockrufe der Wildtauben aus den dichten Lauben des Gehölzes dringen und sah den Panther durch das Ried schleichen, um zu trinken. Er bewegte sich zwischen den Sonnenspeeren und den Schattenstrichen des hohen Schilfs, als spielten Sonne und Wind mit Schatten und Licht, und niemand erkennt ihn, wenn ihn sein heiseres Keuchen nicht verrät oder sein dampfender Atem, der von dem Blutgeruch seines nächtlichen Raubs schwer ist. Hoch über mir sang der Milan seinen hellen Jagdruf im Blauen, nach Beute ausspähend; wie von Gold übergossen schwebte er klein und selig in der kühlen Morgenhöhe über dem wilden grünen Meer des Dschungels. Ich saß Schulter an Schulter mit den Gefährten in der rötlichen Frühsonne in der Höhe, atmete die herrliche Luft ein und fühlte die schweigsamen Bewegungen der unzähligen Pflanzen unter mir, die sich gegen die Sonne emporreckten.

Du würdest lernen, das leidvolle und süße Geräusch der aufbrechenden Blumen zu hören, wenn du mit mir im Urwald gelebt hättest, du könntest den Duft des ersten Aufbrechens vom Hauch des Verblühens unterscheiden, und das wollüstige Drängen, das sehnsüchtige Keimen, und die Hingabe dieser Geduldigen, in der Lust und Not ihres Frühlings Erzitternden.

Aber was ist euch Alltäglichen nicht alles wichtig, und wie vielerlei Geringfügiges setzt ihr höher an als die beschauliche Gemeinschaft mit dem Leben der großen Natur. Wir Affen gelten bei euch als ein unnützes, gedankenloses Volk, das nichts Gescheites zustande bringt und seinen Tag vertändelt. Aber wieviel wißt ihr vom Glück unseres freien Daseins in der Sonne oder im Mondglanz in der weißen, gärenden Nacht, von unserer Gemeinschaft mit dem unschuldigen Geschick der tausendfältigen Geschöpfe der Natur? Glaubst du, wir gäben nicht für eine einzige Stunde friedvoller Gemeinschaft mit den Glücklichen des Waldes den ganzen Tand dahin, um dessentwillen ihr euch euren hastigen Tag hindurch so wichtig gebärdet? Die Wahrheit, daß wir euer Wesen nicht haben, schließt uns vom irdischen Daseinsglück nicht aus, und habt ihr denn in der Zeitlichkeit ein anderes Ziel als das Glück? Ihr verlacht uns, wenn ihr uns unsere Freiheit genommen habt, und vergeßt, daß wir ohne sie nichts mehr sind. Nur im Glück lernt man ein Wesen wahrhaft kennen, denn das Glück ist die Vorbedingung zum wohl abgewogenen Selbstbewußtsein, und aus dem Selbstbewußtsein kommt alles Große.»

«Was ist denn von euch Affen Großes gekommen?» fragte ich.

Huc zog die Achsel hoch, und sein Gesicht wurde grau und alt, als wären Jahrtausende über diese Züge dahingegangen; er bekam etwas von einer ägyptischen Mumie und zugleich etwas schwermütig Tierhaftes von unbeschreiblich drohendem Ernst.

«So kann nur ein Mensch fragen», sagte er matt. «Immer noch glaubt ihr, der Natur etwas hinzufügen zu können, und meint, etwas erschaffen zu müssen, um bestehen zu bleiben. Euer ewiger Bestand hat nichts zu tun mit euren Werken, und solange ihr glaubt, euch im Streben Erlösung zu sichern, beweist ihr nur, daß ihr nicht wißt, was Erlösung ist. Das Große, das dem rechten Selbstbewußtsein entspringt, ist nicht Werk von Menschenhand, sondern die Liebe zu allem Erschaffenen der Natur.»

«Was weißt denn du von Gott, du Affe!» rief ich.

«Es kommt nur darauf an, daß Gott etwas von mir weiß», antwortete Huc, «und er tut es. Unglücklich sind nur diejenigen, derer Gott sich nicht erinnert.»

«Das ist wahr, Huc, das ist wahr; ich habe dir unrecht getan, Huc.»

«Nun fängst du gar an, mir zu glauben», entgegnete der Affe melancholisch; «nichts könnte mich mehr an der Wahrheit meiner Worte irremachen.»

Huc hatte nun einmal keine gute Meinung von mir; ich weiß nicht, wodurch ich sein Mißfallen erregte, vielleicht dadurch, daß ich zuviel Palmwein getrunken hatte.

«Erzähle von den Wäldern», bat ich. «Über Gott soll man nicht streiten; kein Weiser streitet über Gott.»

«Das wäre für dich ein Grund, es zu tun», sagte Huc, öffnete sein Maul ein wenig, so daß ich seine Zähne blinken sah, und es erschien mir plötzlich, als lauerte eine erschreckende Bosheit hinter seinen Zügen.

Es ergriff mich über dieser Wahrnehmung ein unbeschreiblicher Zorn, dessen Ursprung gewiß nicht allein in diesem heimlichen Hohn des Tieres zu suchen war, sondern vielmehr in jener an Wut grenzenden Beschämung, in welcher man das Gebäude einer falschen Gotterkenntnis unter den einfältigen Liebesansprüchen der Natur zusammenbrechen fühlt. In Besinnungslosigkeit und Verblendung ergriff ich jählings eine der Flaschen, packte sie am Hals und schwenkte sie hoch durch die Luft, um sie mit einem wuchtigen Schlag auf

Hucs kahlem Schädel zu zerschmettern. Die Scherben stoben in einem bunten Regen nach allen Seiten auseinander, und ich glaubte einen dunklen Schatten davonhuschen zu sehen, als ich die von einem jähen Licht geblendeten Augen öffnete.

Da erkannte ich, daß draußen die Morgensonne auf die Blätter schien und daß ich in der Nacht am Tischrand auf meinen Armen eingeschlafen war. Bestürzt und benommen sah ich mich um, denn das Klirren des Glases lag mir so deutlich im Ohr, daß kein Zweifel darüber herrschen konnte, daß eine Flasche zerschlagen worden war. Da erkannte ich, daß ich ein Glas vom Tisch gestoßen hatte, am Boden blinkten die Scherben im Morgenlicht; und vom halbgeöffneten Fenster her wehte es kühl herein und brachte das Geschrei der Sittiche aus den Mangobäumen mit sich. Ich raffte meine erstarrten Glieder mühselig auf, eins nach dem andern, und gähnte über die stille, dunkle Weinlache hin, die den Tisch zierte und in der meine Zigarre jämmerlich ertrunken war. Immer noch ein wenig betäubt, bückte ich mich endlich nieder, um Hucs Leiche aufzulesen, aber ich fand den Affen nirgends.

Da fiel mein Blick auf das ungeschlossene Fenster, und mit leisem Schreck begriff ich Hucs Geschick. Ich trat, nicht ohne einen Anflug von Altersschwäche, mit geraden Beinen und etwas krampfhaft geschwenkten Armen auf die Veranda hinaus, und richtig fand ich Huc auf dem Gipfel einer Papeiapalme. Es sah aus, als säße er auf seinen Händen, dabei schaukelte er sich seelenvergnügt nach besten Kräften, und auf meinen Zuruf hin schaute er nieder, zog den Kopf zwischen die

Schultern und zeigte mir fletschend die Zähne, als verlachte er mich. Aber bald wurde ich ihm gleichgültig; er blinzelte in die rote Morgensonne hinein, ließ den Zweig ausschwanken, wie er wollte, legte den kleinen, klugen Menschenkopf in den Nacken und schloß vor Lebensseligkeit die Augen.

Als ich ins Zimmer zurückging, stand Panja in der geöffneten Tür, die Hände auf dem Rücken; morgenfrisch und ausgeschlafen stand er da, den sauberen Turban auf dem kohlschwarzen Strähnenhaar, und seine Augen wanderten mit unaussprechlichem Ausdruck von der umgestoßenen Weinflasche bald zu den Scherben am Boden, bald über meine arme Gestalt hin, die in der Tat der Frische und Schwungkraft entbehrte.

«Sahib ...», sagte er und stemmte die Hände in die Hüften.

Ich will den Ausdruck seines Gesichts nicht schildern, es ist eine unangenehme Erinnerung für mich. «Nun wird er nach dem Affen fragen», dachte ich, aber es geschah nicht. Panja war seit dieser Nacht, nach welcher er Elias allein in meinem Bett gefunden hatte, davon überzeugt, daß selbst er mir nicht zu helfen in der Lage sei.

Er sagte nur in einer ganz abscheulichen Überlegenheit, die ich ihm nicht vergessen werde: «Sahib, es ist ein Fischer draußen, der dir sagen läßt, der Ostwind sei gekommen und dein Boot sei für die Meerfahrt bereit.»

VIERTES KAPITEL

Am Silbergrab des Watarpatnam

Es wurde von Tag zu Tag heißer. Ich schlief in der Mittagsstunde mit der Zigarre in der Hängematte, erwachte unfroh und matt, und auch die Bücher blieben oft tagelang, immer die gleiche Seite aufweisend, offen auf dem Schreibtisch liegen. Mein Entschluß zu reisen stand fest, ich studierte die recht unvollständigen Karten, war aber schon entschlossen, den Weg nach Norden durch die Flußniederungen der Küste zu machen, obgleich die Ströme noch reich an Wasser waren und das Land teilweise überschwemmt hatten. Die Offiziere der englischen Garnison, deren einige ich kennengelernt hatte, rieten mir ab, aber sie verstanden meine Absichten nicht, und wenn sie des Glaubens waren, daß mir daran gelegen sei, rasch und bequem voranzukommen, so hatten sie recht. Immerhin hatte ich in etwa vierzehn Tagen alle Vorbereitungen getroffen, der Ochsenwagen war gedungen, Proviant für zwei Monate war herbeigeschafft, und eines Morgens brachte mir ein Knabe die Nachricht, daß in Tschirakal am Seeufer die Boote auf uns warteten.

Der Watarpatnam und der Ponani sind, im Norden und im Süden Malabars ins Meer einmündend, die größten Ströme des Landes. Der Watarpatnam bildet – wie die meisten Flüsse der Westküste – vor seiner Einmündung ein gewaltiges Seenbecken, in welchem sich die Meerflut durch einen schmalen Ausfluß mit seinen Wassern verbindet. Die einzelnen Flußmündungen dagegen sind unter sich mitsamt ihren Seen durch Kanäle verbunden, die vor der Zeit der Kämpfe Tippu Sultans mit den Engländern dieser ebenso umsichtige wie grausame Fürst anlegen ließ, um den Handel zur Zeit der Monsumstürme, die die Küste unbefahrbar machen, in den Meerstädten keine Unterbrechung erleiden zu lassen. Heute, wo der Hauptküstenhandel durch die Dampfschiffe besorgt wird, ist diese herrliche Wasserstraße durch die Seeniederungen und den Urwald fast vergessen worden. Die Kanäle sind zum Teil durch die Anschwemmungen der Regenzeit versandet, oder das leidenschaftliche Wachstum seiner Ufer hat sie völlig eingesponnen.

Panja war in bester Laune, seit ich meinen Entschluß kundgetan hatte, die Stadt zu verlassen, denn er liebte Cannanore nicht und wünschte sich, mit mir in Gebiete zu kommen, in denen wir allein herrschten. Als er von den Wegen hörte, die ich zu machen gesonnen war, kratzte er sich froh und nachdenklich im Nacken und sah mich geistesabwesend von der Seite an; heute weiß ich, daß er vielleicht manches besser überschaute, was unserer wartete, als ich und daß es ihn heimlich erfreute, mich bald in großer Abhängigkeit von sich zu wissen. Er leitete die Vorbereitungen mit viel Umsicht, und aus mancher Anschaffung, die er entschlossen und selbständig machte, gewann ich langsam einen Einblick in die Schwierigkeiten, die es zu überwinden galt. Er vertauschte meine letzten Lederkoffer mit solchen aus Eisenblech, und eine Mauer von Blechbüchsen verschwand im Gepäckwagen; er riet mir, meine Waffen nicht zur Schau zu tragen, sie aber zu rüsten, da die Mohammedaner uns rudern würden.

Ich wußte damals noch nicht, wie weit seine Befürchtungen angebracht waren, aber es war mir bekannt, daß vielerlei Gesindel der Hinduwelt nur deshalb zum Islam übertritt, um die größeren Freiheiten dieser Lehre zu genießen. Die Mohammedaner bilden in den Westprovinzen eine entschlossene und geeinte Gesellschaft, von der England größere Gefahr droht als von den Anhängern des Hinduismus, der durch den Kastengeist hundertfältig gespalten und in die verschiedensten Interessengebiete zergliedert ist.

Sonst verriet unsere Expedition eher die Friedlichkeit als die Gefahren des Landes, die nicht von den Menschen kommen, und ich erinnere mich, vergleichend, einer anderen Ausfahrt in die Wildnis, die in meiner Gegenwart für den Sudan ausgerüstet wurde. Damals starrte das bunte Lager von Waffen und Todesbereitschaft, die glänzenden Riesengestalten der Neger verbreiteten das heimliche Grauen von ihren blutdürstigen Brüdern im Innenlande, und mit den Schwingen der Aasgeier, die den Ausgangsort der Expedition umkreisten, rauschten in der Luft die Fittiche des Todesengels, dessen furchtbare Züge die Seuchen Afrikas und den Blutdurst in Fieberschwüle ausstrahlten. Viel später, als ich längst nach Europa zurückgekehrt war, erfuhr ich, daß von jener Gesellschaft nicht ein einziger in die Heimat zurückgekehrt sei, der letzte Name ist in einem Krankenhaus von Genua verklungen, in das ein fiebernder Straßenbettler eingeliefert wurde, der, aller Mittel beraubt und von einer furchtbaren Krankheit zerfressen, den Versuch gemacht hatte, seine deutsche Heimat von Neapel aus zu Fuß zu erreichen.

Die Gefahren Indiens haben dagegen wenig mit dem Charakter der Urbevölkerung zu tun, denn seine Menschen sind friedliebend und ergeben, sie töten nicht und sind seit Jahrtausenden gewohnt, beherrscht zu werden. Abgesehen von den durch politischen Fanatismus aufgewühlten Leidenschaften und ihren von Rachgier, Haß und Herrschsucht entfesselten Unbillen sind die europäischen Reisenden im größten Teil des Landes vor den Eingeborenen sicher; gäbe es nicht die Gefahren des Fiebers, der wilden Tiere und der Pest, so wäre das heutige Indien für die, welche um ihr Leben besorgt sind, weit weniger gefahrvoll als die Umgebung unserer europäischen Großstädte bei Nacht. Indiens Gefahren, seine Einflüsse und geheimnisvollen Mächte walten in anderen Regionen des Seins als dort, wo das Messer oder die Büchse über Wohl und Wehe entscheiden. Indien wird kaum jemand gefährlich werden, dessen Ansprüche nicht über die Erhaltung seines leiblichen Lebens hinausgehen, aber sein dämonischer Geist trifft das Mark der Seele dort inmitten, wo ihr Flug die großen Fragen allen Seins und die Höhen des Menschenbewußtseins zu erstürmen sucht. Der alte Geist des ewigen Gottreichs lähmt mit der unfaßbaren Stille seines himmlischen Triumphs allen zornigen Eifer des Kampfes und der Forschung, alle Jugend im Streit um die Erkenntnis und die Frische jeder Tat im Geist. Es ist alles gewesen.

«Erkenntnis ist es, welche Opfer zeitigt,
Erkenntnis nur vollzieht die heiligen Werke,
die Götter auch, im Licht allein verehren
als Brahman, als das älteste, die Erkenntnis.

Und wer begreift als Brahman die Erkenntnis
und wer sich nicht mehr ab vom Brahman wen-
streift schon im Leibe alle Übel von sich, [det,
und alle Wünsche werden sich erfüllen.»

Den Himmelswelten der «Upanishaden» und ihrem Licht ist kein Geistesstrahl fremd, der ihr aus der Erkenntniswelt unserer Kulturen entgegenbricht, es gibt nur Einkehr in Gehorsam und Stille oder eine ruhlose Umkehr, und überall in Indien träumt ihr Friede über all den lebendigen und erstorbenen Wesen seines Schaffens und Wandelns. Ein altes Sprichwort sagt, daß, wer ohne Geduld nach Indien ginge, sie dort bald lernte, daß aber jeder, der mit Geduld gewappnet einzöge, sie dort verlöre. Dieses Wort läßt sich leicht, auf äußerliche Dinge angewandt, gleichmütig zu den Anekdoten rechnen, aber sein tieferer Sinn trifft auf das alte Geisteswesen der Jahrtausende zu, das überall waltet. Auf den Wegen Indiens hockt der Geist der Menschheit mit grauen Haaren und jungen Augen, mit einem stillen Triumphlächeln in den Zügen, über seine eingeäscherten Völker und über den törichten Lichteifer der neuen Geschlechter. Niemand, in dessen Gewissen der alte Schuldgedanke der Menschheit brennt, kommt an ihm vorüber, nur die leuchtenden Augen der Kinder sind vor seinem Anblick gefeit und die erbarmungswürdige Selbstsicherheit der Pharisäer.

Es war zweifellos zum guten Teil mein seltsamer Traum von Huc, dem Affen, gewesen, der mich hinaustrieb in die unberührte Natur, die Mutter des Glaubens und der Klarheit für alle Aufrichtigen. Wer will ermessen, ob unsere Träume unsere Gedanken anzurühren vermögen wie in einer unschuldigen Selbsttätigkeit des Gehirns, die an wunderreiche Offenbarungen erinnert, oder ob nur unsere Gedanken unsere Träume zu befruchten vermögen? Damals erschien es mir, als läge ein ganz neues Evangelium der Weltanschauung in Hucs schlichter Meinung, daß alles Große des Erdendaseins uns allein aus unserer Liebe zu allem Erschaffenen der Natur erwachsen könnte. Daneben blieb mir der Satz im Sinn: Euer ewiger Bestand hat nichts zu tun mit euren Werken, und solange ihr glaubt, euch im Streben Erlösung zu sichern, beweist ihr nur, daß ihr nicht wißt, was Erlösung ist.

Solcherlei Gedanken waren es, die mich mit Ruhelosigkeit erfüllten und dahintrieben, als gelte es, das Herz des alten Reichs im Rauschen der Ströme und Bäume des Landes zu finden, im Himmelsblau über den Wildnissen des Dschungels, im Gebaren seiner Geschöpfe, seien es nun Menschen, Tiere oder Pflanzen, und in der strahlenden oder gärenden Flut des Sonnenlichts über dem jahrtausendalten Wandel und der geduldigen Wiederkehr, die alle miteinander in innigstem Verein das Brahman geboren zu haben schienen, als höchsten Anspruch und endliche Erfüllung.

So trieben mich die glücklichen Irrtümer meiner Jugend, wie sie Millionen vor mir erhöht oder erniedrigt, befreit und gefesselt, gesegnet, verdorben oder vernichtet, aber niemals zur vollen Genüge gebracht haben. Aber ihre Leiber erbrausen verwandelt als neue Hoffnung und als neuer Glaube in den Auferstandenen der Natur, im stürzenden Quell, in schwellenden Früchten oder in den Liedern der Singvögel, die, in Lichtwellen verwoben, über aufbrechende Blüten dahinklingen. Krishnas große Worte vom eigenen Wesen, der Glanz der höchsten Gottheit, verführt und leitet uns immer aufs neue zu friedlosem Suchen nach Vollendung in uns selbst:

> «Ich bin der Weg, der Träger, Fürst und Zeuge,
> der Freund, die Heimat und die Zufluchtsstätte,
> Ursprung und Endziel und Bestand der Dinge,
> bin der Behälter und der ewige Same.»

Die erwachten Hindus standen noch, in der Morgenkühle fröstelnd, in den Eingängen ihrer Hütten, als unsere Ochsenwagen Cannanore gegen Norden zu verließen. Es war von unaussprechlicher Frische umher, das Leben der Menschen hatte noch kaum begonnen, nur die Vogelstimmen begrüßten uns, das im Tau funkelnde Morgenlicht, das in unfaßlichem Rot, wie in Farbenflecken, im Grün und Braun der Palmen und des Buschwerks und auf der breiten Heerstraße lag, die anfänglich sacht emporstieg.

Ich schaute nicht zurück, der rastlose Frohsinn meines erwartungsvollen Bluts kämpfte mit der gelinden Traurigkeit des Scheidens, aber ich empfand keinen Schmerz, sondern nur die Wehmut derer, die in tausend Hoffnungen eine alte Liebe aufgeben, um sie dennoch zu bewahren. Der Postwagen aus den Bergen, von Dindumalla, kam uns entgegen, ein schreiender Sturmwind, von Trompetengeschmetter begleitet. Vier kleine, abgehetzte Steppenpferdchen, die wie in Todesverzweiflung galoppierten, dampften unter der sausenden Peitschenschnur ihres Führers, der halb hockend und mit dem Geschrei eines geärgerten Affen auf sie einhieb. Ein kleiner, überfüllter Wagen rasselte in Sprüngen und Zickzackkurven hinterdrein. Dieser Postwagen hätte keine Maus mehr beherbergen können; selbst in den Rahmen der Fenster und auf dem gebrechlichen Verdeck hockten die halbnackten Gestalten auf Bündeln und Kisten und klammerten sich mit einem Geschrei, das zur Hälfte Ergriffenheit und Jubel und zur Hälfte Angst war, aneinander fest. Niemand begriff, aus welchen Gründen diese furchtbare Hast ihrer aller Leben gefährdete; man schob die Wichtigkeit der Sendung auf die geheimnisvolle Weisheit der Behörde, deren halbeuropäische Mischlingsvertreter noch in Cannanore schliefen. Eine rötliche Wolke hüllte diese Höllenjagd aus Unfrieden und Torheit hinter uns ein.

Panja, welcher neben dem Ochsentreiber, der zugleich Besitzer unserer Wagen war, über dem Deichselende kauerte, wandte sich nach mir um, schob die Bambusvorhänge zur Seite und unterrichtete mich lakonisch über den Vorfall. Er sagte nur: «Wilde Schweine» und ließ die Bambusmatte wieder fallen. Es wurde wieder still umher, die Sonne stieg, die Räder knarrten, und aus den Niederungen der Reisfelder rief die Häherdrossel ihre drei melodischen Flöttöne.

Nach einer Weile bogen wir von der Heerstraße ab, um einen schmaleren Weg einzuschlagen, der schlicht und ohne Baumbestände zwischen frisch bewässerten Reisfeldern dahinführte. Die kleinen weißen Rennochsen griffen kräftig aus, so daß unser Wagen fast die Geschwindigkeit eines mäßigen Pferdetrabs erreichte. Man reist in den Südprovinzen beider Indien bei weitem gesicherter und zuverlässiger mit Ochsen als mit Pferden, da erstere die Hitze besser ertragen und anspruchsloser in der Ernährung sind. Mit dem heraufsteigenden Tage zog der Frohsinn der Menschen bei mir ein, die sich jung und sorglos auf der Reise befinden. Auf der Reise sind die meisten Menschen besser als in den kleinen Bedrückungen ihrer engen Häuslichkeit; mit der Erinnerung an meine Reisejahre, die fast meine ganze Jugend ausfüllten, verbindet sich für mich die Vorstellung, daß ich damals ein bei weitem besserer Mensch war als heute. Das Reisen läutert das Gemüt, denn die Fremde macht bescheiden, und durchaus nicht auf die Art, wie es nur die Lumpen sein sollen. Die Achtung vor fremdem Wesen, die gerade uns Deutschen so gern als Tadel nachgesagt wird, ist nur dann eine Untugend, wenn sie sich mit einer Preisgabe des eigenen Wesens verbindet. Dieser Respekt aber vor fremdem Geist und Tun und vor der Lebensart anderer wird in allen reicheren Herzen die Tadelsucht und die Selbstüberhebung dämpfen, die beiden Grundfehler unserer jungen Generation.

Nicht, daß solcherlei Gedanken mich damals beschäftigten; sie kommen erst später, sind meistens zwecklos und dienen nur denen, die sie im Grunde nicht brauchen. Denn gute Gedanken werden nur von denen recht verstanden, deren Wert darin beruht, daß sie ihre eigenen haben. Nein, mich nahm das herrliche Bild des klaren Morgens gefangen, das stille Leben auf den fruchtbaren Reisäckern, der Takt der Wassermühlen und die schönen Gestalten der arbeitenden Männer und Frauen. Langsam verwilderte das Land mehr und mehr; nur einmal noch, als unser Wagen, wie aus einer Laube, aus hohen Buschbeständen und Laubwald in ein Stückchen freien Landes ausfuhr, breitete sich vor meinen Augen ein dunkler Acker aus, der gepflügt, aber noch nicht bewässert worden war, und das schräge Sonnenlicht legte die aufgeworfene Erde in Schatten und Licht. Ein reicher Glanz der Morgenfrische strahlte über dem dampfenden Land, das duftete und von Fruchtbarkeit zu gären schien. Zwei schneeweiße Ochsen vor dem Krummholz, das unseren Pflug ersetzt, wurden von einem jungen Manne gelenkt, der außer seinem schmalen Lendenschurz nur einen leuchtenden Turban auf den schwarzglänzenden langen Haaren trug. Ein Palmenwald schloß das Bild im Hintergrund ab, und darüber strahlte ein unfaßlich blauer und klarer Himmel von seliger Weite.

Am Ende des Feldes waren Mädchen an der Wassermühle beschäftigt, sie mochten vierzehn oder fünfzehn Jahre alt sein, waren fast völlig nackt, und ihr tiefschwarzes Haar, das von Öl glänzte, hing in einem langen, schmalen Knoten in den lichtbraunen Nacken nieder. Sie hantierten eifrig, ihre jungen Körper bewegten sich in einem noch unverstandenen Glücksbewußtsein kindlicher Freiheit und in jener großzügigen Schamhaftigkeit der selbstseligen Natur, die unbegrenzten Frohsinn um sich her verbreitet, und sangen einstimmig ein monotones Lied von großer Traurigkeit. Der Fall des stürzenden Wassers und ihre Stimmen bewirkten, daß sie das Herannahen des Wagens nicht sogleich bemerkten; als sie uns aber erblickten, flüchteten sie mit einem hellen Aufschrei hinter die trockenen Schilfwände einer kleinen Hütte, wobei sie, wie zwei aufgeschreckte Antilopen, über einen kleinen Bach sprangen. Aus der Hütte trat gleich darauf eine zusammengeschrumpfte Alte, die uns aus ihren welken Zügen anlächelte und uns winkte. Dann nahm der Wald uns auf, der dichter wurde. Die Sonnenstrahlen drangen nur noch in spitzen Speeren bis zu uns herab, es wurde dämmerig und schwül, die Bambusdickichte und die hängenden, buntverwobenen Teppiche der Lianen verhüllten mehr und mehr den Blick in die Schatten des Urwalds.

Niemand schien anfänglich über den Verlauf unseres Unternehmens erfreuter als Elias. Die erste Tagesstunde hindurch durchmaß er den Weg etwa zehnmal, die zweite machte er ihn ungefähr fünfmal, und selbst in der dritten Stunde, in der es schon empfindlich heiß geworden war, lief er immer noch munter kreuz und quer, uns alle an Eifer und Ausdauer übertreffend. Erst als wir in den Urwald kamen, wurde er nachdenklicher, blieb zuweilen betroffen stehen und suchte die Dämmerung unter den Bäumen mit seinen Blicken zu durchdringen, wobei er gewöhnlich das eine Vorderbein emporhob und die Pfote im rechten Winkel herabhängen ließ. Seine Ohren bewegten sich dabei unablässig, zuweilen sah er mich forschend an, wie in Unsicherheit darüber, ob diese Umgebung mir ebensowenig geheuer sei wie ihm.

Übrigens hatte Elias sich auf das prächtigste entwickelt, er trug nun die Merkmale eines Wolfs- und Schäferhundes nicht minder deutlich wie die eines forschen und geschmeidigen Terriers, jener tüchtigen Rasse, die damals die Engländer bevorzugten und pflegten. Seine wollige Behaarung erfreute auch verwöhnte Kenner durch ihre Fülle und die Mannigfaltigkeit ihrer Färbung, während ein großer Ringelschwanz ihn auf das prächtigste zierte. Da er noch ein wenig gewachsen war, verband er mit seiner Anmut eine gewisse Bedrohlichkeit der Erscheinung, die er jedoch wegen der Vortrefflichkeit seines Charakters in keiner Weise auszubeuten suchte. Zweifellos floß auch vom Blut des sehr beliebten Hühnerhundes ein Teil in seinen Adern, denn sobald sich ein Geflügel zeigte, verriet Elias einen unbezähmbaren Hang, sich dieses Getiers zu bemächtigen, um es zu zerreißen. Hier zeigte er einen nachahmungswerten Mut, der so leicht nicht wieder bei einem Hunde gefunden werden wird.

Es begann eine herrliche Zeit! Wie soll ich die leuchtende Klarheit der hereinbrechenden Morgen schildern, die in unfaßbarer Beständigkeit heraufzogen, den stillen, glühenden Glanz der Tage und den magischen Frieden der weißen, gefährlichen Nächte! Von allem, was mir aus dieser Zeit der Wanderung durch die Wildnis am tiefsten im Gedächtnis geblieben ist, preise ich die Kanufahrt durch die Seen und Kanäle. Ich vergesse die Abendstunde niemals, in der unsere Wagen in Tschirakal anlangten, einem kleinen Ort an jenem Binnensee, den der Watarpatnam vor seinem Austritt ins Meer bildet. Der Ort lag unter Palmen und hob sich weiß, braun und grün von der merkwürdig stillen graublauen Silberwand des großen Wassers ab, als wir die Straße zum Hafen niederfuhren. Aus den niedrigen Häusern und Palmenhütten stieg blauer Rauch auf, und aus der Dämmerung einer hölzernen Tempelpagode drang ein priesterlicher Singsang. Es regte sich kein Windzug, die Mattigkeit des Tages lagerte in der Luft, und der bunte Hafen war so still wie ein Bild. Ungeheure Laubbäume, unserem Ahorn vergleichbar, überschatteten den schmalen Wassereinschnitt, in dem die Kanus ruhig, wie eingelassen in erstarrtes Metall, dicht nebeneinander lagen; sie waren zum Teil hoch mit grell bemalten Warenballen bepackt, und die Zugänge zu diesem Hafen führten eng an den Häusern entlang. Es duftete nach Tee, Gewürzen und Früchten, und als unsere Wagen dicht am Rande des Wassers haltmachten, erhob sich ein alter Mann, ganz in ein weißes Gewand gehüllt, und begrüßte mich im Namen Allahs und des Propheten.

«Bist du der Herr, der das Wasser befahren will, um nach Taliparambu zu gelangen?» Seine Stirn war dicht über den Brauen wie von einer weißen Binde abgeschnitten, die schwarzen Augen sahen mich sicher und abwägend an. «Gib die Geldsumme für die Fahrt, Sahib; wir müssen die Ruderer ablohnen, damit sie gehorsam sind.»

Panja trat zwischen uns, absichtlich so, daß der Alte einen gelinden Stoß empfing und zurücktreten mußte. Er funkelte Panja zornig an.

«Wer hat dir erlaubt, den Sahib anzureden?» zischte Panja. Ich war erstaunt über seine Keckheit. «Tritt zur Seite und zeig deine Kanus her, ob sie dem Herrn genügen. Glaubst du, der Sahib wäre gekommen, um mit dir zu schwatzen?»

Der Alte schwankte und sah zweifelnd zu mir herüber, aber dann folgte er Panja und sagte zögernd: «Die Kanus sind gut.»

«Das entscheide ich», sagte Panja kalt.

«Führst du einen großen Herrn durchs Land?» fragte der Alte.

Panja lachte. «Ihr wißt in Tschirakal nicht mehr als die Frösche in euren Sümpfen», sagte er geringschätzig. «Ich habe meine Seide nicht gestohlen. Der Kollektor von Mangalore wartet so ungeduldig, daß er einen Boten nach dem anderen sendet. Ist kein Bote angekommen?»

Der Alte schüttelte den Kopf und wandte sich scheu nach mir um. Panja gefiel mir, und trotz seiner sonstigen kleinen Eitelkeiten empfand ich, daß hier sein Vorgehen Gründe hatte. Ich war oft vor den Mohammedanern gewarnt worden. Panja kannte sein Land.

Wir besichtigten die Boote eingehend. Es waren etwa acht Meter lange Kanus aus Baumstämmen mit langen Auslegern, da sie von stehenden Ruderern angetrieben werden, und mit wohlgepflegten Leinendächern, die den mittleren Teil beschützten, etwa auf die Art, in der in Deutschland Lastfuhrwerke mit Leinen gedeckt sind, straff angespannt und gewölbt. Zwischen dem Leinenschirm und dem Bootsrand war ein schmaler Durchblick gelassen, und vor dieser Kabine befand sich ein etwa zwei Meter langer Aufenthaltsort für kühlere Stunden, in denen der Sonne nicht ausgewichen zu werden brauchte. Der Boden war sorgfältig gepolstert und mit sauberen Bambusmatten belegt, aber die Boote selbst waren nicht breiter als ein schmales Feldbett.

Panja zeigte sich zufrieden. Ich sah über den See hinaus, der sich rötlich färbte.

«Wann kommt der Mond?» fragte Panja.

«Gegen Mitternacht», antwortete der Alte nachdenklich; «wir werden in der Morgendämmerung fahren.»

«Wer will reisen?» fragte Panja gelassen. «Du oder der Herr? Wir fahren sogleich.»

«Es geht nicht, die Leute sind in Tschirakal weit verstreut und nicht so rasch zu finden.»

«Wieviel Ruderer hast du?» fragte Panja, ohne auf den Einwand des Schiffers einzugehen.

«Für jedes Boot vier.»

«Es genügen zwei für jedes Boot», entschied Panja; «das Wasser ist still.»

Der Alte schüttelte den Kopf. «Morgen kommt ihr am offenen Meer vorüber; wenn auch nur für eine kurze Zeit, so können doch zwei Männer das Boot nicht durch die Brandung rudern.»

Diesmal schien der Alte recht zu haben, denn Panja fügte sich, aber er forderte, daß die Leute sogleich gerufen und in den Booten verteilt würden. Er sagte mir später, daß es besser sei, die Ruderer tauschten ihre Meinung über uns zuvor nicht aus, und er setzte seinen Willen durch. Unser Gepäck wurde hinübergetragen, die Ochsenwagen kehrten noch in dieser Nacht um, und wir fuhren nach kaum einer Stunde hinaus, unter den aufgehenden Sternen dahin.

Der Gesang der Ruderer weckte mich. War ich denn eingeschlafen? Ich brauchte eine kleine Weile, um zu mir zu kommen, die Luft roch fremd und es war kühl, ich hörte das Wasser und taumelte empor in einem sanften weißlichen Lichtschein.

Es fiel mich ein stechender Glanz vom Himmel her an, als ich aus der Kabine kroch: die Sterne! Unter mir sanken sie in unendliche schwarzblinkende Abgründe, totenstill, ohne zu zittern, wie Diamanten auf kohlschwarzer Seide. Zwischen den beiden zornigen Lichtwelten, am Firmament und in der Totentiefe, schaukelten und schwankten zwei riesige dunkle, nackte Körper vor mir hin und her, stießen in das dunkle, von Sternen und Sternbildern funkelnde All und sangen. Ihre Ruder tauchten in die Flut und hoben sich wieder, wie mit fließendem Silber übergossen; sprühend und glitzernd troff es nieder, und als ich mich umwandte, sah ich eine schmale Silberstraße von solchem Glanz, daß meine Augen geblendet wurden.

Wie ein traurig ertönender Komet mit langem Schweif schoß unser Boot durch ein uferloses, von Himmelsfunken flimmerndes Weltall. Ich vermochte nirgends Land zu erkennen, wir waren mitten auf dem See, diesem Bett des ruhenden Stromes, der, über tausendjährigem Schlamm, zögernd ins Meer hinüberglitt. Ich tauchte meine Hand ins Wasser, und sie überzog sich mit Silber. Kraftlos sank ich, ohne Erfassen und Begreifen, gegen die Wandung meines Verdecks, erbebend in übersinnlichem Schwindel vor diesem Wunder der Nacht.

Gegen Mitternacht tauchten im Licht des aufgehenden Mondes bläuliche Nebelkuppen vor uns auf. Der Mond stand, eine ockerrote Sichel, über dem Dschungel. Wir liefen Land an; ich empfand lange Zeit nichts anderes als nasse Zweige, die mein Gesicht streiften, hörte die Zurufe der Mohammedaner in der feuchten Finsternis, und meine Augen wurden nur selten durch einen weißlichen oder rötlichen Schein über mir getroffen. Von solchem Hintergrund hoben sich große Blätter oder die Schwerter eines hohen Schilfs ab. Einmal schoß mit durchdringendem Klageruf, der noch lange draußen über dem Wasser gurgelte, ein großer Sumpfvogel empor.

«Panja!» rief ich.

Da flammte vor mir ein Feuerschein auf, in dem ich eine schmale Sandbank erkannte, auf die das Kanu aufgelaufen war. Es eröffnete sich darüber ein Laubengang, so dicht verwachsen, daß er wie eine grüne Höhle wirkte, mitten darin stand Panja in seinem weißen Gewand, hielt eine Fackel hoch und winkte mir.

Die Leute mußten einige Stunden ruhen. Es wurde ein Halbkreis von Feuern gegen das Land zu angebrannt; nach kurzer Zeit lagen die Männer in tiefem Schlaf auf ihren Matten, und Panja hockte mir gegenüber am Feuer und sprach leise und erregt ohne Aufhör. Ich merkte ihm die Ruhelosigkeit der tropischen Sommernacht an; die Ruderarbeit der Leute hatte eine merkwürdige im Blute siedende Erinnerung an wilde Taten in mir zurückgelassen, und es lauerte in der gärenden Stille umher eine aufreizende Liebessucht und die Ahnung eines hastigen törichten Todes. Es war, als erwarteten die Daseinsgier und der Lebensdrang der üppig und in stiller Wildheit ausbrechenden Pflanzen und Bäume unsere Leiber. Mein Blut pochte in den Spitzen der Finger, in den Schläfen und im Halse.

Nach einer Weile brach Panja auf; er wand sich aus trockenen Lianen und vermodertem Holz eine Fackel, goß Öl darauf und entzündete sie am Feuer.

«Wohin gehst du, Panja?»

«Zu den Frauen», sagte er dumpf.

Noch eine Weile sah ich den Schein seiner Fackel rot durch das Dickicht schaukeln; er schwenkte sie hoch empor und weit hinter sich, zum Schutz gegen die wilden Tiere, im Takt seines raschen, weichen Tritts. Dann blieb ich allein am Feuer zurück mit Elias. Pascha schlief im Boot bei den Koffern; er hatte seine Matte quer über meinem Eigentum ausgebreitet und bewachte es schlafend mit seinem Leibe.

FÜNFTES KAPITEL

Dschungelleute

Panja roch die Dörfer, ehe wir sie erreichten, wenn der Wind seinen Forschungen günstig war. «Es kommt ein Dorf, Sahib», pflegte er zu sagen, «hier schlagen wir das Zelt auf.»

Es geschah hauptsächlich deshalb dort, weil wir sicher sein konnten, in der Nähe einer Niederlassung frisches Wasser, Reis und Bananen, auch Geflügel oder Eier zu bekommen. Wir hatten viel Umstände und Mühe damit, Träger zu finden, denn einmal brauchten wir auch für kleinere Lasten meistens zwei Männer oder Frauen, und zum andern wurden die Leute gewöhnlich nach zwei oder drei Tagen von Heimweh befallen und liefen zurück, obgleich ich ihnen ihren Lohn erst nach der beendeten Frist auszuzahlen pflegte. Sie ließen ihn um so leichter im Stich, als sie für gewöhnlich irgend etwas stahlen, was sie reichlich entschädigte, ohne mir empfindliche Verluste beizubringen.

Jedesmal, wenn wieder einer unserer Sklaven fehlte, sprach Panja die Hoffnung aus, der Panther möchte ihn auf seiner Flucht erwischen; er hoffte es herzlich und aufrichtig und wechselte niemals das Raubtier, dem der Flüchtling erliegen sollte. Dann blieben wir oft tagelang am Rande der Steppe oder mitten in der Dschungelwildnis liegen, ließen die Sonne kommen und gehen, rauchten, schliefen und jagten. Ich hatte die genaue Orientierung auf der Karte verloren, aber es war nicht wichtig, da ich die Breite des Dschungels kannte und der Richtung durch die Sonne und den Kompaß gewiß war. Auch zeigten uns die Flüsse, die wir auf schmalen Furten oder in den Kanus der Eingeborenen überquerten, daß wir im wesentlichen die Richtung nicht verloren hatten. Und hatte ich denn ein Ziel?

Einer der jungen Träger ist lange bei mir geblieben, und er fand nicht allein meine, sondern endlich auch Panjas Gunst, was eine große Seltenheit war. Er hieß Gurumahu und war ein Jüngling von etwa achtzehn Jahren, hochgewachsen und sehr schlank, aber geschmeidig und kräftig. Er war zum Islam übergetreten, weil er die größten Hoffnungen auf die Freiheiten gesetzt hatte, die sich mit dieser Lehre für sein künftiges Leben einstellen sollten, aber leider hinderte sein gutmütiger Charakter ihn daran, Gebrauch von ihnen zu machen. Er zitterte nach wie vor vor den Brahmanen und änderte seine Lebensgewohnheiten in keiner Weise. Er kam uns auf die nicht eben ungewöhnliche Art eines Diebstahls besonders nahe, und zwar hatte sein unersättlicher Drang nach Reichtümern ihn auf meine Kupferkessel gestürzt.

Gurumahus Diebstahl wurde gottlob zeitig genug entdeckt, denn wir wären in nicht geringe Verlegenheit geraten, wenn er mit seiner Beute entkommen wäre. In der Hauptsache ist seine Entlarvung Elias zu danken, was allerdings von Panja bestritten wurde.

Wir hatten damals unser Zelt am Rand der Steppe aufgeschlagen, so daß der Ausgang den

Wir freuen uns über Ihr Interesse, das Sie unserer Manesse-Bibliothek entgegenbringen, und hoffen, daß Sie aus der Lektüre Freude und Gewinn ziehen werden. Wenn Sie uns diese Karte mit Ihrer Adresse einsenden, werden wir Sie gerne laufend über unsere Neuerscheinungen orientieren.

Absender

Vorname / Name (wenn notwendig, Vorname abgekürzt)

Straße / Hausnummer

PLZ Ort

Land

Blick auf die hügelige Ebene zuließ, und ich erwachte vom Knurren des Elias. Da sah ich Gurumahu im Mondschein über die Steppe laufen, rechts und links einen unserer Kupferkessel in der Hand. Er fraß den Boden mit so riesigen Sprüngen, als hinge das Heil seiner Seele von ihrer Länge ab. Ich nahm den Revolver und schoß in die Luft; die Kugel hätte ihn ohnehin nicht mehr erreicht, auch lag es mir fern, ihn töten zu wollen.

Man täte in Indien nicht gut daran, so entscheidend vorzugehen, da die Hindus nicht das gleiche Vergnügen am Sterben empfinden wie nach den Berichten der Afrikareisenden die Neger. Auch wußte ich, daß der Knall eine nützliche Einwirkung auf das böse Gewissen des Räubers ausüben würde, der selbst eine große Schießwaffe besaß, auf die ich später noch zu sprechen kommen werde. Gurumahu warf sich mit einem gellenden Aufschrei der Länge nach zu Boden, auf das Gesicht, und die beiden Kessel rollten, funkelnd im Mond, zu beiden Seiten über ihn hinaus ins Steppengras.

Als es hinter ihm still blieb und er keine Verfolger sah, raffte er sich langsam auf und begann seine Glieder der Reihe nach zu befühlen. Er fing mit den Beinen an, die ihm in dieser Situation wahrscheinlich am wichtigsten waren, ging langsam bis zu den Armen empor und gedachte zuletzt auch seines Kopfes, der ihm anscheinend wie alles andere an seinem Platze und in Ordnung vorkam. Dann sprang er auf und lief gebückt, in Sprüngen, weiter, ohne die Kupferkessel, die ihm nicht gegönnt waren, noch eines Blickes zu würdigen.

Panja holte sie zurück und putzte sie, boshaft wie er war, mit großer Ausführlichkeit. «Der Panther wird ihn erwischen», sagte er und warf ärgerlich Reisig ins Feuer. Es verstimmte ihn tief, daß er durch meinen Schuß um seine Nachtruhe gebracht worden war.

Ich gab im stillen, nicht ohne Bedauern, Gurumahu verloren, wenn auch nicht unbedingt auf die Art, wie Panja es tat; aber ich sollte mich hierin täuschen, denn er kam am anderen Tage gegen Mittag in unser Lager geschlichen. Wahrscheinlich hatte ihm der Dschungel bei Nacht in seiner Verlassenheit nicht gefallen, oder der Currygeruch unserer Reismahlzeit zog ihn an. Panja führte ihn mir majestätisch vor; der arme Verbrecher sah aus, als wäre er aus dem Wasser gezogen worden.

«Ich werde dich töten», sagte ich still.

Er sprang einen Meter hoch in die Luft und fiel dann zur Erde nieder.

«Soll ich ihn aufhängen?» fragte Panja so gleichmütig, daß ich darüber die ganze Niederträchtigkeit meiner Drohung erkannte. Es ist merkwürdig, wie rasch einem eine Ungerechtigkeit auffällt, wenn ein anderer sie sich zuschulden kommen läßt.

«Er hat ein ganzes Glas mit Salz gefressen», berichtete Panja sachlich; «vom Whisky will ich schweigen, denn er hat ihn nicht finden können.»

«Hat dich der Hunger hergetrieben? Wo warst du so lange?» fragte ich den Übeltäter.

Er hob den Kopf und suchte meinen Blick auszuhalten, was den Eingeborenen der Urbevölkerung sehr schwer ist, wenn es sich um blaue Augen handelt, in die sie hineinsehen müssen, und wenn sie selten mit Weißen in Berührung kommen.

Aber Gurumahu erkannte den Ausdruck meines Gesichts doch und begann zu lachen wie ein Kind. «Du bist freundlich, Herr», sagte er zögernd und dann mit Überzeugung: «Du bist nicht klug und gerecht wie die Engländer. Ich werde deine Kessel bewachen, bis ich sterbe.»

«Wenn du sonst nichts tun willst, kannst du dich wieder in die Sümpfe scheren», grollte Panja, aber Gurumahu ließ sich nicht im Genuß seines ihm eben erst geschenkten Lebens beeinträchtigen, und als sich die beiden entfernten, hörte ich ihn hochmütig zu meinem Diener sagen: «Hat schon ein Sahib auf dich geschossen, du Abtrünniger? Du bist keine Kugel wert, deshalb lebst du und kriechst dem Herrn zwischen den Füßen umher; ich aber habe mit ihm gekämpft!»

«Das ist wahr, du Kupferfresser», sagte Panja. «Ich danke dir, daß du ihn nicht zerschmettert hast, du Blattlaus!»

Aber Gurumahu blieb von nun an bei uns, wir nannten ihn Guru, weil sein Name mir zu lang war; übrigens war es nicht sein einziger, er hatte noch eine ganze Reihe wohlklingender Namen, aber auf Gurumahu schien es ihm am meisten anzukommen.

Einmal hatten wir das Herabsinken der Sonne trotz Panjas Vorsicht verpaßt, und die Finsternis überraschte uns am sumpfigen Ufer eines Flusses. Guru schnupperte in die feuchte Nachtluft hinaus und spähte vom Ufer aus zu den gegenüberliegenden Palmenhainen hinüber, und richtig sahen wir nach einer Weile ein schwaches Lichtlein aufblinken. Als das Zelt aufgeschlagen worden war und die Feuer brannten, hörten wir, wie das Flußwasser von Ruderschlägen plätscherte; oberhalb unseres Zeltes verklang das Geräusch, und das Dickicht raschelte, aber dann blieb alles still.

«Jetzt haben die Mangroven Augen bekommen», sagte Panja; «aber es muß ein leichtsinniges Volk sein, denn sie fürchten den Panther nicht.»

Auf Elias war in dieser Beziehung kein rechter Verlaß, denn seine Gesinnungsart verhinderte ihn daran, friedlich sich nähernde Nachtwandler durch Gebell zu ängstigen. Hörten wir den Panther in der Nähe des Lagers husten, so pflegte Elias sich in den Hintergrund des Zeltes zurückzuziehen – nicht etwa, weil er Furcht hatte, sondern weil es ihm dort besser gefiel.

Am Tage hatte ich eine Häherdrossel geschossen; ich rupfte ihr das braune Gefieder aus, und das zierliche Köpfchen mit den hellblauen Augenringen schlenkerte mit geöffnetem Schnabel über meinem Knie. Gurus Augen fehlten nur noch diese hellfarbigen Ringe, um ebenso starr und leblos dreinzuschauen wie meine Jagdbeute. Er begriff nicht, daß ich Vögel verspeiste, in denen wahrscheinlich die Seele eines Abgeschiedenen mitverschlungen wurde. Panja war in dieser Beziehung seiner heimatlichen Weltbetrachtung längst entrückt.

In den Kupferkesseln siedete das Wasser, und eine Unmenge beschwingten Nachtvolks sammelte sich im Feuerschein, umschwärmte die Flammen wie farbige Funken oder glotzte von den

Blättern aus in dies unfaßbare rote Leben, aus dessen Glut der Tod lockte.

Panja brachte mir freundlich die Reste meines Rasiermessers, das einer Taschensäge glich und auch als solche hier und da Verwendung fand. Es war in Zeiten betrüblicher Unkenntnis einmal von einem Koch zum Schlachten einer Ziege verwendet worden; so rächt es sich, wenn wir Europäer ein argloses Volk zu unsern barbarischen Sitten verleiten. Ein Schatten dieses Barbarentums lagerte nun seit langem in unsteten Wucherungen um mein Kinn und um meine Wangen und wetteiferte an planloser Ausgestaltung mit der Pflanzenwelt des Dschungelbodens.

Guru hatte in den Pfefferranken bei Tage Vogelnester ausgenommen und mir die Eier gebracht, wir kochten aber nur die, welche noch nicht piepten. Panja kaute Betel und sah mir zu; er hatte viel Sinn dafür, wann eine Arbeit mich selbst vergnügte und wann er sie mir abnehmen mußte, auch fühlte er sich in der letzten Zeit in seiner Rolle als Reiseführer sichtlich geläutert, und mir schien es, als täte er seine Arbeit mit einem ganz neuen Bewußtsein schöner Freiheitlichkeit. Pascha putzte Palmenschößlinge, das zarteste und wohlschmekkendste Gemüse, das Indien zu bieten hat, aber ein streng verbotenes Gericht, weil das Leben der Palme durch diesen Raub ihres Herzens zerstört wird. Der weißliche, mittlere Trieb des Baumes wird herausgeschnitten, er ist zart wie ganz frische Haselnüsse und schmeckt ähnlich; mit Öl und saurem Fruchtsaft zubereitet, stellt er einen Salat dar, wie ihn die europäische Küche nicht aufzuweisen hat.

«Soll ich die Leute fragen, ob Mangobäume im Dorf stehen?» sagte Guru plötzlich.

«Welche Leute?» fragte ich erstaunt.

«Jene dort», sagte Guru und zeigte vor sich hin.

Da erkannte ich die braunen Gesichter im Feuerschein zwischen den Blättern der Mangroven. Ich hatte mich längst daran gewöhnt, daß ich niemals allein war, aber ich erschrak jedesmal aufs neue. Erst zählte ich fünf, dann zehn und endlich etwa zwanzig große und kleine Gesichter – das ganze Dorf schien versammelt.

Ich schickte Guru hinüber, die Gesichter tauchten unter, aber dann begann ein immer lebhafteres Geschnatter im Dunkeln, endlich wurde Feuer gemacht, und die Ruder polterten im Kanu. Ich hätte gern mit den Leuten gesprochen, aber sie waren zu furchtsam, brachten uns jedoch alles, was wir wollten.

Die Bewohner dieser Landstriche, wie auch die der östlichen Berge, entstammen der Urbevölkerung und haben sich mit den eingewanderten indogermanischen Stämmen kaum vermischt. Ihre Hautfarbe ist fast ganz schwarz, und ihre Gesichtszüge ähneln eher denen der Neger als denen der Brahmanen. Sie stehen auf einem außerordentlich niedrigen Stande der Zivilisation, sind aber arglos und sehr friedsam. Ihre Religion ist anscheinend in den primitivsten heidnischen Vorstellungen geblieben, sie beten hölzerne Götzen an, und nur hier und da ist ein schwacher Lichtschein des Brahman oder der buddhistischen Lehre in ihre Geisteswelt gedrungen. Irgendeine der vielen Inkarnationen Brahmas lebt hin und wieder in ihrer Vorstellung in entstellter Gestalt fort, ohne daß ihr Sinn lebendig geworden wäre.

Der Dschungel ernährt sie freigebig in guten Zeiten: sie tragen Pfeffer in die kleinen malabarischen Häfen, wo die eingeborenen Gewürzhändler ihn ihnen für sehr geringes Entgelt abnehmen. Ihre Nahrung besteht aus Früchten, einige fischen sogar, andere sollen auch Fleischkost zu sich nehmen, ich habe es aber nie gesehen. Auf den flachgeklopften Lehmplätzen vor ihren Laubhütten breiten sie die Pfefferbeeren zum Trocknen in der Sonne aus, und man erblickt dort in wohlgeordneten Rechtecken den Pfeffer in allen Farbennuancen seines Dörrens am Boden ausgebreitet, vom saftigen Grün bis zum tiefsten Schwarz. Ihre Hauptbesitztümer sind Kinder. Ich habe niemals so viele kleine Kinder gesehen wie in diesen Dörfern; wie Orgelpfeifen standen die schwarzen Reihen vor den Hütten, mit kleinen Kugelbäuchlein und Rotznasen, und glotzten uns an, wenn wir vorüberkamen.

Dieser Abend und diese Nacht sind mir unvergeßlich geblieben, weil unter meinen Augen ein bebendes Lebenslichtlein in der Dschungelnacht erlosch. Ich hatte keine Vorstellung, wie weit die Zeit vorgeschritten war – ein lauter Ruf weckte mich. Panja fuhr neben mir empor und stieß in der Schlaftrunkenheit gegen meine Hängematte, so daß ich fast herausgefallen wäre und im ersten Augenblick in ihm einen Feind vermutete. Das Feuer war fast erloschen. Panja war mit einem Satz an der glühenden Asche, und ich begreife heute noch nicht, wie rasch es ihm gelungen ist, eine Flamme emporzuschüren. Der klagende Ruf wiederholte sich laut und nahe beim Feuer in der dichten Finsternis, die nun so schwarz wie Kohle war; nur die beschienenen Bäume, dicht am Feuer, glommen phantastisch und unwirklich wie Ungeheuer, die mit verschlungenen Gliedmaßen, unter verworrenen Laubkränzen, in ein rotstrahlendes Gemach drängen.

Pascha rief etwas vom zweiten Feuer her, das Guru eifrig schürte.

«Was sagt er?» fragte ich Panja.

«Eine Frau schreit aus Angst vor dem Tod», sagte Panja, der noch nicht verstanden hatte, um was es sich handelte.

Ich trat aus dem Zelt heraus und erkannte nun im Dickicht schwelende Fackeln und die dunklen Gestalten der Wilden. Das Geschrei einer Frauenstimme zerriß mein Herz. Ich habe selten wieder etwas so Durchdringendes an Schmerz und Verzweiflung gehört. Ein tierischer Wehelaut, der doch die erbarmungswürdige Erniedrigung der Menschenseele enthielt, fiel mich wie ein nächtliches Gespenst an, und ich mußte mich wieder und wieder aufraffen, um nicht in tatlosem Erstarren zu lauschen und um nicht meinem Entsetzen zu erliegen.

«Feuer!» brüllte ich, «Licht!»

Eine Wolke gelben Qualms hüllte uns ein, dann flackerte eine hohe rote Säule daraus empor.

Guru schrie: «Es ist die Mutter!»

Endlich brachte Panja Ordnung in einen scheu herandrängenden Haufen halbnackter Gestalten, die ein dunkles Etwas auf einer Bahre aus Zweigen heranstießen. Eine Frau, der das schwarze Haar wild um das Gesicht hing und deren Arme durch die Luft irrten, schrie mir etwas zu. Sie wagte sich trotz der großen Erregtheit, die das Ereignis mit sich brachte, das sie zu mir geführt hatte, nicht in meine unmittelbare Nähe, aber ich sah nun, daß ihr Gesicht von Angst und Hoffnung entstellt war.

Auf den Zweigen lag ein Kind von vielleicht zwölf oder dreizehn Jahren, ein Mädchen, dürftig mit einem bunten Kattunfetzen bedeckt, unter dem sich der kleine dunkle Körper wand, und ich hörte einen matten, zischenden Klagelaut, ein ersticktes Gurgeln, aus dem Knäuel hervordringen.

Guru stöhnte bedauernd und hob sich auf die Zehen, als fröre er.

«Die Kobra», sagte Panja kurz und sah mich an. «Die Mutter hofft, du könntest ihrem Kind helfen.»

Mein Herz blutete unter den Blicken der alten Frau, die in ihrem Schmerz und ihrer bedürftigen Häßlichkeit unsagbar rührend und bejammernswert vor mir stand. Ihre welke Brust hing leblos nieder, und es zitterte und zuckte in den Furchen ihres eingefallenen Gesichts. Sie klagte nicht mehr; ihre Erwartung hielt sie gefesselt, und ihre Augen im vorgereckten Angesicht prüften und suchten in meinen Zügen, aus denen sie den Tod oder das Leben ihres Kindes glaubte entnehmen zu können, nach meinem Willen.

Das Mädchen war mit den anderen Bewohnern des Orts an unser Lager geschlichen, um den sonderbaren Mann aus einer fremden Welt zu sehen, die jenseits des Meeres lag und unerforschlich war an Geheimnissen und Wundern. Und ihr Verlangen nach dem Glanz dieses Neuen, Unfaßbaren hatte sie die Vorsicht vergessen lassen, die so not tut im Dschungelland, die man sie von Kind auf gelehrt hatte und die sie in allen Fällen so klug und sorgsam zu beachten gewußt hatte. Nun hatte es im Finstern den kleinen, bösen Stich gegeben, den anfänglich das Herz nicht als das furchtbare Verhängnis glauben will, obgleich das Blut es ahnt und die Schrecken des jähen Dahinsinkens wie dunkle Flügel um die Schläfen brausen. Ein Dorn, ein Dorn war es, vom Rand eines Palmblatts oder vom Zedernbaum ..., aber dann kam der feine, süße Schwindel, der in den Augen beginnt und der den Pulsschlag des Herzens so eigen behindert, der zuerst die Hände und langsam alle Glieder in trokkene, kurze Krämpfe zerrt, als trieben Glassplitter im Blut, die die Adern zerrissen. Bis die gräßliche Klage aus der Gewißheit brach: «Die finstere Königin!»

Diese aus Ehrfurcht vor der Gottheit und aus tiefstem Grauen gemischte Wehklage erfüllte die Walddunkelheit.

Es war zu spät. Ich öffnete die Wunde, die nur in einem winzigen schwarzumrandeten Pünktchen am Fuß bestand, aber das Blut floß nicht mehr rot und warm, sondern zersetzt und stockend. Wir versuchten es mit Whisky, aber das Kind konnte trotz unserer Mühe das scharfe Getränk nicht aufnehmen, und die großen brechenden Augen flakkerten angstvoll unter den Peinigungen ihrer grausamen Bedränger. Feuer hilft nur im ersten Augenblick, auch hätte ich es um alles nicht über mich gebracht, auch diese neue Marter noch dem kleinen

Leib zuzufügen. «Laß das Kind sterben», rief es in mir, «das ist sein letztes, irdisches Recht!»

Die Blicke der Mutter quälten mich; ich wandte mich ihr zu in der einzigen Barmherzigkeit, welche es für sie in dieser Stunde gab. Sie brach mit einem langen Klagelaut zusammen und blieb die ganze Nacht stumm an der Leinwand des Zeltes liegen wie ein dunkles Kleiderbündel.

Als das Kind gestorben war, erschütterte mich wie mit rauhen Fäusten die bittere Erkenntnis unserer Menschenohnmacht. Wir sind nicht, was wir nach unserem besten Verlangen sein könnten. Wo ist die Macht, die wir in unserem Begehr nach Vollendung ahnen, wo die Hoheit, die unsere Güte sucht, wo unser Glaube, der Berge versetzt?

Düster, lieblich und glühend strichen diese seltsamsten Tage meines Lebens dahin. Wir blieben oft tagelang am gleichen Platze, ich vergaß mein Ziel und die Zeit. Die grünen Sumpfaugen des Dschungels und das Silberwehen der Steppennächte bannten mich, das tiefe Atmen bei geschlossenen Augen ersetzte die Gedanken, das Licht wurde zu einer unermüdlichen Gewißheit der Lebensfreude und die Nacht zum gestaltlosen Traum. Das gewaltige, stille und geduldige Leben der Pflanzen, die die ganze Erde für sich beanspruchten, raubte meinem Gemüt langsam das Bewußtsein seiner eigenen Rechte; gewiegt von Staunen und erfüllt von fremdem Daseinswillen trieb mein Geist wie schlafend dahin, und doch überwach und tief innerlich durchglüht von einem heiligen Daseinsglauben. Ich ahnte das grünlichmorastige Gift des Waldes, dessen Königin und Göttin mir in ihrer ganzen Macht erschienen war, ich sah den Fiebergeist im feuchten Dämmern schleichen, aber mein Widerstand war zu einer vagen Hoffnung auf mein Glück herabgesunken. Diese gärende, brodelnde Sumpffruchtbarkeit würde auch meinen Leib aufnehmen und neu erblühen lassen, wenn sie ihn in ihren Bereich saugte. Der Wald war mächtiger als die Menschen. –

Eines Nachts lag ich im Zelt auf meinem Laublager, da ich die unsichere Nachgiebigkeit der Hängematte nicht mehr ertrug. Guru war am Feuer eingeschlafen. Er hockte neben der glühenden Asche vor dem Dreieck des Zelteingangs wie ein Geköpfter, den Nacken zwischen den hochgezogenen Knien, und seine fast drei Meter lange, uralte Araberflinte überragte ihn wie eine halb gesunkene Fahnenstange. Er liebte dieses Gewehr zärtlich und trug es meist bei sich, besonders wenn Aussicht vorhanden war, daß wir Menschen begegneten. Dabei lebte er in dem festen Glauben, daß diese Waffe es ihm niemals antun würde, eines Tages loszugehen. Er war nicht in Gefahr, enttäuscht zu werden, denn die Flinte war hundert Jahre alt, hatte sicher vom Sudan bis Singapur den ganzen Orient bereist, und es bestand keine Möglichkeit, sie zu laden oder gar abzufeuern. Aber Guru wäre mit dieser Waffe mitten im Urwald sorglos eingeschlummert, so sicher war er, daß außer ihm kein anderes Wesen ähnliche Hoffnungen wie er auf seinen langen Talisman setzte.

Wir waren am Tage an Felsausläufer des Gebirges gekommen, in deren Schluchten der Dschungel sich aufwärts erstreckte, um sich mehr und mehr zu lichten. In den Felsspalten floß klares Wasser, und als wir endlich umkehrten, da der Boden zu zerklüftet und verwachsen war, kamen wir an ein kleines Dorf von etwa zehn Laubhütten, das Itupah hieß. Unweit dieser Niederlassung hatten wir die Zelte aufgeschlagen und die Lagerfeuer angezündet. Die Leute waren gekommen, um uns Früchte anzubieten, hatten sich aber bald zurückgezogen, da unsere Gerätschaften ihnen allzu magisch und gefahrdrohend erschienen waren.

Ich konnte nicht einschlafen. Die Stimmen der wilden Tiere und der Mond störten mich. Panja war in das Hindudorf geschlichen, um Liebesabenteuer zu bestehen, er benutzte die Aufregung, die meine Gegenwart in Itupah hervorgerufen hatte, um darzutun, wie berechtigt sie war. Ein paar Flecke Mondlicht lagen am Zelteingang wie Papierschnitzel, und die Grillen füllten die Luft mit ihrem Zirpen, als würde feiner Silberdraht gefeilt von vor Hast toll gewordenen Sträflingen.

Es raschelte in der Zeltecke, und als ich hinübersah, entdeckte ich ein kleines Tier, das ich anfänglich für einen Marder hielt. Es saß totenstill da, nachdem meine Bewegung es mißtrauisch gemacht hatte, und sah mich mit zwei riesengroßen Augen an, die sehr weit vorn und dicht beieinander saßen wie bei einem Affen. Das zierliche Köpfchen war nicht viel größer als eine Walnuß in ihrer grünen Schale, und die Färbung des Fells erschien mir graubraun wie bei einem Eichkätzchen im Winter.

Der Kleine gefiel mir außerordentlich, und ich

versuchte Anschluß an ihn zu gewinnen. «Treten Sie näher», sagte ich und pfiff leise ein paar immer gleiche Töne in die dämmerige Nachtluft.

Das Tierchen rührte sich nicht, und ich sann auf ein Anlockungsmittel. Als ich eine Bewegung mit der Hand machte, um ihm ein englisches Biskuit anzubieten, das neben mir lag, tat es einen lautlosen Ruck, und der Zeltwinkel war leer. Aber nach einer Weile huschte es wieder wie ein Schatten durch die Mondflecke – der kleine Fremde war wieder da, offenbar wurde er durch seine Neugier geplagt.

Die beiden schwarzen Augenkugeln saugten, weit geöffnet und starr vor Erstaunen, meine Erscheinung in sich auf; ich bin noch niemals so angeglotzt worden. Der Kleine schien furchtbar aufgeregt vor Begierde, herauszubringen, was es für eine Bewandtnis mit mir hatte und was mich aus meinem entlegenen Lande nun gerade in die Nähe der Menschenstadt Itupah und dort in die Gegend seiner Behausung geführt haben mochte. Ich hätte es ihm nicht sagen können. Aber enttäuschen wollte ich ihn auch nicht.

«Haben Sie Familie?» fragte ich leise.

Fort war er. Die Frage mag für den Beginn einer Bekanntschaft vielleicht etwas zudringlich gewesen sein, aber nach einer kurzen Weile kam der Kleine doch wieder, diesmal genau an derselben Stelle, zwischen unseren Salzgläsern und Panjas Sandalen. Er schien nun bemerkt zu haben, daß meine Worte nicht gefährlich waren, wie er anfänglich angenommen hatte, und kam ein wenig näher, um besser glotzen zu können.

Es tat mir leid, daß ich nichts anzubieten hatte und daß meine Gastfreundschaft sein Mißtrauen erregte.

«Es scheint, Sie leben des Nachts», begann ich vorsichtig; «ich entnehme es Ihren Augen und der Tatsache, daß wir uns zu dieser Stunde begegnen. Ich bitte Sie darum, keine falschen Schlüsse aus den vielerlei Gerätschaften zu ziehen, die Sie hier erblicken; im Grunde bewegt uns lange, aufrechte Wesen kein anderer Herzensdrang als euch. Es läßt sich so leicht sagen: das Glück, im Sonnenschein in der Welt zu sein, die Liebe und der Schlaf. Darüber wacht etwas wie eine unermüdliche Hoffnung, es möchte eines Tages alles noch um vieles herrlicher werden. Das spricht auch aus deinen großen Nachtaugen; und ist die Begierde, die dich herzutreibt, im Grunde etwas anderes als die meine, die mich veranlaßte, in die Wildnis deiner Heimat zu kommen?»

Da antwortete mir ein heller, böser Pfiff, der mir durch Mark und Bein ging, und gleich darauf erscholl als Entgegnung ein ärgerliches Zischen im Laub meines Lagers. Nun galt es, still zu liegen – das wäre ein verdrießlicher Abschluß meiner Dschungelfahrt gewesen...

Ich wußte nun, wen ich vor mir hatte, aber bei weitem wichtiger war mir, wen ich in meiner unmittelbaren Nähe in den welken Blättern wußte. Das kleine Tier vor mir begann sich sanft und sonderbar zu schaukeln und brachte dabei hell und stoßweise einen halb gepfiffenen, halb geknarrten Ton hervor, der der Gefährtin meines Lagers galt. Nun quoll es dicht unter meinen Augen aus dem

Reisig hervor wie das Rinnsal einer dicken, dunklen Flüssigkeit und suchte den Ausgang zu gewinnen. Ein kleiner Schatten vom Zeltrand her huschte der Schlange blitzschnell nach, und draußen begann für eine kurze Weile ein von Fauchen, Zischen und Schnarchen wildbewegtes Rascheln und Schleifen. Dann wurde es still, und ich hörte nur die Hammerschläge meines Herzens und sah die weißen Papierschnitzel des Mondlichts, bis langsam die eintönige Grillenmusik wieder die Nacht beherrschte. Mir war, als habe sie geschwiegen, während sich ein Schicksal unter den Geschöpfen des Nachtvolks vor meinen Augen abgespielt hatte.

Wie eigenartig unterscheiden sich oft unsere Erwartungen von den Erscheinungen selbst! Ich hatte von diesem merkwürdigen Tier oft gehört, das in Indien als der ärgste Feind der Schlange gepriesen wird und das sogar oft von den Engländern wie ein Haustier zum Schutz gegen die Kobra gehalten werden soll, aber ich hatte mir die Erfüllung meines Wunsches, diesem Tier einmal zu begegnen, anders vorgestellt. Was hatte sich mehr zugetragen als ein von wenigen Rufen des Kampfes, der Angst und der Lebensgier zerrissenes Huschen und Springen? Schattenhaft, fast unwirklich war es geschehen, grau, im Halbdunkel und ohne jene pathetische Gebärde, die erst die Erkenntnis langsam dem Ereignis verleiht. Erst die Erinnerung erschafft die Gestalten der Helden. War dies alles? Wie wird es uns mit dem raschen, kleinen Leben ergehen, das wir in Erwartungen dahinhuschen lassen?

Oft, wenn ich von unserem Zelt aus mit der Büchse und Elias den Dschungel durchschweifte, sah ich vom Flußufer aus die Alligatoren in der Sonne liegen. Sie sonnten sich auf den Sandbänken und lagen kreuz und quer durcheinander; einmal lagen sogar zwei aufeinander, das war peinlich. Der Ausdruck ihrer sehr ausgedehnten Gesichter war in der Regel ungemein vergnügt, die winzigen Äuglein funkelten fröhlich, und die riesigen, oft weit geöffneten Mäuler zeigten deutlich einen Hang zum Lächeln. Man merkte den Tieren an, wie wohl ihren knorpeligen Schuppenhäuten die Sonnenglut tat, und entschloß sich schwer, etwas Böses von ihnen anzunehmen. Zuweilen gluckst etwas in ihren gelben Hälsen, die zart und weich wie Wachs sind.

Ich habe niemals welche gesehen, deren Länge zwei Meter überschritt; ihre afrikanischen Geschwister scheinen einem anderen Volksschlag anzugehören und mehr Wert auf die Einschüchterung der Menschen zu legen. Zuweilen schoß ich auf eine dieser riesigen Eidechsen, aber meine Kugel wirkte nie so ausschlaggebend, daß das verwundete Tier nicht noch Zeit gewann, ins Wasser zu schnellen. Es kann auch sein, daß ich niemals getroffen habe. Nachdem der Donner des Schusses verhallt war, war die Sandbank für gewöhnlich leer. Diese Tiere haben eine geradezu verletzend geschwinde Art, sich zu empfehlen: sie schießen ins Wasser wie Torpedos, es ist unmöglich, eine Bewegung ihrer Beine zu unterscheiden, und es erweckt den Anschein, als wären sie an gestrafften Gummibändern mit dem Wasser verbunden und würden plötzlich losgelassen. Sie schwimmen prächtig und erinnern in der Flut an Hechte, sind aber außerordentlich scheu und werden nur kleinerem Rotwild gefährlich, das sie an der Tränke überraschen.

Ich warf ihnen eines Morgens die Überreste einer erlegten Hirschantilope zu, von der ich nicht mehr als ein Rückenstück hatte genießen können und die sonst die Sonne oder die Schakale vernichtet hätten, und erschrak über die sinnlose Gier dieses Flußgesindels. Es dauerte kaum eine Minute, bis der Körper des Tiers in einem dahintreibenden blutigen Schaumbecken, in hundert Fetzen zerrissen, verschwunden war. Am Mittag lagen die Ungeheuer wieder in der Sonne und lächelten, während der breite, trübe Strom gurgelnd dahinzog und den Sonnenschein in mörderischen Lichtpfeilen in die schmerzenden Augen schleuderte, die die Dschungeldämmerung verwöhnt hatte.

Einmal saß ich in der Nähe unseres Zeltes in den Rankenverschlingungen der Luftwurzeln eines wilden Feigenbaumes in der Morgensonne am Fluß und putzte meine Jagdflinte, als es neben mir in den Mangroven raschelte. Als ich mich umwandte, sah ich einen kleinen Hinduknaben vor mir stehen, der vor Schreck völlig erstarrt war. Seine Augen schienen leblos geworden wie zwei schwarze, runde Spiegel, und sein Mund stand offen. Es war recht begreiflich, denn ich hatte gebadet und soviel am Leibe, wie man ohne Übertreibung etwa mit nichts bezeichnen kann. Offenbar hatte der Kleine auf seinem Morgengang alles andere erwartet, als solch ein weißes Ungetüm vorzufinden, das ihn angrinste.

Er zitterte heftig und schluckte, wagte aber keine Bewegung. Dies war schlimmer als der Tiger – es war ein furchtbarer Waldspuk. Über und über weiß war dies fremde Wesen, das da vor ihm eine unfaßliche blanke Sache über den Knien hielt, triefte und glitzerte und Augen hatte, in die man nicht hineinschauen konnte, ohne seinen Untergang zu riskieren. Als aber dies dampfende Ungeheuer nun plötzlich nieste, entwand sich der gequälten kleinen Brust, die ganz mit Entsetzen angefüllt war, ein lauter Jammerruf, und wahrscheinlich machte der Kleine innerlich einen raschen Strich unter sein verflossenes Dasein und beschloß es in seinen Erwartungen endgültig. Jedenfalls fiel er zu Boden, preßte sein Gesicht in die Pflanzen und stieß wieder und wieder denselben monotonen Klagelaut hervor, in dem er sich wahrscheinlich dem besonderen Wohlwollen irgendeines Götzen empfahl.

Es kam mir gar nichts in den Sinn, was ich etwa anstellen könnte, den gebrochenen kleinen Mann zu beruhigen. Wenn ich ihn berührt hätte, so wäre er vor Angst gestorben; so ließ ich ihn einstweilen liegen und stellte fest, daß sich seine Toilette in einer ähnlichen Etappe der Entwicklung befand wie die meine. Dann verfiel ich darauf, ihm eine arglose und sinnvolle Weise vorzupfeifen, die nach meiner Überzeugung etwas Beschwichtigendes enthielt; erst wählte ich ein altes Wiegenlied, dann einen Choral und endlich die englische Nationalhymne.

Das wirkte. Mein Freund drehte das dunkle

Köpfchen am Boden so weit, daß er mich mit dem einen Auge bis etwa an meine Knie hinauf betrachten konnte. Daß ich Menschen fraß, war immer noch sicher für ihn, aber es schien doch, als wenn ich es nicht besonders eilig damit hätte. Ich gab ihm nun in zurückhaltender Weise zu verstehen, daß er sich erheben sollte, und er gehorchte, immer noch am ganzen Körper zitternd, aber sichtlich erstaunt darüber, daß ich wie ein vernünftiger Mensch zu sprechen verstand, und noch dazu in seiner Sprache. Er bestand gewissermaßen nur noch aus Augen, und in ihnen brannte nur ein einziger Wunsch: der, sich auf möglichst unauffällige Art empfehlen zu dürfen; glotzen ließ sich weit besser aus einem Versteck, und was konnte aus dieser Annäherung Gutes kommen?

Aber er änderte seine Meinung doch, als ich nach meinen Kleidern tastete und ihm eine Kupferanna unter die Augen hielt. Zunächst war sie da, das ließ sich begreifen, aber nur langsam dämmerte in seinem Köpfchen der Glaube hervor, daß sie ihm gehören sollte. Das war schlechthin unmöglich. Als ob er den Wert dieser runden Metallplättchen nicht kannte, die sein Vater zuweilen aus den Hafenstädten mitbrachte, wenn er Pfeffer oder Ingwerwurzeln hinabgetragen hatte, und mit Hilfe derer man alles erlangen konnte, alle Herrlichkeiten der Welt: buntes Tuch, die Süßigkeiten der Basarstraße, Reis und Maniokbrot und Macht über alle Knaben des Ortes.

Und so entwischte er ungefressen mit seinem Schatz, nachdem er endlich begriffen hatte, daß meine Pläne sich in diesem Opfer erschöpften.

Vielleicht erinnert er sich meiner zu einer Zeit, in der er ein Jüngling geworden ist und zu seiner ersten Kupferanna in den Hafenstädten so manche andere verdient und seine Meinung über uns Weiße geändert haben mag – in einem zweifachen Sinn. –

Mehr und mehr empfand ich von Tag zu Tag, daß ein fremder Bestand, der nicht festzustellen war, die Beschaffenheit meines Bluts veränderte. Ich schob die Schuld, wie man es in solchen Fällen zu tun pflegt, bald auf das eine, bald auf das andere; heute schien mir das Trinkwasser der Anlaß zu sein, morgen der Tabak oder eine fremde Frucht, dann wieder verband ich meinen Zustand mit meiner Schlaflosigkeit oder mit der Beschaffenheit dieser schwülen, von tausend Düften geheizten Luft. Panja betrachtete mich oft lange und besorgt von der Seite, ohne zu wissen, daß ich seine Blicke gewahr wurde und daß sie mich reizten. Ich behandelte ihn ungerecht und hart, aber er blieb geduldig und verfiel nicht wie früher in sein gekränktes Schmollen. Überhaupt hatte er sich in der letzten Zeit merklich geändert; mir war oft, als habe ihn eine neue Verantwortlichkeit über sich selbst hinausgehoben, gerade als ob er sich hätte bewähren müssen, um sich seiner Kräfte und Tugenden bewußt zu werden. Ich lohnte ihm diesen Wandel schlecht, aber ich konnte nicht anders.

Mir war bisweilen, als habe mein Gehirn sich um vieles verkleinert und als mache es eigenartige Drehungen und Schwankungen in seiner Schale, wie ein schwimmender Ball in einem Wasserglas. Dabei verfiel ich auf alle möglichen Heilmittel, nur nicht auf das einzige, das mir hätte helfen können: auf die Flucht aus den Niederungen des Dschungels.

War es Morgen, so mußte ich den Mittag erwarten, in welchem die Insekten mit einem seligen Brausen oder die großen Schmetterlinge leicht und lautlos von Blüte zu Blüte zogen, durch unwahrscheinlich tiefes Blau oder Grün, während die Welt in heißer Fülle verging. Mit dem leisen Unbehagen des sinkenden Mittags mußte ich den Abend erwarten und an ihm die Nacht mit ihrem Licht und Läuten über schwarzen Tiefen, ihren gurgelnden und stöhnenden Stimmen der Raubgier und der Liebeswut und mit ihren blendenden Gestirnen. Tag und Nacht waren für mich längst keine Begriffe des Wachens oder der Ruhe mehr, sondern wechselnde Züge des indischen Weltenantlitzes, magisch ineinander überwogend, wahrsagerisch entstellt.

Ich hatte meine Heimat vergessen. Europa versank in meiner Erinnerung wie ein lauter, häßlicher Traum voll unnützer Erregtheit, und ich lächelte mitleidig über die Schande, die mir in den kleinen Beteiligtheiten meiner hastigen Vergangenheit widerfahren zu sein schien. Wie ein einziger kreischender, grellfarbiger Lebensirrtum erschien mir das Treiben der großen Städte, und ich verging und erstand in Schlafen und Wachen wie in Frühling und Winter. Das Angesicht der Tages- und der Jahreszeiten verschmolz miteinander zu einem unbestimmbaren Gefühl des Wandels, und die Unschuld der Pflanzen, die mich einhüllten wie ein lebendiges Gewand, war die stärkste Gewalt über meine langsam verschwindende Erkenntniskraft.

Es trieb mich zuweilen aus der Dschungelnacht an den Steppenrand zurück, es war ein Verlangen, den offenen Himmel zu sehen und das weite braune Hügelland, und es war mir angesichts dieser Helligkeit, als entkleidete mich ein lautloser stiller Sturm des Lichts. Oft brachen wir mitten in der Nacht auf, nahmen zuweilen den gleichen Weg, den wir am Tage mit Mühe durchmessen hatten, und errichteten das Lager an der verlassenen Feuerstätte. Mir war, als hätten die Pflanzen mich am Atmen behindert, als raubten sie meiner Brust, was ihr zum Leben not tat. Oft ertappte ich mich über gereizten und boshaften Blicken auf eine blühende Pflanze, deren dargebotene Liebeswut in purpurroten Kelchen mich mit Zorn und Haß und zugleich mit hingebender Demut erfüllte.

Langsam war eins meiner Manuskripte und Bücher nach dem andern dem nächtlichen Feuer zum Opfer gefallen, ich sah die weißen Blätter in hämischer Genugtuung in der Glut welken und fühlte mich freier, wenn die verkohlten Rollen zerbrökkelten. Nur ein kleines, törichtes Büchlein begleitete mich lange noch; ich weiß zuversichtlich, daß ich es nur deshalb nicht zerstörte, weil eine merkwürdig verschlungene Ranke aus geprägtem Gold den Einband verzierte, ungefällig, sinnlos und aufdringlich, aber es tat mir wohl, diesen Linien mit den müden Augen nachzugehen. Einmal versuchte ich, mich darauf zu besinnen, wo Nachrichten für mich liegen könnten; ich schloß auf Bombay, Goa und Madras, aber ich wußte es nicht mehr.

In den Ohren die Muschelstimmen des Chinins, träumte ich oft in der totenstillen Mittagsglut mit geschlossenen Augen vom Winter. Immer wieder tauchte das gleiche Bild vor mir auf: ein graues Flußtal im Abendnebel, auf den Feldern der bläuliche Schnee im sinkenden Tageslicht und ein eisiger Wind über dem pechschwarzen Wasser, auf welchem Eisschollen dahintrieben. Sie stießen sich und knarrten und läuteten, auf einigen von ihnen saßen Raben und ließen sich mitnehmen. Dann empfand ich die Kälte plötzlich als schneidenden Schmerz an Stirn und Wangen, und meine Brust weitete sich wie zerspringend vor Frische. In kalten Schauern schlief ich über solchen Visionen zuweilen ein, aber die sinnlosesten Träume raubten meinem Schlaf die ersehnte Erquickung.

Eines Nachts träumte mir, ich sei am Meer eingeschlafen, in einer Bergschlucht, und plötzlich weckten mich die Stimmen zweier Männer, deren Klang eine eigenartige Verwandtschaft mit dem Reden des Meerwassers hatte. Ich richtete mich halb empor, stemmte die Ellenbogen in den Sand und sah betroffen auf. Die Sonne war ins Meer gesunken und schien aus der Tiefe, durch das Wasser. Obgleich sie selbst rötlich glänzte, war doch das Licht der Luft grünlich und blaß, und merkwürdige Schattenwellen zogen hindurch, wahrscheinlich entstanden sie durch die Uferwogen.

Die beiden Männer standen gerade nebeneinander im Sand, der wie Türkise schimmerte. Sie hatten ihre Arme schlicht und ohne Gebärde an den Körper gelegt, und unter ihren leicht gesenkten Stirnen sahen mich ruhige, runde Augen von einem gleichmäßigen, sehr hellen Blau an, in denen ich keine Abzeichnung der Pupillen unterscheiden konnte. Die Färbung ihrer Haut war bernsteingelb und ihr Haar weißlich, sie hatten breite, aber hagere Schultern, und ihre Hüften waren so schlank und so wenig ausgezeichnet, daß man von der Achselhöhle bis an die Fußknöchel hinsah wie an einer geraden, schräggestellten Leiste. An ihren Schläfen war ein eosinrotes Band befestigt, das in einem breiten Fächer auf die linke Schulter herabsank und hinter ihr verschwand.

So standen die zwei, die sonst nicht bekleidet waren, ruhig vor mir in der grünlichen Luft mit ihren geheimnisvollen Schattenwellen. Es schien mir, als lächelten sie, aber eher neugierig als spöttisch. Endlich begannen sie eine Unterhaltung miteinander und versuchten den Anschein zu erwecken, als sei ihnen an meiner Beachtung nichts gelegen, aber ich unterschied doch, daß sie nur meinetwegen sprachen. Sie lächelten verstohlen und ungefällig und sahen bisweilen mit einem raschen Blick zu mir herüber. Nun wies einer von ihnen zu den Felsen einer Schlucht empor, wo sich in halber Höhe der Berge ein gleichmäßiger, tiefer Einschnitt im Gestein bemerkbar machte, der rundlich ausgehöhlt war.

«Richtig», antwortete der andere, «das ist unsere alte Meergrenze, die letzte; aber wo ist die Grenze der Väter geblieben?»

«Die Gipfel schwemmen gar zu rasch nieder», lautete die Antwort, «die neue Welt wird klein.»

Dann unterschied ich nicht mehr alles, was sie sagten oder meinten, aber ich empfand, daß sie von versunkenen Reichen sprachen, deren Kulturstätten der Meersand seit undenkbaren Zeiten in tiefen Gründen der Flut vergraben hatte, und sie tuschelten davon, daß nun bald die Zeit anbrechen müsse, in der der Meerboden und der Erdboden vertauscht werden sollten. Bestürzt überfiel mich eine dunkle Ahnung der Reiche, die das Meer verbarg, und ich sah sie nach ihrer Auferstehung von Sonne, Wind und Regen langsam aus ihrer sandigen Hülle brechen. Ich wagte keine Frage, obgleich mein Herz vor Begierde brannte, an den Erfahrungen der beiden Menschen teilzunehmen, aber es war, als ahnten sie, daß ich die Absicht im Sinn trug, ihnen ihre Geheimnisse zu entreißen, denn sie berührten einander die Schultern mit der Hand, so daß sie zu einem seltsam schönen Ornament verschmolzen, wandten sich dem Wasser zu und schwebten hinein und in die Tiefe, wie durch die Luft. Ich sah sie noch einmal, als sie an der Sonne vorüberzogen, die sehr tief gesunken war, dann schlief ich ein in großer Traurigkeit, wie ich sie nie gekannt habe und wie man sie nur im Schlaf empfinden kann.

Ein anderes Mal im Traum schenkte mir irgend jemand ein Kriegsschiff mit weiblicher Bedienung, damit ich gegen meine Feinde vorgehen könnte, aber ich hatte deren leider nur drei, und die lebten auf dem Festlande. So entließ ich die Damen, damit diese drei Gegner glücklich würden. Mit den Kanonen schoß ich auf Möwen, aber sie schnappten nach den Kugeln, ja dies Geflügel wartete geradezu an der Öffnung der Geschütze, es war ungemein ärgerlich. So sah ich ein, daß es hiermit nichts

Rechtes werden würde, und löste einstweilen spielend eine Reihe von Problemen, die mich früher auf ganz unverständliche Art gequält hatten. Dabei brachte ich endgültig heraus, daß man zu dererlei Geistesexperimenten am Boden umherkriechen müßte, und ich tat es mit Ausdauer und fröhlich.

Als ich aber nach vielerlei Träumen dieser Art, die ich vergessen habe, eines Tages mit trockenem Mund und einer scheußlichen Leere hinter der Stirn in der Mittagshitze frierend am Fußboden, in einem Winkel des Zeltes, erwachte, ergab ich mich anteillos den Weisungen Panjas, ließ mich in Wolldecken wickeln und erwartete meinen Verbrennungstod in diesen phantastischen Feuern meines Bluts und meiner Seele, die von boshaften Dämonen geschürt wurden.

SECHSTES KAPITEL

Im Fieber

In einer ungewissen Stunde, die nicht am Morgen und nicht am Abend war, kam ich mit dem bestimmten Bewußtsein zu mir, nach jener denkwürdigen Nacht mit Huc, dem Affen, am Morgen gestorben zu sein. Es muß nach dem Tode einen seltsamen Halbschlaf der ersterbenden Sinne geben, der uns noch eine Zeitlang den Fortgang des Lebens vortäuscht, eine Art Erinnerung des Körpers, der sich seinem Verfall noch nicht zu ergeben vermag, in welcher die Hoffnung unseres Herzens in einem mitleidigen Spiel den Gang des Daseins fortsetzt, nachdem die Seele ihrer Hülle entflohen ist. In jenem Stadium mußte mir alles geschehen sein, was ich bis zu diesem Morgen erlebt zu haben glaubte; ich lächelte geringschätzig und melancholisch in die grauen, sanft erklingenden Sphären hinein, in denen ich dahintrieb. Immerhin erfreute es mich, daß mein Bewußtsein nicht völlig erloschen zu sein schien, und die Erkenntnis, nun endlich mit Sicherheit zu wissen, daß ich gestorben war, beruhigte mich sehr; ich begriff nun deutlich die qualvolle Ungewißheit, die über allem gelegen hatte, was mir in der letzten Zeit zugestoßen war. War nicht alles wie aus grauen Spiegeln emporgetaucht und in anderen wieder versunken, in seltsamen Kreisen und liederlicher Gleichgültigkeit gegen die Wirklichkeit?

Bei dieser neuen Offenbarung über meinen Tod, den ich mir aus einer im Grunde recht kleinlichen Lebensängstlichkeit bisher nicht einzugestehen gewagt hatte, entschloß ich mich in einer wundervollen Gelassenheit des Gemüts, nun niemandem mehr zu dienen als allein der Erinnerung. Es war merkwürdig, daß Panjas Gesicht mich dabei störte, das ungewiß und groß wie ein Wolkenschatten zuweilen über mir erschien, mein Dahinziehen durch das flimmernde All hinderte und in sinnloser Aufdringlichkeit in meiner Nähe verharrte. Ich ließ mich nicht täuschen, ich erkannte in unzweifelhafter Klarheit, daß der Durst, der meinen Körper durchglühte, der Wissensdurst meiner Seele war; er war mein einziger Schmerz, und ich pries mich glücklich.

Irgend jemand sprach zu mir; ich beachtete es lange absichtlich nicht, weil ich mich nicht von der Überzeugung trennen wollte, daß niemand das Recht hat, mit einem Toten zu reden. Merkte denn dies wesenlose Geschöpf immer noch nicht, daß Tote andere Interessen haben, als sich mit dem vergänglichen Tand abzugeben, der die Lebendigen der ungewöhnlich kleinen Erde beschäftigt, die nicht einmal in der Lage ist, sich ruhig zu verhalten, und in lächerlicher Abhängigkeit von der Sonne umhertanzt?

So entschloß ich mich endlich, mir Ruhe zu verschaffen, und wandte mich in der prächtigen Freiheit des Muts um, den nur Tote haben, um Schweigen zu gebieten. Aber da erkannte ich, daß mein Ich neben mir saß und rauchte. Es hatte sich meiner Pfeife bemächtigt, meiner Kleider und Schuhe und trug meinen fünfmal gewundenen Schlangenring aus Gold mit den Saphiraugen und der Brillantenkrone. Ich fand im Augenblick nicht den rechten Ton, denn es ist ungewöhnlich schwer, sich im Tode richtig gegen jemand zu benehmen, den man im Leben oft hintergangen hat. Mein Ich lächelte mir ermutigend zu, aber ich ließ mich nicht irreführen; dies Lächeln kannte ich, man weiß doch, womit man andere über sich selbst zu täuschen pflegt und was hinter seinem eigenen Lächeln steckt. Aus irgendeinem Grunde sagte ich rasch und ärgerlich: «Nur keine Philosophie, bitte.»

Mein Ich erwiderte freundlich, daß ihm derlei völlig fernläge und daß nach der Scheidung, die ich als vor sich gegangen zugeben müßte, überhaupt alle Fragen über das Wesen von Sein und Nichtsein aufgehoben wären.

Es war ungemein fesselnd, meine eigene Stimme zu hören, derer sich mein Gegenüber bediente; aber irgend etwas am Klang der Stimme ging in kühler Sachlichkeit weit über die arme Befangenheit hinaus, in welcher ich mich früher dieser Stimme bedient hatte. Dies ärgerte mich empfindlich, denn ich erkannte, was ich zu Lebzeiten versäumt hatte.

«Siehst du, was alles in mir gesteckt hat?» fragte ich, aber ich verwand meinen Verdruß rasch, denn mein abgeklärtes Ich an meiner Seite hatte etwas ungemein Imponierendes. «Habe ich eigentlich jemals auf einen Menschen einen ähnlichen Eindruck gemacht wie Sie auf mich?» fragte ich.

«Du kannst schon du sagen», meinte mein Ich

recht liebenswürdig und ohne kränkendes Wohlwollen; «wir müssen versuchen, uns endlich zu verstehen.»

Das sah ich ein. «Gib wenigstens den Ring her!» bat ich.

Da sah ich, wie ich selbst, an meinem Lager sitzend, meinen Ring vom Finger zog, genau auf die gleiche Art, wie ich es zu Lebzeiten getan haben mochte, wenn ich ihn irgend jemandem auf seinen Wunsch hin zeigte. Ich versuchte den Ring anzustecken, aber mein Finger brach ab. «Verflucht, ist es schon so weit mit mir, Sahib?» fragte ich unwirsch.

Mein Ich nahm den Finger und steckte ihn umständlich in die Tasche, und zwar in die richtige, die ich für solcherlei Gegenstände leer zu halten pflegte.

«Sind wir noch in Indien?» fragte ich; aber unmittelbar, nachdem ich diese Frage ausgesprochen hatte, überkam mich die Erkenntnis, wie völlig belanglos solch ein Umstand für mich war.

«Was soll geschehen?» fragte ich etwas burschikos, denn ohne einen bestimmten Zweck würde mein Ich sich hier kaum niedergelassen haben, so gut glaubte ich mich zu kennen.

Und wirklich erhob sich nun das Ich in meiner Gestalt, zog seinen Rock zurecht, trat einmal mit dem Bein nach vorn, um die Hose zu glätten, und strich sich über das Haar. Ich wußte schon, daß es sich darum handelte, daß ich mein Grab kennenlernen sollte.

«Du darfst dir keine besondere Vorstellung von der Ausstattung machen», hörte ich. «Panja hat dich im Wald verscharrt, kaum tiefer, als deine Arme lang sind, und die Waldblumen wachsen über deinen Augen.»

Nachdem diese Worte verklungen waren, sah ich niemand mehr und empfand nun, daß ich in meinem Grabe ruhte. Einen kleinen Augenblick lang huschten mir noch Gedanken durch den Sinn, aber dann überwältigte mich eine unbeschreibliche Ruhe.

Diese Ruhe vermag kein irdischer Mund zu schildern; es ist mir niemals eine Wohltat geschehen, die dieser Ruhe zu vergleichen wäre. Nach einer langen und ermüdenden Wanderung voll ungesunder Hast und qualvoller Befürchtungen langte ich früher in meinem Leben einmal am Ort meiner Bestimmung an, und außer einer trostreichen Gewißheit empfing mich ein kühles weißes Lager in einem stillen Raum, dessen Fenster den Blick auf die Berge hinausführten. Die wenigen Minuten, in welchen ich meinen übermüdeten Körper vor dem Einschlafen auf diesem Lager ruhen fühlte, sind vielleicht entfernt dem glücklichen Zustand zu vergleichen, in welchem ich nun im Grabe lag, aber man muß sich diese Wohltat bis an die Grenze der Bewußtlosigkeit gesteigert denken und wie im friedlichen Rausch einer überirdischen Musik.

Meine Hände waren hoch auf der Brust übereinandergelegt, ohne gefaltet zu sein; ich ruhte ganz gerade ausgestreckt, und die schwere Decke der Erde war eine glückliche Last; sie lag auf meiner Stirn und auf meinem Gesicht, wie die liebevollen Hände einer besorgten Mutter nicht sanfter ruhen können. Ich vernahm einen gleichmäßigen, starken Pulsschlag, dessen Ursprung ich nicht erkannte, der mich aber mit großer Beruhigung erfüllte. Solange unter den lebenden Wesen der Erde noch eines meiner in Liebe gedachte, blieb mein Bewußtsein wach, aber ohne qualvolle Erinnerungen; es war ein unbeschreiblich erhabenes und freies Lächeln, mit welchem ich der irdischen Ereignisse gedachte, ohne mich ihrer recht zu erinnern. So ruht das Korn in der winterlichen Erde, es trägt sein Gedenken an den Sommerwind und an die Sonne, in der es herangereift ist, wie einen Frühlingstraum durch seinen Schlaf. Das Licht, der Regen, das Schwanken in der bewegten Luft und der Schnitter sind eine einzige lind durchbebte Ahnung der Vergangenheit, die keine Trauer oder kein Gefühl der Verlassenheit aufkommen läßt. Denn im dunklen Schlummerland pocht ein herber, gleichmäßiger Pulsschlag; ob es die Lichtwellen der Sonne, ob es Tag und Nacht sind oder der Wechsel der Jahrtausende, ist niemals die Sorge eines im Erdreich Schlummernden gewesen, denn nun ist der Tod überwunden; man muß ihn nur kennen, um zu wissen, wie wesenlos seine Mächte sind, die die armen Erdbefangenen als eine so unerhörte Herrschaft feiern. Nun sind tausend Jahre wie ein Tag. Ich hatte weder den Wunsch, jemand von denen wiederzusehen, die ich geliebt hatte, noch kannte ich Sorge um ihr Geschick. Glückseliger konnten die Frommen nicht sein, die Gottes Angesicht schauten.

Nach einer unabsehbar langen Zeit, in der ich keinerlei Veränderung spürte, schien es mir, als würde es langsam dunkler um mich her und in mir. Nicht die Furcht, nun vergessen zu sein, bewegte mich, aber eine laue Anteillosigkeit auch an dieser Möglichkeit. Vielleicht war das Laub des Waldes dichter und dichter über meiner Ruhestatt niedergesunken, oder die Erde kreiste nicht mehr um die Sonne, vielleicht war sie von einem anderen, größeren Gestirn aufgenommen, auf welchem der Wechsel der Zeit nach anderen Gesetzen vor sich ging. Mehr und mehr verlor ich das Bewußtsein meiner selbst, aber ohne darüber in Gram zu sinken; es war mir, als ob der Rest meiner Klarheit sich in einem einzigen Fünkchen sammelte, das ähnlich glomm wie die Hoffnung in den Herzen der lebendigen Menschen.

Da bemerkte ich allmählich in einem heraufdämmernden Zeitraum, den ich nicht begrenzen kann, einen sanften Lichtschein über mir, der still anwuchs und sich langsam näherte. Er war weißlich, ohne zu glänzen, und erschien mir wie ein blasser Strahl von zartem Umriß und langsamem Leben; er senkte sich auf die Gegend meines Herzens nieder, und ohne einen Schein im Erdreich zu verbreiten, glomm er doch in lieblicher Seligkeit, und der unfaßbare Zauber einer fernen Erinnerung an die Sonne verband ihn mit meiner Zuversicht. Da erkannte ich, daß es der tastende Wurzelkeim einer Pflanze war, der sich meiner Brust näherte, und mich ergriff ein tiefer Schauer, der nicht Freude noch Hoffnung war, aber man könnte ihn vielleicht mit der Ergriffenheit vergleichen, in der die Irdischen bei einer großen Erschütterung ihres Gemüts in Tränen ausbrechen, ohne dabei schon

Lust oder Schmerz zu verspüren. Je näher der bleiche, saugende Mund auf kindlicher und frommer Wanderschaft und in gehorsamem Wachstum meiner Brust kam, um so mehr verwandelte sich mein erlöschendes Menschbewußtsein in ein seliges Allgefühl von erhabener Gestilltheit und froher Bereitschaft zum Vergehen in ein unversiegbares Bereich.

Da geschah es bald darauf, daß die Wurzel der Pflanze in mein Herz eindrang, und in einem funkelnden Erklingen, in einem von Frische und seliger Wildheit betäubenden Lichtwirbel wurde mein Wesen emporgerissen in das warme, leuchtende Brausen der Erdoberfläche. Über meinem Grab brach eine große Blume auf und öffnete sich gegen die himmlische Sonne.

Nun kam es mit weichen Schritten durch die dichten Lauben des Urwalds heran, auf diesen verschlungenen Pfaden, die kaum ein paar Schritt weit zu übersehen sind und wie grüne Höhlen wirken; unendlich weich und geschmeidig schritt es dahin, von der stolzen Erhobenheit der Gestalt, die unter allen Geschöpfen nur die Menschen haben. Es war ein Mädchen, das herankam, beinahe noch ein Kind an Jahren. In jener schattigen Lichtung im großen Urwald, an welcher unter einem Baum vorzeiten mein Grab gegraben worden war und in welcher nun die frische Blume sich langsam gegen das Sonnenlicht kehrte, machte das Mädchen halt und beugte sich nieder. Sie trug Lotosblüten im Haar, von sanftem Rot, und einen schmalen Gürtel von gewundener ockerroter Seide um die zarten

Hüften. Ein Hauch von Ambra begleitete sie wie unsichtbare Flügel der Jugend.

Um den Hals trug sie eine zweifache Schnur aus roten Angolaerbsen, und ein breiter Goldring, der um ihr Fußgelenk geschmiedet war, funkelte im Tau der Bodenpflanzen.

Als ihre Augen mit dem nächtlichen Glanz einer tausend Jahre alten Schwermut sich über das frische, helle Blau der kaum erblühten Blume neigten, war es, als begegneten einander ein himmlisches Erstrahlen und ein irdischer Widerschein. Aber das Mädchen brach die Blume nicht, sondern es schien, als erinnere sie sich zuvor einer köstlichen Pflicht, denn ihr Angesicht belebte sich unter einer mit Schamhaftigkeit gemischten Erwartung. Über die Wurzeln der Bäume dahin, im weichen Erdreich und über braunem Laub, floß ein Bach; sein klares Wasser zog rasch und lautlos durch Sonnenflecke und Buschschatten. Das Mädchen legte ihre Halsschnur ab und hängte sie in kindlicher Fürsorge nachdenklich in die Betelranken, die die hängenden Zweige des Baumes mit dem Waldboden verbanden; sie legte ihren Gürtel ab und blinzelte fröhlich in das warme Licht. Nur die Blumen, die ihr Haar schmückten, ließ sie in der nachtdunklen, glänzenden Fülle ruhen, in der sie zum Ruhm ihrer jungen Herrlichkeit verwelken sollten.

Das Wasser wurde unter der Freude ihres lieblichen Körpers beredt: es überrieselte wie mit fröhlichem Lachen die helle Bronze dieses Leibes, der sich unter den Berührungen der Natur beseligt dehnte und in einer Hingabe ohnegleichen seinen Schöpfer lobte, den Schöpfer der Waldriesen, die ihn behüteten, der Milliarden Pflanzen und allen Getiers, das gleich ihm im duftenden Schatten atmete, und der großen Sonne, die ohne Aufhör goldenes Glück zum Wohlergehen der Ihren auf die geduldige Erde sandte.

An einem besonnten Hügel, der weich von Moos gepolstert war, legte das Mädchen sich auf den Boden nieder, um in der warmen Luft zu trocknen; sie gab sich dem Licht in holder Bedachtlosigkeit preis, denn es gibt vor ihm keine Geheimnisse des Körpers oder der Seele, und beide sehnen sich nach ihm. Sie schien mit dem Boden zu verschmelzen; der Pulsschlag der Erde verband sich mit dem Pochen ihres Bluts, und die Blüten in ihrem Haar dufteten noch einmal empor im Verein mit dem sanften Hauch von Müdigkeit, der wie ein Lied von ihrem Körper aufstieg. Die Sonnenstrahlen glitten spielend über die zierlichen Hügel der kleinen Brüste dahin, über die Rundungen der warmen Glieder; hier leuchteten sie auf, dort tauchten sie in heimliche Schatten nieder, allmächtiger als der stärkste Beherrscher, der sich jemals eine Welt zu eigen gemacht hat, und mit der Anmut eines Geliebten, der nach überwundenen Stürmen seine Wohltäterin beglückt.

Wie in reglosem Stolz, erstarrt vor Andacht, sah die grüne Waldherrlichkeit auf den ruhenden Triumph der Schöpfung nieder, bis jählings mit hellem Flöten ein Vogel im Rankendickicht ein Lied begann, überselig, beinahe grell und erschrekkend, und aus der Nähe drang eine gejubelte Antwort. Da erhob sich das Mädchen, legte bedächtig ihren geringen Schmuck aufs neue an und bückte sich über die Blume nieder, in der das Blut meines Leibes auferstanden war; sie brach sie und befestigte sie, indem ihre großen Augen über dem zitternden Kelch lächelten, in ihrem Gürtel. –

Wie war es doch gewesen? Nun erinnerte ich mich, jene Blume von leuchtendem Blau rief mir alles ins Gedächtnis zurück. Ich kannte dies Mädchen und ihre Blume schon längst; es war in einer jener vertanen Nächte in Bombay, in einer dieser Nächte, die ruhlos und ziellos beginnen und oft so trostlos verstreichen, hingegeben an Nichtigkeiten, in denen unsere hohen Erwartungen, vom Geist des Weins umhüllt, in grauen Morgenstunden versiegen. Aber es gibt keine Hoffnungen, die nicht irgendwo in unserer Seele und irgendwo in unserer Zeit mit einem jenem Lächeln verwandten Glanz gestillt werden, in dem sie erwachen. Hoffnungen sind den Blüten schlummernder Rechte vergleichbar, im Dämmerlicht der Ahnung.

Ich hatte damals in einer Abendstunde das Hotel verlassen, in dem ich schon seit Tagen auf einen Dampfer wartete, der mich nach Singapur bringen sollte, und war die breite, belebte Straße hinabgeschlendert, ohne Ausrüstung für eine bewegte Nacht, ja ohne eine andere Absicht als die, mich noch für einige Minuten in der kühleren Luft des Abends zu ergehen und dem bunten Straßentreiben zuzuschauen. Aber es lag keine Linderung in der schwülen Luft, die nach verdunstendem Sprengwasser, nach Pferden und Öl duftete, sowohl die freien Atemzüge behinderte als auch die vernünftigen Gedanken. Oft wirkt diese Atmosphäre wie eine Ankündigung des Fiebers, verwirrend und zu allerhand Sinnlosigkeiten ermunternd; die Lebensleiden der Verlassenheit gären darin, satt von Melancholie; kleine Teufel erheben darin die nach Abenteuern lüsternen Narrenköpfe, während der nahende rote Mond den nüchternen Sinn aller Dinge in Schleier legt. –

Ich ließ mich nach einer Weile am Holztischchen eines Straßencafés nieder; es erschien mir, als verbürgten mir alle, die mich anschauten, etwas in mitleidiger Überlegenheit. Eine kleine, ganz in ein dunkles Tuch gehüllte Straßenbettlerin hielt mir die braune, offene Hand hin, und unter ihrem Lächeln verstand ich plötzlich die Nacht.

Nun war es dunkler geworden, als ich weiterschritt. Aus geöffneten Türen drang der Schein bunter Lichter; die Straßen wurden enger und die Passanten seltener. Ich hörte Schritte herannahen und jählings hinter mir verstummen, sobald eine der vermummten Nachtgestalten an mir vorübergegangen war; man blieb stehen und sah mir nach, neugierig oder lüstern auf einen Raub, von einer Ahnung der Ruhlosigkeit und Unsicherheit angeweht, die mich gefangenhielten und dahintrieben. Einen Augenblick war ich um mein Leben besorgt, da ich die Gefährlichkeit dieser Stadtgegend kannte, aber dann war mir, als sei dies, mein geliebtes und umsorgtes Leben, eine ganz fremde und gleichgültige Sache für mich geworden. Es kam auf ganz andere Dinge an; die Nacht forderte ihr Recht, die Nacht der Erde und die meiner unruhigen Seele, die nach einem mystischen Tag ihrer Wandlung Verlangen trug.

Die Tür eines Holzhauses stand angelehnt, und

als ich sie aufstieß, blickte ich in einen schmalen Korridor, der durch eine grünliche Papierampel dämmerig erhellt wurde. Zur Rechten und zur Linken der Ampel waren an den kahlen Wänden Spiegel angebracht, die das matte, schwebende Gestirn dieses stillen Bereichs nach beiden Seiten hin tausendfach in ein magisches All hinüberzauberten. Von irgendwoher erklang gedämpft eine klimpernde Musik, der einer Mandoline vergleichbar, aber um vieles unbelebter und im Takt oft von einem lang anhaltenden Ton unterbrochen, der einer Flöte entstammen konnte. Ein schwerer, süßer Geruch drang mir entgegen, wie von gärendem Honig und betäubendem Räucherwerk; er quoll aus dem Spalt eines roten Vorhangs im Hintergrund wie aus der Wunde einer überreifen Frucht.

Als ich an diesem Ort eine kleine Weile gestanden und gelauscht hatte, öffnete der niedrige Vorhang sich, und eine alte Frau trat zögernd und scheinbar überrascht auf mich zu. Sie war welk, und ihr ergrautes Haar flimmerte vermodert in dem blaßfarbigen Licht der Papierlaterne über ihrem Scheitel, ein gelbes Tuch war wie eine Fahne um ihren Körper geschlungen, so daß ihre Schultern und Arme sowie ihre Beine von den Knien an abwärts unbedeckt waren. Nachdem sie sich von ihrer anfänglichen Überraschung erholt hatte, lächelte sie mir in feiner, unpersönlicher Herzlichkeit zu, die Leuten eignet, die aus Beruf oder Gewohnheit gastfreundlich sind, und lud mich nach einem prüfenden Blick über meine europäische Kleidung ein, näherzutreten. Sie sagte ein paar Sätze, die ich nicht verstand, denen aber leicht ein Willkommen zu entnehmen war und eine ehrende Begrüßung. Da ich ohne Zögern näher trat, verdoppelte sie ihre Unterwürfigkeit, und ich hatte den Eindruck, als kröche sie mir die Stiege hinauf voran, die wir im rötlichen Dämmerlicht erklommen; ich sah immer nur ihr Angesicht dicht vor meinem, während ihr übriger Körper bereits voraus war. Sie grinste süßlich und boshaft; irgendwo bimmelte zaghaft ein Glöcklein; beklommen folgte ich, ohne Aufwand von Mut, ohne Umsicht, ja fast ohne rechte Erwartung; was geschehen sollte, mochte geschehen. Das Leben wog leicht.

Wir kamen an eine mit buntem Papier bezogene Tür, die die Treppe hart abschloß und die sich lautlos und leicht unter dem Druck der welken Hand der alten Frau öffnete.

«Tritt ein, Herr», sagte sie auf hindustani und drückte sich an die Wand, die nachgab und schwankte; ich hatte den bestimmten Eindruck, daß wir von allen Seiten beobachtet wurden.

So tappte ich nun vorsichtig voran in das von Rauch wie in Nebel getauchte bläuliche Dämmerlicht eines niedrigen Raumes, in welchem ich anfänglich außer dem erlöschenden Mond einer stillen Ampel nur hängende Wandteppiche in mancherlei gedämpften Farben und seltsamen Ornamenten zu erkennen glaubte. Es glitzerte mir in matten Goldtönen entgegen, und ein sanft betäubender Hauch von welkendem Jasmin und Opium beengte die Brust.

Ich durchschritt mit meiner Führerin diesen Raum, um in einen zweiten zu gelangen, der noch kleiner und finsterer war und in dem ich zuerst nur ein breites Ruhebett erkannte, das mit vielfarbigen Decken und Fellen belegt und kaum einen Fuß hoch war.

Die Alte verbeugte sich viele Male, nachdem ich, wie sie es zu wünschen schien, auf diesem Lager Platz genommen hatte, und sagte im Hinausgleiten in gebrochenem Englisch: «Ich werde Goy für dich holen, Herr; du wirst zufrieden sein.»

Als ich ihr mit zwei zustimmenden Worten zunickte, lachte sie, glücklich und stolz darüber, verstanden worden zu sein. Oh, sie war eine hochgebildete Frau, nun hatte sie den Beweis erbracht, und nichts wäre in der Lage gewesen, sie zu einer Handlung zu bewegen, die mich an dieser Meinung über sie wieder irremachte.

Ich sah mich kaum im Zimmer um, als ich allein war; es mußte alles so sein und kommen, wie es für diese Nacht bestimmt war. Unter einer winzigen grünen Ampel dicht an der Decke erblickte ich ein rundes Tischchen mit unwahrscheinlich dünnen Beinen, und in einer mit roten und blauen Ornamenten ausgelegten Messingschale, die darauf stand, lagen trockene, fremdartige Früchte, Tabak, Hanf und Betel.

Da meine Augen sich bald an das ebenmäßige, sanfte Licht gewöhnt hatten, erblickte ich, als nun die Tür sich öffnete, sogleich mit der übersinnlichen Deutlichkeit einer Vision das Mädchen, das meinen Raum betrat und vorsichtig die Tür hinter sich schloß und verriegelte. Sie trat so gelassen und freundlich auf mich zu, als sei ich ihr ein längst vertrauter Gast, und grüßte mich, indem sie nach kanaresischer Sitte die Spitzen ihrer Hände an die

Stirn legte und sich tief verneigte. Sie war völlig nackt unter einem unendlich feinen Schleier von rauchfarbenem Seidenflor; ihr schwarzes Haar war mit grauen Blumen geschmückt, und ein schmaler Ledergürtel von verblichenem Ockerrot legte sich, ohne ihren Körper zu beengen, wie ein Ring aus rostigem Metall um ihre Hüften, die, obgleich ich ein Kind vor mir zu haben glaubte, doch von weicher Rundung und lieblicher, ebenmäßiger Fülle waren. In diesem Gürtel war eine große Blume von hellem Blau befestigt, mit tiefem, goldbraunem Kelch; sie hob sich fast unwirklich und in seltsam wohltuendem Kontrast vom Bronzeton des jungen Körpers ab.

Alles, außer dieser frischen Blume, hatte jene seltsam überzeugende Bewußtheit in Farbe, Erscheinung und Bewegung, wie nur eine jahrhundertalte Tradition sie verleihen kann, alles außer dieser Blume und dem schmiegsamen Mädchenleib.

Ich weiß nicht, ob ich alles verstanden habe, was in dieser denkwürdigen Nacht dieses Kind zu mir sagte, wohl aber weiß ich, daß wir einander verstanden. Die Ausschließlichkeit, welche der glühende Bereich heraufbeschwört, in den der Liebreiz dieses Mädchens mich zog, verbannte alle kleinen Einzelinteressen und Begierden, die unser Leben spalten und bedrängen, und es gab nur ein Ziel für unser Blut.

«Soll ich tanzen?» fragte Goy. «Sage mir, was dir wohltut!»

Sie tanzte unter dem grünlichen Mond der kleinen Ampel, der eine ganze Welt bestrahlte. Es war schwül und totenstill in dieser Welt. Ich hörte nur den Schlag der weichen Füße auf den Matten, und wenn ich die Augen schloß, so fühlte ich den zarten Fuß auf den Herzensquellen meines Lebens tanzen. Mit jedem neuen Erwachen meiner Blicke erschien mir Goys erblühter Kinderkörper erneut; er blieb mir fremd und wechselte wie eine Landschaft, die der Geist im Flug durcheilt.

Nun wurde es still, und ihre Frauenaugen lächelten erfahren, kindlich und begierig über den meinen. «Willst du mir nicht befehlen, Herr?» sagte Goy so langsam, daß mir war, als stünde mein Herz unter den unausgesprochenen Verheißungen ihrer Bitte still, aber doch lauerte hinter ihrer Unterwürfigkeit ohne Falsch das glückliche Bewußtsein ihrer Herrschaft. Nun hockte sie sanftmütig, merkwürdig beschienen vom Ampellicht, wie eine große goldene Katze vor mir auf dem Lager, drehte bedächtig Papyrus, zerbröckelte Tabak und Hanf, und als sie Opium hineinmischte, verwandelte sie sich mir plötzlich in eine Göttin, die den Schlaf herbeiführt.

Goy war, wie die meisten Frauen des Orients, auf eine Art für die Liebe erzogen, die die Folge einer grauenhaften Verwöhntheit ist, aber über allen ihren Handlungen lag ein zauberhaftes Glück von einer Unschuld der Gesinnung, die wie Keuschheit wirkte. Goy tat ihre Pflicht, und kein Gewissen, wie es in unserer Brust wohnt, behinderte ihre geschäftige Treue gegen den einzigen Genuß, den sie kannte und austeilte.

Ich rauchte in tiefen, durstigen Zügen und sank mehr und mehr in Betäubung. Das Mädchen ließ keinen Augenblick verstreichen, in dem sie sich nicht hinzugeben schien; ihr Bild verwandelte sich unaufhörlich; sie gab keines ihrer Geheimnisse preis, ohne ein neues ahnen zu lassen.

«Vergiß das Leben», sagte sie mit sanftem Tadel, scheinbar über mein Zögern in milden Schrekken versetzt. «Bin ich nicht schön?»

«Doch, du bist sehr schön, Goy; schöner als alle, die ich gesehen habe.»

«O nein», antwortete sie nachdenklich, «die blassen Mädchen sind schöner.» Sie schaute mit ihren übergroßen Kinderaugen auf mich hin und lächelte, als ich schwieg. Ihre Nägel waren rot bemalt, und ihre Hände wie ihr ganzer Körper waren mit großer Sorgfalt gepflegt. «Die Menschen legen mit den Kleidern die Lüge nicht ab», sagte Goy; «ich glaube an nichts als an die Liebe und an die Lust, die durch sie kommt.»

Ich verstand, wie sie ihre Worte meinte, denn sie stand, als sie so sprach, innig dargeboten und aufgerichtet vor mir und hob ihre Arme, als ob sie eine Schale darreichte. Ihr Haupt verdunkelte die Ampel, so daß ihre Gestalt in magischen Lichträndern glomm. Aber ihre Worte bewegten sich in meinem Herzen auf eine andere Art, sie nahmen Glanz an und entzündeten sich für eine weite Reise.

Goy las in meinen Zügen. «Vergiß», sagte sie; «woran mußt du denken? Hier ist weder Zeit noch Tag und Nacht.»

«Und doch, du Geliebte dieser kleinen Ewigkeit, ist nicht das Leben länger als die Jugend?»

«Nein», sagte Goy sicher, und ihr Lächeln hatte etwas unfaßlich Überzeugendes; «vielleicht für euch Männer, aber für uns Mädchen nicht. Eine alte Frau ist schlimmer als eine ausgepreßte Mangofrucht; mit den Gliedern welkt die Hoffnung, denn das Blut verliert seine Stimme, der der Gang der Welt gehorcht. Kein Kind wird meine Freude sein.»

«Was kann ich für dich tun, Goy? Nimm alles, was ich habe!»

«Ich nehme nichts», sagte das Mädchen. «Ich habe niemals etwas genommen. Die Alte nimmt. Sage mir, daß ich schön bin und daß ich dich beglückt habe.»

«Du bist sehr schön.»

«Du sagst nur das eine, so bist du undankbar, oder du bist von denen, die niemals sich selbst vergessen können, als wären sie so wichtig, ach, so wichtig!»

.Sie kam mir ganz nah und sah mir unter die Augen, dann zog sie gelinde den Finger vom Winkel meines Auges über die Wange und um den Mund herum, seufzte tief auf, als beklagte sie mich, und nickte.

Ich schloß die Augen. Die feuchte Blüte an ihrem Gürtel näherte sich meinem Gesicht, und mir war für einen Augenblick, als legte sie sich kalt auf meine Stirn.

«Welche Menschen meinst du?» fragte ich. Mir war, als wiche der bunte Rausch, wie Wolken dem Wind weichen, für kurz von mir.

Goy sann nach und lächelte wehmütig, als gäbe sie mich verloren; dann hob sie die Hand an meine Stirn, tippte schnell mit der Spitze des Fingers an die Schläfen und sagte: «Das kalte Feuer dort! Es ist stärker als alle anderen Flammen und scheint heller. Es kämpft mit der Wärme des Herzens und hat schon viele Herzen ausgelöscht. Ihr müßt immer von einem zum andern. Wer alle Hindernisse zu seinen Mitteln machen will, verdirbt seine Ruhe, denn die Welt ist voller Hindernisse. Wohin willst du? Unsere Weisen lächeln über euch. So komm, vergiß!» –

Als ich aus dem Hause trat, fiel mich die Sonne wie ein Raubtier an. Ich taumelte und tastete mich an den Häusern entlang voran, bis langsam meine Besinnungen zurückkehrten. Ich wußte nicht, wieviel Zeit verstrichen war. So muß Lazarus die Welt empfunden haben, als ihn Gott ins Leben zurückrief. Ich erinnerte mich langsam der Einzelheiten meiner Erlebnisse wie der eines tiefen Traumes. –

Es mag nun wohl gewesen sein, daß eine habgierige Alte mich geführt und ein verdorbenes Kind mein Lager geteilt hatte, aber da ich von beiden Eigenschaften keine fürchte, so bekümmern sie mich wenig, denn es kam mir damals nicht darauf an, wieviel die Dinge in den richterlichen Augen einer Weltgerechtigkeit wert sein mochten, sondern es kam mir darauf an, wie sie sich in meinen Augen spiegelten.

Das Leben aber trübt die Augen der Menschen mit Träumereien, Scherzen und Tränen.

Langsam empfand ich nun mehr und mehr, daß es einzig noch auf jene sonderbare Blume ankam und auf ihr schimmerndes Blau, das sich seltsam herrschsüchtig und still vor mir auszudehnen schien. Da war mir, als erwachte ich wiederum zu einem neuen Dasein. Eine unendliche Mattigkeit beschwerte meine Glieder, und meine Augen waren unsicher und benommen, wie befangen von jenem strahlenden Azur meiner Traumblume, die sich nun als eine endlose blaue Mauer vor mir ausbreitete. Ich versuchte mit großer Anstrengung, diese blaue Mauer zu begreifen.

Da sah ich plötzlich wie einen ganz fremden Gegenstand meine Hand auf meinen Knien liegen, abgemagert und ganz weiß. Ich versuchte sie zu heben, und sie gehorchte mir. Die unbeschreiblichen Schauer eines ganz neuen Lebens ließen meine Glieder erbeben; sie gingen vom Bewußtsein aus und rieselten wie Lichtgarben durch meine Adern, eigensinnigen Funken gleich, heiß und kalt. Ich seufzte tief auf und weiß heute noch gut und genau, daß ich laut sagte: «Es kann das alte Leben nicht sein.»

Da kam Panja um eine weiße Säule geschritten, die sich von der blauen Wand abhob, und starrte mich an. Er stand merkwürdig unwirklich da, als schwebte er in der Luft. «Dies ist ja ein brauner Mann mit einem weißen Turban», dachte ich.

«Sahib!» schrie er, als er in meine Augen sah. «Sahib, sprich!»

«Wo sind wir, Panja?» fragte ich matt. «Was ist mit der Zeit geschehen, Panja?»

Mein Diener starrte mich verständnislos und in einer deutlich in seinem Gesicht aufs neue auftauchenden Angst an, aber sie wich mehr und mehr, je länger er in meine Augen schaute. «Sahib, sprich gute Worte», bat er, zweifelnd und hoffnungsvoll zugleich.

Da kam mir zum Bewußtsein, daß ich meine Frage in deutscher Sprache gestellt hatte, und ich wiederholte sie englisch.

Anstelle einer Antwort stieß Panja einen lauten Schrei aus und warf sich auf die Knie, indem er die meinen mit seinen Armen bedeckte. Schluchzend stammelte er: «Sahib, du wirst leben!»

«Wohin sind wir geraten, Panja? Was ist dort für eine blaue Wand?»

Panja erhob sich mit glücklichem Lachen, trat zur Seite und sagte: «Es ist das Meer. Wir sind hoch in den Bergen, du siehst auf das Meer hinab. Wir haben dich aus den Sümpfen heraufgetragen, zwei Tage und zwei Nächte lang, ohne zu schlafen und kaum daß wir geruht haben, bis die leichte Luft kam, die Kühle und die Ruhe. Sieh um dich, sieh die Wälder an! Dies ist der verlassene Bungalow einer englischen Farm. Wir haben die Affen vertrieben, die von ihm Besitz ergriffen hatten.» Er stockte und sah mich an. «Ach, Sahib, nun bist du erwacht und gesund geworden, der Sinn ist in deine Augen und Worte zurückgekehrt und die Freude in meine Brust.»

Ich sah Panja weinen und begriff, daß er die Wahrheit sprach und daß mein Geist aus dem Bereich der Fiebergifte in die Wirklichkeit zurückgekehrt war. Da sah ich in einiger Entfernung Guru am Boden hocken und mich unverwandt mit seinen großen Nachtaugen anstarren. Es lag etwas in seinen Blicken, das ich nie vergessen werde.

Erst nach Tagen erfuhr ich langsam, was sich zugetragen hatte, denn Panja verschonte mich mit allem, bis ich danach fragte. Ein großer Teil unseres Gepäcks war verloren, da die Leute sich meiner annehmen mußten und keine Träger zu bekommen waren. Panja hatte hauptsächlich Proviant mitnehmen lassen und die Koffer, von denen er wußte, daß sie meine wertvollsten Besitztümer bargen, ebenso meine Waffen und ein Zelt. Zwar waren seit gestern Pascha und ein Kuli hinabgestiegen, um zu retten, was noch zu finden war, und um Sorge zu tragen, daß alles noch Vorhandene in einem Eingeborenendorf untergebracht werden sollte, aber Panja hatte wenig Hoffnung und fürchtete, daß die ersten Gewitter hereinbrechen könnten. Er saß oft lange schweigend in der Mittagsglut neben meinem Liegestuhl und sah den Himmel über dem Meer an und die weite blaue Fläche, die aus dieser Höhe so ebenmäßig erschien wie eine Platte aus Metall. Zuweilen lag ein feiner grauer Dunst darüber. Aber außer dieser Besorgnis, deren Gewicht ich kannte, bedrückte ihn ein anderer Kummer; ich merkte es ihm an, wollte aber nicht fragen.

Erst als ich meine erste Zigarre anzündete, lächelte Panja melancholisch und meinte: «Nun wirst du auch das Schlimmste ertragen, da deine Kraft zurückgekehrt ist.»

Elias war vom Panther geholt worden.

SIEBENTES KAPITEL

In den Bergen

Panja prüfte aufs neue das verfallene Haus, in dem ein Raum notdürftig für mich hergerichtet worden war, so daß er geschlossen werden konnte, da ich die Nacht ohne Feuer verbrachte.

«Willst du bleiben, Sahib, bis die großen Regen kommen?»

Ich wußte, daß dies nicht anging und daß wir verloren sein würden, wenn die ersten Gewitter uns in den Bergen überraschten. Erfolglos versuchte ich die Zeit seit unserer Abreise von Cannanore zu ermessen, es mochten vier, fünf oder sechs Monate vergangen sein.

Gurumahu war eines Morgens zu mir gekommen und hatte sich heimwehkrank gemeldet. Er trennte sich mit schwerem Herzen von uns, aber wenn er sein Dorf vor Anbruch der großen Regen erreichen wollte, so mußte er sich auf den Weg machen.

Ich schenkte ihm meine verlötete Tropenuhr aus Nickel. Das war gewiß an sich kein großes Geschenk, obgleich sie aufgeregt zu ticken verstand und bei trockener Witterung sogar ging, aber Guru nahm sie beglückt entgegen. Er wird künftig alles aus ihr ersehen, was sein Herz zu wissen begehrt: die Jahreszeiten, die Windrichtung und den Gang der Gestirne. –

Oft fehlte es uns am Nötigsten. Panjas besorgte Augen schreckten mich aus der Täuschung, in der ich mich dem Glauben hingab, daß die wohltuende, oft kühle Luft der Berge und der hochgemute Seelenzustand, wie er Genesende erfreut, zu hoffnungsvollem Blick in die Zukunft berechtigten. Unser Gepäck war zum größten Teil gerettet, nur unter den Nahrungsmitteln hatten die weißen Ameisen auf das furchtbarste gewütet, aber außer Panja und Pascha hatte ich nur noch zwei Träger aus Südkanara bei mir, die uns unter großem Müheaufwand und oft unter Einsetzung ihres Lebens mit Reis und Früchten aus dem nächsten Dschungeldorf versahen. Die dortigen Bewohner hatten unsere Abhängigkeit von ihrer Leistung herausgebracht, und meine Geldvorräte schmolzen immer mehr zusammen – eine Tatsache, die Panja in stille Raserei brachte. Er schwor den Erpressern unten im Grünen Rache und versprach mehr als einmal, ihr Dorf in Brand zu stecken. Meine Gleichgültigkeit führte ihn zu ernstlichen Ermahnungen: «Sahib, du bist ein großer Herr, und du kannst tun, was du willst, aber du tust nichts. Die Tage verstreichen, einer nach dem andern, wie die Wasserwogen an der Meeresküste, sie lassen keine Spuren zurück und bringen immer das gleiche. Wer lebt so? Als wir in Anandapur waren, hast du die Brahmanen verlacht, die den ganzen Tag in der Sonne liegen und den Tempelreis fressen, der ihr Anrecht ist, aber wie machst nun du es? Früher hast du alles in Büchern verzeichnet, was du sahst, und mich oft gefragt, aber nun tust du auch das nicht mehr, und die Bücher sind verbrannt.»

Das war Panja ein großer Kummer, denn er wußte, daß auch seiner oft in diesen Büchern Erwähnung getan war, und er hatte sich auf den Ruhm vorbereitet, der seiner im Okzident, im Lande der Herren, wartete. Ich lachte ihn aus; nur was die Gewitter betraf, hatte er recht, und so entschloß ich mich eines Tages, den kürzesten Weg nach Mangalore zu nehmen, um im Schutz dieser alten, gesicherten Hafenstadt die Regenzeit abzuwarten.

Aber im Herzensgrund ahnte ich bei solchen Vorsätzen, was ich aufgab und dahinten ließ und daß meinem Leben keine Zeit mehr würde gegeben werden, die der verstrichenen an Licht und Freiheit glich. Und so kam es, daß sich unsere Abreise von Tag zu Tag hinauszögerte, obgleich alle meine Erlebnisse in den Bergen sich im Schleier jener dämmerigen Unwahrscheinlichkeit und heimlichen Ruhlosigkeit zutrugen, die uns befallen können, wenn wir an schöner Stätte den Gedanken des Abschieds schon mit uns umhertragen. –

Da war Gong – ich werde ihn nicht vergessen –, wahrscheinlich ist er inzwischen gestorben, denn er zählte schon damals nicht mehr zu den Jüngsten, und er überwand sein Mißtrauen gegen mich niemals ganz. Er gehörte jener Sorte von halbgroßen Affen an, die in Indien nur in den Bergen leben; sie sind bedeutungsvoller als ihre Brüder aus dem Dschungel, und sie haben andere Eigenschaften, aber keineswegs bessere.

Ich nannte diesen meinen Gefährten der Frühmorgenstunden Gong wegen seiner außerordentlich häßlichen Stimme, die so klang, als ob man einen alten, rostigen Blechkessel gegen eine Steinmauer würfe. Gottlob sagte er nicht viel, aber meine Erscheinung nötigte ihm das größte Interesse ab; offenbar hatte er sich in den Kopf gesetzt, vor seinem Hinscheiden noch etwas ganz Besonderes zu erleben, und sich meine Person ausgewählt, die ihm dazu angetan schien und die sich morgens unter den hohen alten Latan- und Tamarindenbäumen finden ließ.

Kaum daß die ferne Fläche des Meeres sich im Dämmern silbern färbte, als ich auch schon mein Lager verließ, um die kühlsten Stunden nicht zu verpassen. Ich sah diesen blassen Himmelsschein, wie er sich vor der vergitterten Öffnung meines Fensters matt und glanzlos abhob, nur wenig vom Licht des Mondes unterschieden und vom ersten Ruf der Raubvögel erfüllt, die weit hinter mir, schon in hellerem Licht, um die Felszacken kreisten. Nun dauerte es noch etwa eine Stunde, bis die ersten Sonnenstrahlen unser Hochland erreichten; zuerst sah ich sie fern auf dem Wasser funkeln, und im Osten zeigten die Felszacken goldene Ränder in unendlich freier, weiter Höhe gegen den blaßblauen Morgenhimmel emporgereckt. Es gingen ein Glanz und eine Stille von ihnen aus, die jeden Morgen aufs neue mein Gemüt erfüllten und es bis weit in die Tagesstunden hinein begleiteten, da nichts geschah, was ihren Frieden in meiner Seele auszulöschen vermochte. Nur wer auf diese Art und unter solchen Bedingungen die Natur aufzunehmen vermag, lernt sie begreifen, denn sie erfordert, wie alles Große, unsere schrankenlose Hingabe, um sich uns voll zu offenbaren.

In dieser Stunde wartete Gong auf einem der meinem Hause nahe stehenden Bäume meistens auf einem niedrigen, dicken Ast. Die eine Hand umklammerte allerdings in der Regel für alle Fälle einen höheren Zweig, und wenn ich meine Büchse bei mir hatte, so konnte anfangs kein Zureden ihn bewegen, zu verharren. Ich weiß nicht, auf welche Art er die Bekanntschaft meiner Waffe gemacht haben kann; sicher ist, daß die Affen mich weit länger kannten und beobachtet hatten als ich sie.

Seine Gefährten flohen anfänglich in großen Scharen. Es war leicht, sie dabei zu beobachten, weil die Bäume in großen Abständen voneinander wuchsen und die Herren sich jedesmal die Mühe machen mußten, erst wieder auf den Erdboden hinabzusteigen, wenn sie weiterkommen wollten. Gong nun machte eines Tages eine Ausnahme, er blieb sitzen, als ich nahte, und ich blieb stehen, denn es war mindestens erstaunlich, daß dieser Affe sich nicht auf und davon machte. Er saß auf einem niedrigen, dicken Ast, hielt sich mit allen vier Händen fest, als ob er sich hindern wollte, schließlich doch die Flucht zu ergreifen, zitterte und sah mich mit hochgezogenen Brauen zugleich neugierig, boshaft und ängstlich an.

Ich habe nun bei Tieren immer zu erkennen geglaubt, daß sie es in der Regel erst dann böse mit uns meinen, wenn wir ihnen Anlaß dazu geben. Es mag sein, daß diese Anschauung daher kommt, daß ich in meiner Jugend niemals schlechte Erfahrungen mit Hunden, Pferden oder Katzen gemacht habe, obgleich diese Geschöpfe aus jener Zeit durchaus nicht das gleiche von mir behaupten werden; auch mag es daran liegen, daß ich mich nicht im Bewußtsein einer Überlegenheit wohlzufühlen vermag. Von allen Empfindungen, die die Geselligkeit unter andern Wesen, seien es nun Menschen oder Tiere, mit sich bringt, ist mir die der Überlegenheit am peinlichsten; ich habe immer gesehen, daß die beschränktesten Menschen sie am ergiebigsten auskosteten, wenn sich ihnen einmal Gelegenheit dazu bot. Es liegt im Wesen aller Andacht vor dem Lebendigen, daß man sich einschließt, indem man Rechte zugesteht, und sie erst dann einfordert, wenn das gemeinsame Wohlergehen unserer Leitung bedarf. Von den gewaltigen Lebensstimmen, die in der kurzen Wegstrecke des Erdendaseins unser Gemüt erschüttern, ist das Seufzen der unterdrückten Kreatur, wie die leitende und klagende Melodie in einem brausenden Orgellied, immer das Vernehmlichste gewesen, das mir zu Ohren gedrungen ist, und da ich verabscheue, Mitleid zu geben oder zu empfangen, ist mir nur der Weg geblieben, in allem Lebendigen einen meinem Leben gleichberechtigten Ausdruck der Natur zu erblikken.

Als nun Gong sitzen blieb, ohne mit seinen Gefährten zu flüchten, und ich mich ihm langsam näherte, unterschied ich deutlich in seinen Zügen die Anspannung eines, der mit Herzklopfen zwischen Angst und Neugier schwankt. Darüber aber schien ihm plötzlich einzufallen, daß es noch einen dritten Weg gab, und er schlug ihn ein und machte den Versuch, mich dadurch einzuschüchtern, daß er mir auf seine Art einen Beweis seiner Waldrechte und seiner persönlichen Bedeutung vermittelte. Er zog den Kopf tief zwischen die Schultern ein, reckte ihn darauf mit einem Ruck vor und schüttelte den Ast, auf dem er saß, durch ein energisches Schaukeln seines ganzen Körpers so wild und angreiferisch, als seine Kraft irgend zuließ. Dabei stieß er aus rund gehöhlten Lippen einen Ton hervor, der sehr schwer zu schildern ist, von dem man aber dadurch einen Begriff bekäme, wenn man einen Lampenzylinder fest an die Lippen setzte und im Brustton ergrimmter Überzeugung hineinstieße: «Großer Gott!»

Diese Erfahrung wirkte im ersten Augenblick so komisch auf mich, daß ich lachen mußte, und ich schlug auf meine Schenkel und tat es laut. Einen Augenblick schaute Gong verdutzt drein, aber dann nahm er meine Gebärde als ein Zeichen wohlwollender Annäherung und wiederholte sie, so gut er konnte. Seine Augen blieben dabei merkwürdig ernst, und seine Stirn zeigte tiefe Falten.

Wir erwiesen uns nun diesmal und künftig unser Verständnis füreinander dadurch, daß wir uns nach bestem Vermögen nachahmten, und so belustigend wir vielleicht dabei aufeinander gewirkt haben mögen, blieb mir doch eine Bekümmernis und eine leichte Melancholie im Sinn, wenn ich bedachte, wie groß und unüberbrückbar die Schranke war, die mich von Gong trennte.

Ich habe im Verlauf unserer Bekanntschaft die deutliche Beobachtung gemacht, daß Gong sich verstimmt zeigte, wenn ich einmal ausgeblieben war, und daß er sich ehrlich über meine kleinen Aufmerksamkeiten freute. Vielleicht mag ihn ein ähnlicher Gedanke bei seiner Betrachtung meiner

Person bewegt haben. Er versuchte zu lernen und zu begreifen, was irgend sich für ihn verstehen ließ, und wenn es häufig auch nur bei der äußeren Gebärde blieb, so war doch auf beiden Seiten der Wunsch erkennbar, einander näherzukommen.

Zwar ließ er mich äußerlich niemals weiter an sich herankommen als bis etwa auf fünf oder sechs Schritte. Sobald ich den Versuch machte, diesen Abstand zu verkürzen, hob er mit einem bedauernden Ablehnen die Hand und ergriff einen höheren Ast, um mir anzudeuten, welche Folgen mein Entgegenkommen haben würde.

Gong hatte im Laufe unserer Bekanntschaft alles gelernt, was sich mit den Augen von den Vornahmen eines Menschen begreifen läßt; er hat meinen Tropenhut auf dem Schädel gehabt, mein Taschentuch gebraucht, und er weiß, wozu ein Messer gut ist. Er hat meine Notizbücher durchblättert und in meiner Hängematte geschaukelt, und er verstand die Bewegungen des An- und Ausziehens eines Rockes so täuschend nachzuahmen, als sei er von alters her gewöhnt, Kleidung zu tragen.

Oft allerdings begriffen wir einander gar nicht, denn Gong wußte in seiner Sucht, mir gleich zu sein, bald kein Maß mehr zu halten, und verstimmte mich zuweilen empfindlich durch seine Nachahmungen, so daß ich mir lächerlich in meinen Bewegungen vorkam und den bestimmten Eindruck gewann, verspottet zu werden. Es mußte nun darüber nachgedacht werden, auf welche Art Gong eines Teils seiner Erziehung wieder zu entwöhnen war, denn es wurde von Tag zu Tag offenkundiger, daß sowohl er selbst wie auch seine Gefährten mich nicht mehr ernst nahmen und es an dem Respekt fehlen ließen, den ich glaubte beanspruchen zu dürfen. Die Tiere lachten geradezu, wenn ich kam. Zuweilen warteten sie morgens in Reih und Glied auf mich, um mich bei jeder Gelegenheit auszulachen. Sie stießen sich gegenseitig an, um sich aufmerksam zu machen, rieben sich vor Vergnügen die grauen Hände und schlugen sich auf die Schenkel, dabei quietschten sie in allen Tonarten, mißgönnten sich im nächsten Augenblick ein Glück, das sie einander noch vor kaum einer Minute zuerteilt hatten, und fühlten sich bei alledem auf eine Art wichtig, die auch bescheidenere Leute, als ich einer bin, ernstlich verdrossen hätte.

Ich war nirgends mehr allein, wo immer ich mich aufhielt, und selbst die Achtung vor meiner Büchse schwand von Tag zu Tag, da die Herren herausgebracht hatten, daß es mir auf Vögel und Rotwild ankam und daß das wichtige Geschlecht der Affen völlig außer Gefahr war, geschädigt zu werden. War es mir aber einmal gelungen, irgendein kleineres Tier zu erbeuten, so warteten sie, bis ich die Büchse beiseite legte, und kamen herzu, wobei sie sich gebärdeten, als hätte ich diesen Erfolg einzig ihnen zu verdanken.

Am meisten ärgerte ich mich über ihre Vergeßlichkeit. Es war schändlich, wie wichtig sie sich bei einer Sache anstellen konnten, die ihrem Gedächtnis gleich darauf entglitt, als wäre sie nie in der Welt gewesen. Jeden Augenblick fiel ihnen etwas anderes ein, und immer beanspruchten sie, in ihrer neuen Pose völlig ernst genommen zu werden. Ich kam mir schließlich so vor, als sei ich in einer fremden Stadt ein zum Amüsement der Bürger geduldeter Sonderling, und begann an meiner Tier- und Weltbetrachtung ernstlich irre zu werden.

So klagte ich Panja mein Leid. «Oh», sagte er, «die Affen! Wer wird sich mit den Affen einlassen, Sahib? Aber wenn du nur eine Heuschrecke erblickst, so wirst du schon sorgenvoll und redest sie an, und dann tust du so, als ob es dir antwortete, das Vieh. Wer aber mit Affen umgeht, hat bald den Eindruck, als sei sein eigener Schatten närrisch geworden, und den Schatten kann man nicht fangen.»

«Ich will Gong haben», antwortete ich.

Panja dachte nach. «Ich habe als Kind manchen Affen mit der Schlinge gefangen, und wenn der Affe, den du haben willst, dich kennt und kein Mißtrauen hegt, so kannst du ihn leicht fangen, wenn du ihm zuvor genau zeigst, wie man in eine Schlinge geht. Von diesem Kunststück lernt er nur die erste Hälfte, und wenn du rasch hinzuspringst, kannst du ihn greifen. Aber du mußt ihm mit der linken Hand entgegenkommen und ihn unversehens mit der rechten im Genick packen. Die alten Affen beißen, solange sie noch Hoffnung haben, entwischen zu können. Später denken sie nach und geben es auf.»

Das war ein ausgezeichneter Gedanke. Ich nahm am andern Morgen ein haltbares Hanfseil, fettete es ein, und als meine Peiniger mich empfingen, begann ich mich auf alle Arten, bald am Arm, bald am Hals, aufzuhängen, wobei ich besonders Gongs Aufmerksamkeit zu erregen suchte. Seine Gefährten zogen sich betroffen zurück, da meine Maßnahmen ihnen fremd waren, aber Gong sah mir nachdenklich zu und wurde ungemein ernst. Als ich glaubte, genügsam durch mein Beispiel gewirkt zu haben, öffnete ich die Schlinge so weit als nötig, zog mich zurück und legte mich in einiger Entfernung ins Gras, um meiner Genugtuung in aller Ruhe entgegenzusehen.

Aber Gong blieb ruhig auf seinem Ast sitzen und schaute mit hochgezogenen Brauen bald die Schlinge an, bald mich. Dann machte er sein böses, rundes Maul, stieß den Kopf gegen mich vor, sagte verächtlich: «Großer Gott!» und wandte sich ab, um die Gegend zu betrachten.

Da hörte ich Panja hinter mir lachen und beschloß, ihn sofort zu töten.

«Sahib, dieser Affe kennt die Schlinge, er kennt auch die Menschen, deshalb ist er damals so nahe herangekommen.»

«Warum lachst du?» schrie ich. «Wer hat dir erlaubt zu lachen?»

«Das muß man», sagte Panja.

Da sah auch ich es ein und lachte mit ihm zusammen.

Die grüne Wildnis des Dschungels unter mir dampfte in der Frühsonne und blieb oft bis Mittag verhüllt; ich begriff nun zuweilen schwer, wie ich es dort unten so lange Zeit ertragen hatte, jetzt, da die Klarheit der Bergluft kühl um meine Stirn wehte. Nachts kam der Panther bisweilen bis auf die Veranda des Hauses, von Hunger aus dem dürren Hügelland in unsere Nähe getrieben. Das Wild hatte sich aus der verbrannten Steppe in den

Dschungel zurückgezogen, und ich begegnete außer Schakalen bald nur noch Hyänen, wenn ich mit der Büchse aus den Waldpartien bisweilen des Nachmittags über die kahlen Berge zog. Aber immer huschten die Tiere in Abständen und außer Schußweite am Horizont dahin. Die graubraunen Schakale, die die Farbe des Bodens hatten, reizten mich oft zum Schuß, aber kaum hatten die zierlichen Köpfchen mit den hochstehenden Ohren sich gezeigt, so schien der Boden sie auch schon wieder verschlungen zu haben.

Nahe bevor wir abreisten, schoß ich meinen ersten Panther. Es war in einer klaren Mondnacht, als ich hörte, wie Panja in mein Zimmer drang und mich rief. Hinter ihm stand Pascha still und steil im Mond, von unten her ein wenig vom Schein des Feuers beleuchtet, das nur schwach am Boden des Vorplatzes brannte.

«Sahib», sagte Panja, «der Panther ist so hungrig, daß er Feuer frißt; wir können ihn nicht vertreiben und keinen Schlaf finden.»

Mir war die Nachricht willkommen, ich nahm die Büchse und befahl Panja, das Feuer zu löschen. Die Träger waren unterwegs in die Niederungen, um Reis und Geflügel zu kaufen, und wurden nicht vor Ablauf des kommenden Tages zurückerwartet. Ich lud beide Läufe mit Kugeln und legte den Revolver neben mich. Das Fenster enthielt keine Scheiben, sondern war nur mit dicken Holzstäben versehen, die Panja zum Teil erneuert hatte, die aber einem energischen Eingriff keineswegs standgehalten hätten. Ich stellte mich in den Mondschatten, und wir warteten.

Pascha legte sich im Winkel des Raumes zum Schlafen nieder, und ich hörte ihn nach kurzer Zeit schnarchen; Panja dagegen blieb dicht an meiner Seite, nachdem er sich mit dem längsten Messer bewaffnet hatte, das unser Lagerbestand aufwies, und mit einer Wegaxt. Er schüttelte sie wie ein Indianerhäuptling und grinste vor Aufregung, dann begann er das Meckern einer Ziege so täuschend nachzuahmen, daß mir zum erstenmal mit ganzer Klarheit vor Augen trat, daß wir hier das große Raubtier erwarteten.

Es war vielleicht eine Stunde vergangen, und ich begann bereits die Geduld zu verlieren, als plötzlich unter meinen Augen, jenseits des Fensterbretts, das Mondlicht erlosch. Ich dachte zuerst an alles andere, merkwürdigerweise nur nicht an den Panther, zumal sich nichts mehr rührte, weil das Tier mit seinem letzten Schritt Witterung von uns bekommen haben mußte. Und nun erkannte ich die große Katze unmittelbar vor mir, niedriger zwar, als sie in meiner Vorstellung lebte, und merkwürdig farblos, aber ich unterschied deutlich die geschmeidige Belebtheit der schönen Rückenlinie und den herrlichen Katzenkopf, der mir mit halb geöffnetem Rachen zugekehrt war.

In diesem Augenblick brach ein Geräusch aus den zurückgezogenen Lippen hervor, das mein Blut erstarren machte; es war ein fauchendes Schnarchen, überlaut und von einem Zorn und einer Angst hervorgestoßen, die den Willen bannten. Ich erinnerte mich, dieses häßliche und zugleich so überwältigende Fauchen in meiner Kindheit im Tiergarten am Käfig des Tigers gehört zu haben, wenn der Wärter nahe an den Stäben vorüberschritt. Nun trennte mich allerdings auch in diesem Augenblick ein Gitterwerk von dem Raubtier, aber der Grimm dieser Stimme erweckte die Vorstellung einer so unmittelbaren Nähe, daß auch die stärksten Eisenstäbe kein Vertrauen eingeflößt hätten.

Ich entsinne mich nicht mehr, ob ich die Büchse im Anschlag hatte oder ob ich sie emporriß, jedenfalls zielte ich, ohne das geringste Zutrauen zur Wirkung meines Geschosses, zwischen die Augen, die ich deutlich unterschied, wobei ich mich mehr auf die natürliche Fähigkeit der Arme verließ, dem Lauf die notwendige Richtung zu geben, als auf das Visier, und drückte, wahrscheinlich viel zu rasch, beide Läufe ab.

Ich hörte ein Geräusch am Boden, als spränge das Tier in diesem Augenblick vom Hausdach herunter vor mich hin, gleich darauf zerkrachte wie ein Zündholz einer der Fensterstäbe unter einem furchtbaren Tatzenhieb. Dann wurde es ruhig vor mir und leer, wir hörten den rollenden Widerhall der Schüsse von den Bergen her, sie polterten bellend von Felswand zu Felswand, rollten durch die Täler und verhallten endlich fern in der Mondnacht wie zwei gehetzte, klagende Brüder auf der Flucht.

Die erste deutliche Empfindung, die mich zu mir brachte, war das Schmerzen meiner Hand, mit der ich den Revolver so fest umklammerte, als ob ich mit dem ganzen Körper daran hinge. Ich erinnerte mich nicht mehr, ihn ergriffen zu haben, lokkerte aber nun aufatmend die Finger und gewahrte, daß ich am ganzen Körper zitterte wie im Frost. Ich habe später in Kanara und in Maisor noch manchen Panther erlegt, auf Reisfeldern, in Bäumen auf der Lauer liegend und in Felsschluchten, aber nie wieder durchschüttelte mich, selbst bei weit größerer Gefahr, ein annähernd so starkes Fieber des Entsetzens und der Hilflosigkeit. Ein unzulänglicher Schutz ist oft bei weitem beängstigender als die volle Gewißheit einer schrankenlos wirkenden Gefahr, und nicht nur, wenn es sich um einen Panther handelt. Es mag hinzukommen, daß es in der Tat überwältigend ist, plötzlich zum erstenmal dieser großen Katze Auge in Auge gegenüberzustehen, deren Ankündigung aus geheimnisvoller Nachtfinsternis man monatelang vernommen hat und aus der die Phantasie in unablässiger Beschäftigung ein bei weitem schlimmeres Fabelwesen erschaffen hat, als der Panther es in Wirklichkeit ist.

Er ist im Grunde sehr scheu und fällt fast niemals Menschen an, selbst Kinder nicht, wenn ihn nicht die äußerste Not des Hungers oder die Bedrängnisse der Treibjagd nötigen. Im gesättigten Zustande weicht er stets der Begegnung mit dem Menschen aus, und er mordet nicht mehr, als zur Erhaltung seines Daseins erforderlich ist. Alle Hirten, die mir in Malabar vom Tiger oder vom Panther erzählt haben, stimmten in ihrer Erfahrung darin überein, daß diese Katzen sich mit dem begnügen, was sie brauchen; unter gewöhnlichen Verhältnissen nimmt der Panther eine Ziege aus der Herde, schleppt sie davon, sättigt sich und überläßt die Reste seiner Beute neidlos den Hyänen, die fast immer in seiner Gefolgschaft zu finden sind und die er nur dann angreift, wenn der äußerste Hunger ihn nötigt.

Vom Tiger gibt es vielerlei widersprechende Geschichten, die aber alle mit großer Vorsicht aufgenommen sein wollen, denn die abergläubische Furcht der Hindus vor dem Tiger ist so groß, daß kaum einer noch in der Lage ist, zwischen Tatsachen und allegorischen Erfindungen zu unterscheiden. Das Grauen der Eingeborenen vor dem Tiger ist so nachhaltig, daß sich in vielen Provinzen der Begriff des Bösen, des Satans, im Namen mit dem dieses Raubtiers deckt, eine Tatsache, die nur verständlich ist, wenn man die unerhörte Überlegenheit des Tigers über die dortigen Menschen kennt, die fast alle ohne Waffen sind und deren Laubhütten keinen genügenden Schutz gegen einen nächtlichen Überfall bieten. Von vielen Sagen beruht jedenfalls die auf Wahrheit, daß Tiger, welche den Genuß des Menschenfleisches kennen, selten noch andere Nahrung zu sich nehmen, und solche Exemplare können dem Lande ein außerordentlicher Schrecken werden. –

Wir fanden den erlegten Panther in der Morgendämmerung in den Aloen. Der Boden umher war zerwühlt und im Todeskampf aufgerissen worden, aber das große Tier lag jetzt ruhig, fast friedlich da, ohne Entstellung und ohne Spuren eines Todeskampfs. Ich fand nur den Weg der einen Kugel, die hinter dem Ohr in den Nacken gedrungen war und den Wirbel zerschmettert hatte. Die Augen waren geschlossen, was man sehr selten bei einem erlegten Tier findet, und das schön geschnittene Maul, in einem wehmütigen und beinahe zärtlichen

Ernst, war ein klein wenig geöffnet, wie von einem letzten Todesseufzer bewegt.

Seltsam harmonisch, fremdartig und zugleich im Sinn dieses Landes vertraut und notwendig, hoben sich die stachligen blaugrünen Blätter der Aloestauden von der gelben Färbung des Fells ab. Ich vergesse diesen Anblick niemals, der sich mir so entscheidend in die Seele einprägte, als erfaßte ich zu dieser Stunde zum erstenmal mit ganzer Inbrunst den unnennbaren Begriff Indien, den der Pinsel keines Malers und das Wort keines Dichters in seiner ganzen Fülle und Eigenart zu vermitteln vermögen.

Panja war den ganzen Morgen über schweigsam; ein mächtiger Herr der Berge war gestorben. Ich trug mich den Tag hindurch mit eigenartigen Gedanken, und zuweilen war mir zumute, als sei eine arge und sinnlose Willkür geschehen, als habe ich einen Eingriff in die Pracht und Mannigfaltigkeit der Schöpfung getan, die mit dem Aussterben der großen Katzen in Indien langsam um ihre vollkommensten Resultate geschmälert wird.

ACHTES KAPITEL

Am Thron der Sonne

Nachts, wenn ich nicht einschlafen konnte, weil das Mondlicht wie das wahrsagerische Gespenst einer ewigen Todeskühle an den zerbröckelten Mauern entlang geisterte, die mich vor den Gefahren der Außenwelt schirmten, erwachte in meiner Brust der Wunsch, jene Höhen zu erreichen, auf denen des Morgens das rote Gold der aufgehenden Sonne leuchtete. Es verlangte mich danach, von jener kühlen, hohen Ruhe aus auf das indische Land jenseits der Berge hinabzusehen und angesichts der unermeßlichen hügeligen Weite meine Gedanken noch einmal durch jene Tage zu führen, die ich durchlebt hatte, bevor ich in Cannanore angelangt war.

Panja riß die Augen auf, als ich mit meinen neuen Plänen herausrückte. Er stampfte den Wasserkessel in das Feuer, daß die Funken stoben, und betrachtete mich eine Weile auf jene Art, die Leute an den Tag zu legen pflegen, die aus lauter Hoffnungslosigkeit, jemals überzeugen zu können, am Rande der Verzweiflung angelangt sind und die doch darüber ihren Wunsch zu überzeugen nicht verbergen können.

Als ich meinen Lebensretter so erblickte, im Augenblick aber mehr Verlangen nach dem Tee als eben nach seinem Verständnis trug, mußte ich für eine kurze Weile an eine Schulstunde zurückdenken, in der mir von einem ähnlich ergriffenen Männerangesicht zugemutet wurde, Pythagoras dadurch gleichzusein, daß ich ihn begriff. Auch dort erstickte ein bedauernswerter Zorn in der Hochflut anschwellender Ohnmacht, und sprachlos gewordene Verachtung sagte mir an bösem Lebensgeschick weit mehr voraus, als ein vereinzeltes Gemüt mit leisem Hang zum Grübeln ertragen kann.

«Du siehst aus wie Professor Stolzenburg», sagte ich zu Panja, denn ich halte dafür, daß man böse Gedanken guten Leuten gegenüber am besten offen ausspricht, damit sich ein Weg zum Ausgleich mit gemeinsamen Kräften suchen läßt. Hätte ich das nur in der Schule auch schon gewußt, vielleicht hätte der gestrenge Verbitterer so mancher meiner Morgenstunden zwischen zehn und elf Uhr mit sich reden lassen.

Panja verschmähte es, der Bedeutung meines Vergleichs nachzuforschen, er sagte nach einer Weile resigniert: «Nun, es ist ja gleichgültig, Sahib, ob wir hier oder dort im Wasser umkommen.»

Das befestigte meinen Beschluß aufs neue, denn wie alle leichtsinnig und zugleich eigensinnig veranlagten Naturen habe ich oft dem Hang in mir nachgegeben, jede Latte, die mir zwischen die Füße geworfen worden ist, als Sprungbrett zu benutzen. Man muß allerdings springen können, um derlei wagen zu dürfen, das ist wahr, und dieses «Springen-Können» ist im Grund nichts anderes als das, was die Menschen in der Regel «Glück haben» nennen. Glück haben gibt es nicht. Das sogenannte

Glück ist so eng mit Geschicklichkeit verbunden wie Unglück mit Ungeschick, und diese Wahrheit bezieht sich durchaus nicht einzig auf äußere Vorgänge, auch das Unglück der Seele ist zuletzt Ungeschick, wenn auch in einem weit höheren Sinn, der sein Recht in der Gesetzmäßigkeit des Weltwesens findet.

Ich habe das Panja damals nicht gesagt; er lief hin und her und hantierte dergestalt mit den Gegenständen, daß man deutlich wahrnehmen konnte, daß keine Zweckmäßigkeit mit seinem Eifer verbunden war. Es ist merkwürdig, daß Leute, die ärgerlich geworden sind, so oft dazu neigen, leichtere Gegenstände von einem Platz auf den anderen zu stellen, und dann mitunter sogar wieder von dem neuen Platz auf den alten zurück. Offenbar liegt es daran, daß ihre Gedanken mit den Entschlüssen ähnlich verfahren und daß ein heimlicher Hang existiert, den Körper und die Seele möglichst im Einklang miteinander zu erhalten.

Ich erinnerte mich bei Panjas nutzloser Beschäftigung meines Vaters, wenn er aus irgendeinem Grunde zum Ausdruck brachte, daß seine Weltanschauung sich nicht mit der meinen deckte. Leider geschah dies gewöhnlich bei den Mittagsmahlzeiten, denn sonst vermied ich es nach Kräften, ihm ohne Grund längere Zeit ruhig gegenüberzusitzen, und dann sah ich, wie das Messer oder die Gabel, auch das Salzfaß oder der Serviettenring, bald an die rechte, bald an die linke Seite des Tellers wanderten. Leider hatten wir damals Messerschärfer aus Schmirgelstein in Gebrauch, runde schwarze Stäbe von der Länge eines mäßigen Spargels und mit einem polierten Handgriff aus Hartholz. Wenn zufällig eine besonders wichtige Meinungsäußerung meines Vaters mit dem Transport dieses nützlichen Gegenstandes zusammenfiel, so geschah es in der Regel, daß der Schmirgelstein zerbrach, denn seine Überlegenheit, selbst dem besten Stahl gegenüber, bewährte sich nicht im Kampf mit der Tischplatte.

Dies erhöhte den Verdruß meines Vaters bis an die Grenze bedenklicher Einseitigkeit und zog die Laune meiner Mutter in Mitleidenschaft, während es meist meinem Selbstbewußtsein einen erheblichen Aufschwung verlieh und mir nicht ohne Berechtigung den Gedanken beibrachte, daß mein Charakter in den Augen meines Vaters um vieles milder angesehen würde, wenn wir Messerschärfer aus gerilltem Stahl in Gebrauch nähmen.

So sagte ich denn Panja meine Ansicht über Messerschärfer, und dieser unerwartete Ausbruch meiner Überzeugung brachte ihn so weit zur Besinnung, daß ich Tee bekam.

Er trank mit, wie gewöhnlich, hockte mir gegenüber in der Morgensonne und rückte melancholisch an seinem Turban. Außer ihm trug er nun schon seit Wochen nicht mehr als ein schmales Lendentuch, aber auf seinen schweren Turban verzichtete er selbst in der größten Hitze nicht.

Es ist wirklich recht merkwürdig mit diesem Panja gewesen; je entschiedener sein Widerspruch oft zu Anfang war, um so lebhafter wurde sein Eifer für gewöhnlich von dem Augenblick an, in dem er merkte, daß ich nicht umzustimmen war. In beidem erkannte ich die ehrliche Besorgnis seiner

Neigung, und ich erinnere mich seiner niemals ohne den Kummer über einen der größten Verluste meines Lebens. Die Harmonie unseres Verhältnisses mag im Grunde auf seiner Gewißheit beruht haben, daß die Überlegenheit meiner Rasse mit der Unerschütterlichkeit eines Naturgesetzes feststand. Das nahm seinem Wesen jede Devotion im niedrigen Sinn und machte seine Ergebenheit durch eine Demut würdig, die beinahe einen Einschlag von Religiosität hatte. Heute bebaut er in Malabar die Reisfelder am Purrha, jenem beschatteten Landstrich am Palmenwald, auf dem die Hütte seines Vaters stand und den er aufgeben mußte, um in der Fremde zu dienen, weil seine Brüder den Verlockungen der großen Städte in Verschwendung erlegen waren. Der Rückkauf dieses Stückchens Land war meine letzte Gabe an ihn, und es bedrückt mich, daß ich ihm niemals die Gewißheit habe verschaffen können, daß seine Gaben an mich reichere und unvergänglichere Geschenke gewesen sind.

Als der Tee getrunken war, sagte er wütend: «Aber Pascha bleibt hier.» Er tat immer noch so, als wäre an diese Reise auf keinen Fall zu denken, und wahrscheinlich meinte er deshalb nach einer Weile: «Es sind drei Tage oder Nächte für den Aufstieg nötig, aber in der halben Zeit steigen wir ab. Hast du etwa geglaubt, wir brauchten länger?»

Ich hatte es nicht geglaubt.

Panja sah hinauf zu den Gipfeln. Oben flutete alles in Licht, ein nie gesehener Glanz verklärte die einsame Ruhe, die kreisenden Adler schimmerten, als wären sie aus Gold.

«Alle Träume bleiben lange leicht von der Frische der Höhen», sagte er versunken.

«Panja, höre, nur wer die Schönheit der Erde lieben gelernt hat, hat die Erde in seinen kurzen Lebenstagen wahrhaft beherrscht. In diesem Sinn ist sie uns von Gott gegeben, so hat er es mit uns gemeint, als er sie uns gab.»

Panja lächelte kindlich; in solchen Augenblicken hätte ich ihn in die Arme schließen können. «Dir wird nichts geschehen, Herr», sagte er still und wie zu sich selbst.

Ich weiß nicht, ob er bei solcher Zuversicht an Gottes Hilfe glaubte oder an seine, gewiß ist, daß ich selten im Leben wieder durch eines Menschen Nähe so glücklich geworden bin wie durch die seine. Durch nichts vermag ein Mensch uns seine eigenen Kräfte besser zur Verfügung zu stellen, als indem er die unseren glaubt.

So wagten wir vor Anbruch des kommenden Tages den Aufstieg zu zweien, noch als die Nacht umher herrschte und über den blauen Zelten der Berge vor uns die Sterne leuchteten. Wir schritten im spärlichen Gesang der Grillen durch dürres Steppengras unter den hohen Latambäumen dahin, die in weiten Abständen voneinander standen. Zuweilen schalt über unseren Köpfen ein Affe, den unser Tritt geweckt hatte, oder ein Vogel flog auf mit einem lauten Warnruf, der unser Nahen der ahnungslosen Natur verkündete, die an diesen Stätten wohl seit undenkbar langer Zeit der Fuß keines Menschen betreten hatte. Es war kühl und still; Panja sprach nicht, und ich schritt im Traumbann einer so tiefen Einsamkeit dahin, daß mir zuweilen war, als sähe ich wie ein fremder Dritter uns kleine zwei durch die riesenhaften graugrünen Wogen der Hügellandschaft dahinschreiten, im Dämmerlicht unter den Bäumen und Sternen.

Es war unvorsichtig genug, daß wir den Weg ohne Fackeln machten, denn am Morgen ist in dieser Jahreszeit der Panther am kühnsten, wenn er nach vergeblichem nächtlichen Raubzug durch die Dämmerung schweift. Aber es war so hell unter den Sternen, daß wir das Land weithin übersahen, und ich trug die Büchse in der Hand. Panja schritt schweigend neben mir dahin, leichten Tritts und mit erhobenen Augen; Kraft und Freude gingen von ihm aus, und ich empfand ihn als allen Lebewesen seines Landes zugehörig, und die Harmonie seiner Seele teilte sich mir mit, als sei auch ich in der Heimat.

Plötzlich begann er leise zu singen, immer die Augen auf die Höhen gerichtet und so versunken in sich selbst, als schritte er allein durch das Land. Seine gedämpfte Stimme erinnerte mich, wie auch der eintönige Rhythmus seines Liedes, an den Singsang der Priester, deren Tempel in Cannanore hinter dem Garten meines Hauses im Grünen lag, und jählings war ich aus der freien Höhe und aus der kühlen Luft in die tropische Niederung versetzt, so daß mir war, als schlügen die schwülen Dämpfe des leidenschaftlichen Wachstums über mir zusammen.

Als ich nach einer Weile die Blicke hob, nachdem wir die letzten Baumbestände durchschritten hatten, erschrak ich vor einer zackigen flammendroten Lichtlinie, die den Himmel vor uns hoch oben in waagerechter Richtung zerteilte. Totenstill und wie aus Farbe zog sich dies rote Band längs des Gebirgskamms dahin, hinter den Höhen war die Sonne aufgegangen. Ich wandte mich erschüttert um und sah hinter mir das Land unter dem besternten Dämmerblau der sinkenden Nacht, fern auf dem Meer regte sich ein matter Silberglanz. Wie zwischen zwei Himmeln aus Blut und Silber pochte mein entzücktes Herz seinen Lebensschlag auf den weiten grünbraunen Wellen der Erde, unendlich klein und doch die beseligte Quelle meiner unfaßbaren Daseinsfreude. Panja warf sich auf die Knie und verbarg sein Gesicht in den Händen. –

Eine Stunde, nachdem die Sonne über die Bergzinnen schaute, hörten die Bäume fast ganz auf. Wohl sahen wir, sobald wir eine Höhe erklommen hatten, zur Rechten oder Linken die dunklen Mauern großer Wälder in der Ferne, aber bald wurde uns der Ausblick erschwert, da wir in einer Schlucht, im Bett eines eingetrockneten Gebirgsbaches, aufwärts klommen. Einen der Berggipfel ersteigen zu können, stellte sich bei der Art unserer mangelhaften Ausrüstung bald als unausführbar heraus, und so schlug Panja den Versuch vor, einen der nächstliegenden Pässe zu besteigen. Wir konnten fast den ganzen Morgen hindurch marschieren, denn die Luft war kühl und von einer Durchsichtigkeit, gegen die ein wolkenloser deutscher Sommertag wie in Nebel gehüllt wirkt. Panjas Fröhlichkeit erleichterte mir jede Strapaze; er lachte oft ohne allen erkennbaren Grund, nur aus Überfluß von Daseinskraft und glücklich über die Tatsache, in der von himmlischem Blau überdachten Welt da zu sein.

Als wir gegen Mittag, um vieles höher, im Schatten eines Felsens Rast machten und Panja unser Mahl zubereitete, schreckte in nicht allzu weiter Entfernung ein dumpfer, anwachsender Donner mich auf. Panja sprang empor und spähte mit geschützten Augen in die flimmernden Steppenwogen.

«Die Büffel», rief er. «Sieh die Wolke, die sich den Hang niederwälzt.»

Es war das erstemal, daß ich aus so unmittelbarer Nähe eine Büffelherde gewahrte. Sie rollte wie eine dunkle Lawine dahin, und der Erdboden dröhnte. Nur für kurz unterschied ich im Vordergrunde einen oder den andern der schwergehörnten schwarzen Köpfe, den Glanz der großen Augen und den Fall der Mähnen. Ich schoß nicht, da Panja mir erregt in den Arm fiel, als ich die Büchse emporhob, und später erklärte er mir, daß es vorgekommen sei, daß der leitende Stier, durch einen Angriff in Schrecken und Wut versetzt, plötzlich die Richtung geändert und gerade auf das Hindernis zu genommen habe. Zwar hätten wir einen Schutz auf den Felsen gefunden, aber wenn unsere Flucht uns mißlungen wäre, so würden wir zerstampft worden sein, da die ganze Herde dem Stier folge.

«Die Büffel kämpfen mit dem Tiger», erzählte mir Panja; «selbst die gezähmten fürchten ihn nicht, und wenn du mit ihnen das Reisfeld bestellst, so wird der Tiger sich hüten, euch anzugreifen. Der Büffel spürt ihn eher als du, und es wird dir nicht gelingen, ihn von seinem Standort zu verdrängen, denn er wendet sich genau dem Tiger zu, wie eine Fahne, die du gegen den Wind trägst. Wenn der Tiger den Sprung wagt, so endet er auf den Hörnern, und du bist in Sicherheit, solange du dich hinter dein Tier stellst.»

Die Staubwolke verrauchte im tieferen Gelände, und die klare Luft war wieder still.

Ich schlief kurz nach diesem Vorfall ein, ohne Nahrung zu mir genommen zu haben, und Panja weckte mich nicht, denn er kannte die ermüdende und gefährliche Kraft der Sonne, deren Strahlen auf den Berghöhen nicht anders wirken als im Tal, obgleich die Kühle darüber forttäuschen kann. So gilt es in den Bergen, fast mehr noch als im Tal, den Kopf und die Schläfen nicht ungeschützt zu lassen; die Sonne hat viele tödlich getroffen, die ihre Macht in diesen kälteren Regionen nicht geglaubt oder vergessen haben. Mein Korkhelm drückte mich auch keineswegs sonderlich, im Gegenteil, er wurde von Tag zu Tag leichter, weil eine Schar mottenartiger Parasiten von ihm Besitz ergriffen hatte und ihn zugleich bebaute und verzehrte. Bisweilen rieselte ein feines Korkmehl nieder, wie ein liebevoller Beweis der Natur, daß sie keinen Menschen in völliger Vereinsamung seinen Weg machen läßt. Panja war bereits mit allerlei Mitteln gegen diese Tiere ins Feld gezogen, aber sie verließen sich auf mich und vermehrten sich um so leidenschaftlicher, je mehr Panja sie unterdrückte. –

So geschah es mir, daß ich bald darauf von einem hohen Paß aus einen Blick in das weite indische Land hinab gewann, das ich vor meiner Zeit in

Kanara durchreist hatte. Die ungeheure Hügellandschaft erstreckte sich, wie von Urzeiten her gelagert, ohne ein Anzeichen menschlichen Werks, und wie die riesenhaften Wogen eines Meeres, das mitten im Sturm in Erstarrung geraten war. Die Ebene in weiter Ferne schimmerte lichtgrau und wie die Oberfläche eines gewaltigen Sees, ich glaubte winzige Spitzen und Türmchen in ihr zu erkennen, deren Silhouetten nicht anders gegen den Himmel abstachen, als sei der Horizont mit feinem Stacheldraht umzäunt.

Wir blieben den Tag über auf der Paßhöhe, unter dem Dach eines schräg gesunkenen Felsens gegen die Strahlen der Sonne geschützt, und durch die unbeschreibliche Stille der Höhe zogen die Gestalten meiner Erinnerung wie in der Stunde eines Abschieds unter dem Lied der Adler noch einmal durch meinen Sinn. Geister kamen aus dem Blau zu meinem Geist, Dahingesunkene drangen in die Bewußtseinswelt des noch Verweilenden ein, Brüder und Gegner in Gesinnung, Hoffnung und Schicksal, Freunde und Feinde in der Welt der Lust und Trübsal und des raschen Todes.

Auf jedem Erdteil hat der Tod ein anderes Angesicht; nirgends sind seine Züge feierlicher als bei uns in Europa, ich habe ein wenig verlernt, seine pathetische Sonntagsgebärde meiner Heimat zu überschätzen. Es hat noch niemand dem Gespenst der Willkür sein Schauriges dadurch genommen, daß er es heiligsprach; sicherlich ist die schwerfällig romantische Auffassung vom Tode, die in Europa herrscht, eine Folge der Einwirkung der Kirche, die die Tatsache des Todes so sehr in den Bereich des Ungeheuerlichen gerückt hat, um aus ihrer Einwirkung einen Teil ihrer Autorität zu gewinnen. Uns ist das Sterben in der Vorstellung so schwer gemacht, daß sicherlich ein gut Teil Gerechter und Ungerechter beim Tode auf das angenehmste enttäuscht sein wird.

Sterben ist Pflicht, wie auch das Leben. Es wird ein jeder so leicht oder so schwer sterben, als seiner Natur das Leben geworden ist, und wer das eine verstanden hat, wird auch das andere können. Die Menschen Indiens sterben leichter, selbstverständlicher und gewissermaßen unauffälliger als wir, sie überlassen der Gottheit die Sorge für ihr künftiges Ergehen und werden den Gedanken schwer erfassen lernen, daß sie selbst in letzter Stunde für einen geordneten Abzug verantwortlich sein sollten. Diese Auffassung, die christlich genannt wird, entstammt auch keineswegs der Überzeugung des unschuldigen Begründers unserer Kirche, sondern vielmehr der berechnenden Klugheit ihrer Verwalter.

Langsam zog die Sonne ihren strahlenden Bogen, und das Land wechselte in ihrem Schein. Wann wieder sollen Tage für mich kommen, die in so großer Stille dahingehen, dem Gedanken und der Erinnerung geweiht, durchklungen vom Kampfruf der Adler? Während ich hinabschaute ins Land, bald umwunden vom schwermütigen Weinlaub des Traums, das glühte von Licht, bald in wunderbare Klarheit des Äthers getaucht, durchlebte ich noch einmal so manches, das ich gesehen und erfahren hatte, als ich das Land zu meinen Füßen durchzog.

Gegen Nordosten mußte Bitschapur liegen, die alte Königsstadt, aus deren Schlösserruinen sich die mächtige Halbkuppel erhob, die einst ein mohammedanischer Fürst erbaut und ganz mit Gold hatte ausschlagen lassen. Sie war gegen die aufgehende Sonne geöffnet, deren Licht sich in tausendfachem Glanz darin brach, so daß kein Auge hineinzuschauen vermochte, ohne geblendet zu werden. Mitten im Herzen dieser Kuppel, unter dem gewölbten Golddach, waren die beiden Thronsessel des Maharadscha und des Maharadscha Khunwar, des Königssohns, aufgestellt, und in dem zornigen Strahlengefunkel, das das Feuer der Morgensonne millionenfach widerspiegelte, empfing der König seine Gäste. So dienten das kostbare Blut seiner Berge und das Himmelslicht des neuen Tages seiner Herrlichkeit, und die bestürzten Freunde seines Reichs, die im Augenblick des Sonnenaufgangs vor seinen Thron geführt wurden, hörten den Gruß des Fürsten aus einem Glanz erklingen, der ihre Augen schloß und die Knie zu Boden zwang. Es mag gewesen sein, als dienten Himmel und Erde einem Allmächtigen, um seine Hoheit unfaßbar zu machen. Zwischen jener Goldkuppel und dem Marmorplateau, auf welches die Ankömmlinge geführt wurden, war ein tief gelegener Garten voll blühender Blumen, wie sie sich in Duft und Pracht nur dem tropischen Himmel öffnen, und die Wohlgerüche ihrer Kelche gesellten sich dem Glanze zu.

Der prachtliebende Sultan fiel von der Hand eines stärkeren Königs, der von Norden kam und die Stadt zerstörte. Ihre Tore waren bis an die runden

Bogen der Gewölbe mit Toten angefüllt, und die Zähne des gefallenen Herrn der Stadt konnten nicht aus dem elfenbeinernen Griff seines Säbels gelöst werden, den er, zerfetzten Leibes, den Feinden nicht hatte überlassen wollen. So ist er unter einem Berg seiner gefallenen Getreuen gefunden worden, und die Sage erzählt, daß er auch so bestattet worden sei unter dem gewaltigen Kuppelbau, den er sich selbst, wie alle Fürsten jener Zeit, zu seinen Lebzeiten hat erbauen lassen. Diese riesenhaften Grabdenkmäler der Stadt überragen noch heute das Trümmerfeld von Bitschapur, sie erinnern in ihrer Bauart und Größe an Moscheen, auch wird in einigen noch Gottesdienst gehalten, oder sie locken Tausende von mohammedanischen Pilgern als Wallfahrtsort aus weiter Umgebung in die heilige Stadt der großen Toten. Man erblickt in diesen Bauten seltene Steinblöcke eingefügt, deren Entstammung bis heute nicht hat aufgeklärt werden können, besonders als Grabsteine sind hier und da schwarze, basaltartige Felsstücke verwendet worden, deren Beschaffenheit die Gelehrten sich nur dadurch erklären können, daß sie sie unter die Meteorsteine einreihen.

Die größte dieser Kapellen ist von einer Kuppel gedeckt, von deren Galerie der schwindelnde Blick unter sich die beiden Grabsteine klein wie Streichholzschächtelchen erblickt, und das Auge ist nicht in der Lage, einen Menschen von Angesicht zu erkennen, der sich ihm gegenüber auf derselben Galerie befindet, wohl aber versteht er das leiseste Wörtlein, das drüben im Flüsterton, gegen die Wand gesprochen, fällt, da das Kreisrund des

Steingefüges auf wunderbare Art den Schall bewahrt und deutlich herumträgt. Man erzählt, daß der Sultan auf solche Art die Ergebenheit seiner Minister, die Treue seiner Gäste und die Neigung seiner Frauen erprobte, von denen er die einen oder anderen mit ihren Vertrauten auf diese Galerie führte und sich, nach herausfordernden Worten, wie zufällig von ihnen trennte, um dann Wort für Wort ihre Gedanken am verräterisch erklingenden Kreisrund der Galerie zu erlauschen. In banger Ehrfurcht vor diesem Wunder zittert das Volk noch heute in der Erinnerung an die geheimnisvolle Macht des Toten.

In einem dieser Dome, fast dem größten, fand ich statt der gewohnten zwei Grabsteine, die die Leiber des Königs und der Königin bergen und den einzigen Inhalt der Gebäude darstellen, deren drei und erfuhr die Geschichte dieser seltsamen Ausnahme, in der die Geliebte des Königs neben ihm und seiner rechtmäßigen Gattin, der Mutter des Königssohnes, beigesetzt worden ist. Es geschieht sonst in keinem Fall, da nur die Favoritin, die den Erben des Reiches geboren hat, im Tode neben dem Sultan ruht; seine übrigen Frauen bleiben rechtlos sowie auch deren Kinder, so ausgiebig sie ihre Macht und ihren Einfluß im Leben angewandt oder mißbraucht haben mögen. Aber die Geschichte erzählt, daß der König diese junge Gefährtin seines Alters zärtlich liebte, und als er aus einem Kriegszug heimkehrte, gelang es den Intrigen der Benachteiligten, Mißtrauen gegen ihre Treue in sein Herz zu säen.

Sie beschwor ihre Unschuld, aber die falschen

Beweise überzeugten den König gegen seinen Glauben. Jedoch im Zwiespalt seiner Empfindungen mag er auf den Gedanken gekommen sein, ein Gericht Gottes über Schuld und Unschuld der jungen Frau entscheiden zu lassen. Er führte sie auf die hohe Galerie seiner vollendeten Grabkirche, über deren niedriges Steingeländer hinab dem Blick das Gefüge der großen Steinquadern des Bodens klein wie die Musterung eines Schachbretts erscheint, und befahl ihr hinabzuspringen. Die Luft verfing sich während des Falls in ihren weiten Gewändern, und sie langte unversehrt in der Tiefe an, grüßte hinauf zu ihrem Herrn, der ihr mißtraut hatte, und tötete sich mit einem kleinen Dolch, der noch heute in der Gegend ihres Herzens hockt. Das Volk nennt sie «die Fremde», ihr Grabstein wird mit heimlicher Scheu erwähnt; es mag dies seinen Grund darin haben, daß ihr freiwilliger Tod nach erwiesenem Recht dem Geist der orientalischen Weltbetrachtung wunderbar und unerklärlich erscheint.

Der König fiel in Schwermut, und der Gram seiner Reue soll oft in große Grausamkeit umgeschlagen sein, seine Rachsucht ist furchtbar gewesen und erst durch den Tod gestillt worden. Man erzählt, daß er seit jenem Tage, nachdem die Verleumder eines gräßlichen Todes gestorben waren, allmorgendlich die Schärfe seines krummen Säbels im nackten Rücken des Sklaven prüfte, der ihm den Steigbügel seines Pferdes hielt. Sein Bildnis, das Händler der Stadt in kunstvollen bunten Kopien aus Wasserfarbe feilbieten, zeigt ihn auf einem hohen Samtkissen hockend, das Schwert über den

Knien und den Blick unter dem roten, mit Edelsteinen geschmückten Turban starr und erkaltet in die Weite gerichtet.

Seltsam genug meldet die Kunde von ihm, daß er, obgleich er niemals in Berührung mit seinem Volke gekommen sei und sein Anblick Entsetzen verbreitete, auch kein Mädchen seines Landes vor ihm sicher war, doch zugleich geliebt worden wäre wie kein anderer Fürst vor oder nach ihm. Seine Krieger sollen für ihn in den Tod gegangen sein, als spräche die Sterbenspflicht unter seinem Willen ihre Seelen für alle Ewigkeit frei, und seine Widersacher verfielen der Volkswut. Es ist dies ein neuer Beweis dafür, wie wenig die Volkstümlichkeit eines regierenden Fürsten mit seinen guten Eigenschaften zu tun hat und daß kein Irrtum größer ist als der, daß die Liebe der Untertanen und die Nahbarkeit des Herrschers Hand in Hand gehen.

Als ich Bitschapur sah, lag die Stadt voll Toter. Wir kamen in der Morgenfrühe auf Pferden an, ohne Kunde davon erhalten zu haben, daß die Pest in so furchtbarer Weise in der Stadt wütete. Als wir nahe vor den Toren waren, wies mein Begleiter auf die Hügel im Umkreis der Stadt, die mit Zelten bedeckt waren, und riet zur Umkehr, aber es bot sich uns keine Möglichkeit dazu, da es uns an Wasser und Nahrung gebrach.

Die Lager auf den Höhen unterrichteten uns darüber, daß die Bewohner aus der Stadt geflüchtet waren, und so fanden wir nur Tote im Bereich der herrlichen Ruinen. Die Pferde zitterten, als uns der erste, widerlich süße Hauch der Verwesung entgegenschlug, und Wolken von Aasgeiern erhoben sich träge mit häßlichem Geschrei bei jeder Straßenbiegung. Die Leichen lagen in den offenen Türen und auf den Gassen, aus leeren Augenhöhlen und geschwärzten Angesichtern starrte der Tod uns an, und die Hufe unserer Tiere verwickelten sich in den faulenden Schläuchen der menschlichen Eingeweide, die die Geier weit über die Wege gezerrt hatten.

Die unbarmherzige Sonne spiegelte im Marmor, ihren stillen Liebeszorn bewegte kein Lufthauch, ein paar vergessene Ziegen irrten durch die furchtbare Todesöde und den gigantischen Prunk der Vergangenheit. Es war eine Hungersnot vorangegangen.

Heute noch sehe ich die mageren, dunklen Menschenkörper, geschwärzt vom Gift der Verwesung, gegen weiße Mauern gelehnt, über Steintreppen geworfen oder am rötlichen Boden. Zwei Kinder, die einander umschlungen hielten, schienen am Rand eines Tempelteichs eingeschlafen zu sein, die Lage ihrer zärtlichen Gestalten verriet weder Angst noch Schmerzen, aber die Augen fehlten, und in geschäftigem, frohem Eifer bohrte ein grauer Geier seinen Schnabel unter die Stirnen, so daß die Köpfchen schaukelten. Als ich mich näherte, hob der Vogel den kahlen Kopf mit dem harten Schnabel, und seine gelben Augen sahen mich räuberisch an, als ob er Verwunderung darüber empfände, daß ein aufrechter, lebender Mensch sein Totenreich betrat. –

Als die Sonne ins Meer gesunken und ihr letztes Licht wie in violettem, feuchtem Qualm über dem fernen Wasser zergangen war, brannte Panja ein kleines Feuer auf der Berghöhe unter unserem Felsen an, der uns nach zwei Seiten hin schützte. Wir mußten mit dem Brennmaterial sparsam umgehen, Panja hatte es zum guten Teil unterwegs sammeln und bis zu unserer hohen Lagerstätte schleppen müssen.

Die Nacht war totenstill, die ganze Welt schien erstorben, nur ein paar große Nachtschmetterlinge besuchten mein Feuer, und ihr Surren zitterte in der Luft, bis Panjas Schnarchen sie füllte. Aus weiter Ferne unterschied ich Hyänenstimmen und schwaches Bellen der Schakale. Der Sternschein tauchte im blassen Dunst der Tiefe glanzlos unter, aber über den Bergkuppen und -zacken funkelte das Licht hart und zornig, wie im göttlichen Rausch seiner unirdischen Freiheit. Der schmale Mond war erst gegen Mitternacht zu erwarten.

Ich schlief nur ganz kurze Zeit, um den Aufgang der Sonne nicht zu verpassen, und die Stunden eines einsamen Wachens auf der Höhe, in der blauen silbernen Tropennacht, sind mein unvergängliches Eigentum geblieben, ein feierliches Kleid der Erinnerung, das meine Seele niemals ablegen wird. Es ist ihr bannender Zaubermantel gegen die Bedrängnisse des kleinen Alltags geworden, das Leben und der Tod wiegen ihr in solcher Hülle leicht, und der Gedanke an das Unendliche rückt nahe, wie sich das Bild im spiegelnden Wasser dem Knienden nähert.

Ich vergaß in jener Nacht, daß die Erde bewohnt ist, und ich begriff, daß wir Menschen unseres Jahrhunderts unser ganzes Wesen zu sehr darauf eingestellt haben. Unsere Beziehung zur Natur ist oft nur durch eine Flucht vor den Menschen und aus unseren Lebensverhältnissen möglich, und so erscheint uns das nur für kurz vergönnt, was uns von Anfang an zum Eigentum bestimmt war. Der Satan der neuen Welt entschädigt uns überreichlich für die Verluste unserer alten Rechte, und doch werden wir am Ende die Betrogenen sein, denn der beste Teil entgeht uns, jener Anteil, der die Gelassenheit der Besinnung mit sich bringt, die Ruhe des guten Gedankens und den Frieden der Erkenntnis unserer selbst.

NEUNTES KAPITEL

Die Herrschaft des Tiers

Unendliche Mattigkeit lagerte in der Luft. Wir waren nun den zweiten Morgen unterwegs, um Mangalore zu erreichen, und die Ausläufer der Dschungelwaldungen deckten uns zu zwischen ungeheuren Felsschluchten.

Der Abstieg von den Bergen zur Küste ging langsam vonstatten, da wir unmöglich länger als die Stunde vor Sonnenaufgang und zwei oder drei nachher marschieren konnten. Bisweilen unternahmen wir noch kleine Strecken am Abend, aber es wurde wenig vom Wege zurückgelegt, da die anstrengenden und umständlichen Vorbereitungen für unser Nachtlager die kühlere Stunde vor Aufgang der Nacht beanspruchten.

Eine schmerzende Rastlosigkeit und ein dumpfer Druck in meiner Brust machten mir die Weiterreise fast unmöglich. Ich glaubte, nicht atmen zu können, und mir war, als zersprengte mein Blut seine Gefäße wie gärender Wein. Mich befiel ein Taumel, dem kein Rausch zu vergleichen ist, und ich begriff nicht, daß ich monatelang in diesem kochenden Dunst hatte leben können, wobei ich allerdings nicht bedachte, daß das Jahr vorgeschritten war und die heiße Zeit ihren Höhepunkt erreicht hatte. Die bösen Erinnerungen an mein überstandenes Fieber überfielen mich wie Raubtiere; ich fürchtete sie mehr als die hungrigen Bestien, die nicht von unserer Fährte wichen, und als die Giftschlangen, deren Biß in dieser Zeit am gefährlichsten ist und fast unmittelbar tödlich wirkt. Der ganze Urwald schien von diesem Gift erfüllt, und die Ermattung seiner Geschöpfe teilte sich dem Körper mit, bis tief in die Kammern des Herzens. Mehr als einmal verlangte ich gebieterisch, daß der Rückweg in die Berge angetreten würde, aber Panja und Pascha, die kaum noch widersprachen, taten in stoischer Gelassenheit, was sie für richtig hielten und was es unter den drohenden Ereignissen der Natur auch einzig gewesen sein mag.

Ich verlor den Sinn für die Pracht der Gegenden, durch die wir kamen; die einzige Hoffnung, die mich aufrechterhielt, war der Gedanke an das Meer, und oft flehte ich, der tödlichen Gefahr zum Trotz, in heimlicher Gemeinschaft mit den schmachtenden Geschöpfen der Natur, den Himmel um Regen an. Es kam hinzu, daß ich die sichere Orientierung auf der Karte völlig verloren hatte; ich wußte mit Bestimmtheit kaum mehr als die Himmelsrichtung und mußte mich ganz auf Panja verlassen, dessen Urteil mir um so leichtfertiger erschien, je mehr er mich mit falschen Aussichten vertröstete. Auch mußten wir oft die Richtung wechseln, da wir uns unüberwindlichen Hindernissen gegenübersahen, so daß sich die in der Tat zurückgelegte Wegstrecke auf unser ungewisses Ziel zu oft kaum bestimmen ließ. Bald fehlte es uns an Nahrung, bald an Wasser, und nur Panjas Kenntnissen der vielerlei Früchte des Waldes ist es zu danken, daß wir nicht in bittere Not gerieten. Zuweilen fand ich trotz des schmerzenden Hungers nicht den Aufwand von Energie, mit der Büchse Umschau zu halten, und oft waren die Milch einer Kokosnuß oder eine Ananas meine einzige Nahrung für einen Tag.

Aus der Reihe der Entbehrungen und Leiden dieser Tage ist mir ein Eindruck geblieben, der sich tief in meine Seele gegraben hat und dem ich den letzten Aufschwung meiner Kraft verdankte. Wir kamen an einem Frühmorgen, bevor die Sonne aufgegangen war, in die schmale Felseinmündung zu einer Schlucht, die sich bald groß und weit vor unseren Augen öffnete. Es herrschte noch jenes seltsame und ergreifende Zwielicht von Mondschein und hereinbrechendem Morgenlicht, das ich nur in den Tropen in diesem magischen Glanz eines Kampfes um die Herrschaft angetroffen habe. In den Ländern des Abendlandes scheint die Nacht dem Tage auszuweichen, ihre Gestirne verblassen gelinde, lange bevor die Sonne am Horizont sichtbar wird, und der schüchterne Morgenmond, der noch bisweilen zu sehen ist, wirkt wie eine verlöschende Erinnerung an die Nacht. Aber in Indien sind die Lichter der Nacht mit dem Glanz des hereinbrechenden Tages in einen leidenschaftlichen Kampf verstrickt, der seine Zwiespälte der Seele um so eindringlicher mitteilt, je mehr die Stille der Lichtquellen ihre Gewalt mit Beharrlichkeit behauptet.

Die ersten Tierstimmen erwachten um uns her, aber nichts regte sich. Wir waren tief im Grünen und krochen und sprangen abwärts in weiten Abständen voneinander, von Fels zu Fels, über gestürzte Baumstämme und sumpfige Löcher, in denen die Überreste eines Gebirgsbaches faulten. Nach einer Weile öffneten sich Bambuswände, und ich gewann für kurze Zeit einen freien Blick über die ungeheure Schlucht. Zur Rechten und zur Linken erhoben sich gelbliche Felswände, beinahe senkrecht abfallend und fast ohne Vegetation. Sie liefen in der Ferne auseinander und ließen einen Blick in die dampfende grauschimmernde Weite zu. Der Dschungel erschien wie eine dicke grüne Decke im Winkel eines riesenhaften Gemachs mit braunen Wänden, und der Morgenhimmel darüber war von gläserner Klarheit.

Die westliche der beiden steilen Felswände war bis zur Hälfte wie mit dunkelroter Farbe bemalt, gegenüber flimmerte das Mondlicht im Grünen. Ich stand, von diesem Bild gebannt, in Betrachtung versunken da. Zugleich mit der Hoffnung, daß nun der schwierigste Teil unserer Reise überwunden sein möchte, glaubte ich die Wohltat eines leisen, kühleren Windes zu verspüren, und meine Augen glitten entzückt über die goldene Glutbahn des Morgenlichts an der Felswand dahin.

Auf halber Höhe dieser Wand, etwa dort, wo sie der Sonnenschein teilte, lief eine ausgehöhlte Bahn waagerecht durch das Gestein, die man wohl für eine alte Meergrenze hätte halten können. Sie wirkte wie ein überdachter Weg und mag auch zum großen Teil gangbar gewesen sein, führte an halbkuppelartigen Höhlen vorüber und gewährte vereinzelten Zwergpalmen und Aloestauden Halt. Vor der größten dieser Höhlen war ein kleines

Felsplateau, nicht größer als etwa der Raum, den ein alter Lindenbaum in der Mittagssonne zu beschatten vermag, und am Rande dieser Felsplatte in der Sonne lag etwas. Ich erinnere mich deutlich, daß, noch bevor der Eindruck, der meine Augen fesselte, mir irgend ins Bewußtsein gedrungen war, noch ehe ich darüber sann, was dies gelbliche ruhige Etwas sein möchte, mich im Unterbewußtsein eine ahnungsvolle Ehrfurcht bannte. Aber dann wußte ich es jählings, wie durch einen lauten Zuruf aufgeklärt und auch ohne daß ich noch die Figur und Zeichnung recht unterschied: der Tiger.

Es ist das einzige Mal gewesen, daß ich in Indien einen Tiger in der Freiheit erblickt habe. Ich lehnte mich an den Stamm eines Baumes, schloß die Augen und öffnete sie wieder und sah hinauf wie einer, der sich von seinen Blicken betrogen glaubt. Niemals werde ich die hellbraunen Felswände vergessen, das Morgenlicht in der Steinkuppel und vor ihr, wie auf einem Marmorsockel als Thron, im Schutze des steinernen Baldachins, die ruhende Sphinxfigur des Tigers. Die Entfernung und die Höhe der Felswände ließen ihn mir klein erscheinen, aber ich unterschied die Zeichnung des Fells deutlich und sah die Pranken nebeneinander ruhen unter dem schrecklichen Haupt, das unbeweglich, wie gemeißelt, die geschmeidige Linie des Rückens und des breiten Nackens vollendete und dessen Augen in die Weite gerichtet schienen. Eine Majestät ohnegleichen ging von diesem glühenden Monument der Natur aus.

Es ergriff mich eine Traurigkeit, die ich niemals

ganz werde begreifen lernen, aber ich weiß, daß meine Hände sich ballten und zitterten. Damals erfaßte ich zum ersten Male die Schönheit und Größe der ägyptischen Sphinx, dieses gewaltigen Steinmonuments, das der Geist und die Erkenntnis des Menschen jemals im Licht des Anspruchs und der Ehrfurcht erschaffen haben. Die Begriffe der Gottheit, der Natur und des Menschseins sind in ihren vielfachen Widersprüchen in dieser Gestalt zu einem Kunstwerk vereint, welches das Unerbittliche lieblich mit der Hoffnung verbindet, die Herrschsucht mit der Anmut, die Gefahr mit der Lust und die Gottheit mit dem Spiel. Und keineswegs einzig durch den Abstand, welcher uns von diesem Bildwerk scheidet, sondern an sich und für alle Zeiten der Vergangenheit und Zukunft stellt die Sphinx das gewaltige Denkmal der Historie dar, jener Historie, die über der Gewißheit einer großzügigen Entwicklung jede Erinnerung an Einzelheiten und Geschehnissen zu verschmähen scheint und nur in erhabenen Merksteinen die Jahrtausende mißt, welche das Menschenherz im unveränderbaren Pulsschlag durchpocht.

Der Anblick dieser großen ruhenden Katze in der Sonne, hoch in der Felsenfreiheit über dem unruhig gärenden Bett der vielerlei kleinen Geschöpfe und Pflanzen des Dschungels, trug meinen Geist über die Geschicke der Zeiten fort, zurück bis an jenen ältesten Stein der Menschheitserinnerung. So erschien mir das herrliche Tier in seiner Vereinsamung wie ein später Nachkomme einer versunkenen Zeit, schon im schwermütigen Schatten des Abschieds seines starken Geschlechts von der

Erde der Menschen, denen es mit vielen, längst vergessenen Wesen hat weichen müssen. Aber hier war noch das Reich seiner Herrschaft. In der Morgensonne funkelte sein steinerner Thron, und den erwachenden Urwald, tief unter dieser königlichen Ruhe, schreckten die Schauer vor solcher Majestät. Arm, müde und machtlos schlichen ein paar Menschlein unten durch das schützende Grün, und unter ihnen ich, geduldet und eingeschüchtert durch die Herrschaft des Tiers.

Als ich am Abend im Zelt einzuschlafen versuchte, entdeckte ich zwischen den Bäumen hindurch an den Himmelslücken einen rötlichen Schein, der nicht von unserem Feuer kommen konnte. Ich trat hinaus und prüfte die Welt umher, so gut es mir gelang. Der Mond ging erst gegen Morgen auf; ich sah, daß der ganze Himmel glutete, und weckte Panja.

«Die Steppen brennen», sagte er, nachdem er sich umgesehen hatte, und sog die Luft durch die Nase ein, aber die windlose Nacht trug keinen Brandgeruch bis zu uns. «Die Berge brennen», wiederholte er schlaftrunken, «tausend Tiere sterben, darunter die schädlichen. Die Bergmalabaren zünden die Reste an, die die Sonne zurückgelassen hat; oft entstehen die Feuer auch, ohne daß jemand weiß, wer sie angelegt hat.»

Der Glutschein nahm zu und verbreitete eine erregende, matte Helligkeit im nächtlichen Wald, die Stimmen der Tiere schienen vereinzelter und gedämpfter zu klingen, wie in Ehrfurcht vor dem draußen herrschenden Element.

«Es heult nicht, das Feuer», sagte Panja und lauschte; «ruhig schleicht es über die Höhen.»

Er legte sich wieder zur Ruhe nieder, es drohte uns keine Gefahr, aber mich floh der Schlaf, den ich eben noch ohne Glauben gesucht hatte. Ich sah im Geist die roten, wehenden Feuerfahnen über die endlosen graugrünen Hügelweiten flattern in der blauen Nacht, und mir war, als hörte ich die Stimmen des fliehenden und ereilten Getiers, das im Streit um den Besitz der Berge dem Menschen auf der Walstatt eines unaufhörlichen Kampfes erlag. Gegen Morgen würde der Mond durch den Rauch scheinen, bis langsam die Sonne die goldenen Kämme der Berge in ihrer Ruhe über dem bewegten Bild entzündete; dort oben war es still, die ewigen Kriege waren dort längst verrauscht.

In der Schlucht rief ein Uhu, immer lange, wie aus tiefer Brust hervorgehauchte Töne, in weiten Abständen voneinander, bald wie in dumpfer Daseinsangst, bald wie in Liebesqual. Als der rote Schein zunahm, verstummte er, die Felsschlucht schwieg, die dunklen Wände im rötlichen Nebel vereinsamten aufs neue, und die verlassene Nacht zog weiter, im glühenden Schleier.

Es war eine lautlose Unruhe in der trägen Üppigkeit des verblühten Waldes, und die Geister der Vermoderten kamen aus der Vergangenheit hinüber in die Bereiche meiner Erinnerung und begannen zu mir zu reden. Überall umher lagen überwache Sinne in Krankheit; aus Löchern, Höhlen und grünen Schlünden starrten die Masken unersättlicher Gier und gereizter Ermattung einander an, im steilen Bambus schlief der Wind, hingesunken wie ein von giftigen Gasen zum Taumeln gebrachter Falter. Die Ungeduld des Erdbodens, an der widrigen Grenze süßlicher Ersticktheit, teilte sich dem Blut der Wesen mit, aber nichts half mehr, kein Geschrei und keine Klage, kein Trotz und keine Wut. Nur im Wasser oder im Feuer war Errettung zu finden. Hatte nicht Panja eben noch gesagt, die Steppen entzündeten sich selbst?

Es klagte matt in der belebten Stille, ein Vogel, ein Waldtier oder ein sinkender Baum, der sich seufzend in das morastige Bett seiner Entstehung neigte. Ich lauschte auf die röchelnden Flüstertöne des Verfalls, in denen die Stimmen der Versunkenen meine willenlosen Gedanken in ihr vergessenes Bereich zurückführten. Der Geist des Fiebers schillerte mich böse mit grünen Augen aufs neue an, und ich fühlte mich vom Sterben umhüllt und ihm unrettbar preisgegeben. Ich empfand in merkwürdig tauber Verwirrung der Verlassenheit, daß ich das Sterben noch nicht gelernt hatte; mich verlangte inbrünstig nach Taten, nach Kampf und Anstrengungen, und meine höchste Angst bestand im Gedanken an dies laue, erstickende Welken des Bluts, wie es umher von mir gefordert wurde.

War es, weil meine Augen am Tage die Hoheit des Dschungelherrschers gesehen hatten, daß ich den Mut und die Kraft zum eigenen Lebensrecht nicht mehr aufzubringen vermochte? Die Bedrängnisse, in denen sich die Natur befand und die sich meinem Gemüt von Stunde zu Stunde eindringlicher und überwindender mitteilten, ja, denen ich völlig zu erliegen drohte, weckten im Grunde meiner Gedanken ein bohrendes Bewußtsein von Schuld. Welcher Empfindende und Verstehende suchte in aller Not nicht zuerst die Schuld in der eigenen Brust? Die Erkennenden sind verantwortlich, sie sind es, welche in Wahrheit Opfer bringen und welche die Sühne tragen, im Kleinen wie im Großen. Hatte ich die Trauer und Größe der alten Herrschergewalt dieses Landes nicht erschauernd erblickt und ehrfürchtig auf meine Art erkannt wie ein verächtlicher Eindringling und im Herzen schuldig aus Hochmut?

Wenn ich die Augen schloß, so war mir, als dränge durch die Erschlaffung der verschmachtenden Welt ein Pesthauch von jener Stätte zu mir herüber, an der ich zwischen den bläulichen Stachelarmen der Aloen den gelben Leib des toten Panthers gesehen hatte, dann wieder tauchte die beschienene, steinerne Kuppel vor meinem Geiste auf, die als ein goldstrahlender Baldachin den Thron des Tigers schützte. Der Tiger war berufen, in diesen Bereichen zu herrschen, ihn vergifteten die Dünste des Dschungels nicht, der Brand der Tropensonne wurde seinem zähen Leibe mit den eisernen Strängen der Sehnen zur Wohltat, er durchschwamm die reißenden Ströme zu seiner Erfrischung wie im Spiel und durchschweifte die Steppe tagelang, ohne Gefährdung und ohne Bedrängnisse.

Wie in den zugleich bedrückenden und beängstigenden Sinnesschwankungen des nahenden Fiebers, die sowohl Verwirrungen als auch die übernatürlichen Klarheiten der Vision mit sich bringen, war mir, als könnte unmöglich jene Grenze gar zu weit zurückliegen, an welcher der Wechsel der Herrschaft von Tier und Mensch über die Erde stattgefunden haben sollte. Als habe sich meinen eingeschüchterten Sinnen erwiesen, wie töricht der Menschenhochmut, in der leichtfertigen Sicherheit seiner zerbrechlichen Städte, sein Machtbereich und seine Herrschaft überschätzt. Und mir war aufs neue, als träte der Geist dieses Landes und seiner alten Völker zu mir und überredete mein Herz. Ich begriff eine Lehre, die das Tier ehrt, anbetet und niemals tötet, deren religiöses Bewußtsein und Bekenntnis eine tiefe Beziehung zum Wesen des Tiers ahnen läßt und die die tatlose Geduld, die ehrfürchtige Erwartung und das heilige Harren in demütiger Ergebenheit preist. Wie vorzeiten in einer unvergeßlichen Traumnacht ein Affe im Triumph seiner überwundenen Gefangenschaft zu mir gesprochen hatte.

Wie aber die ungewisse Neigung zur Ehrfurcht Angst und noch keine Beruhigung erzeugt, deren Friede erst mit der eingetretenen Erkenntnis hereinbricht, so erschien es mir in heimlichem Erzittern zu dieser Stunde, als sei die Herrschaft des Tiers auf der Erde nicht überwunden, sondern als bestünde sie noch, wenn auch verborgen und beengt, so doch in ihrer ursprünglichen Gewalt und Finsternis.

Mit den ermüdeten Zügen Hucs, des Affen, der mir zu Beginn meiner leichtfertigen Fahrt in die überblühten Ruinen des alten Gottreichs erschienen war, trat aufs neue der Geist dieser versunkenen Zeit vor mich hin, und seine grauen Augen sahen mich an: «Noch herrscht das Tier hier, um dich her, im Rahmen der ihm zugehörigen Natur, in die der Mensch nicht weiter eingedrungen ist als ein

Borkenkäfer in einen Baum, dort verborgen in der aufrechten Gestalt unter der weißen Haut, hinter der klugen Stirn und den schönen Augen. Vollzieht sich die Wandlung unter dieser Hülle nicht immer noch rasch und leicht? Nicht allein auf Schlachtfeldern und im Getümmel der entflammten Haufen, auch in stillen Kammern oder auf offenen Märkten, unter den Marterpfählen der Heiligen, oder im Schmeicheln der süßesten Rede? Noch herrscht das Tier. Die Weisen der Erde erzittern auf ihrem Weltpfade unter dem Gebrüll, das um sie her erklingt, wenn sie eilend, gerafften Kleids, mit verwundeter Hoffnung ihre Zeit durchmessen.»

Mit feurigen Schritten schlich die Nacht träge dahin, der Himmelsschein der brennenden Steppen erlosch allmählich, aber es war, als habe er eine vermehrte Hitze zurückgelassen, immer noch war kein Hauch des nahenden Morgens zu verspüren. Vergebens forschte ich am Himmel nach dem Morgenstern, und mit den düsteren Wetterwolken, die wie böse Ahnungen im glühenden All herandrängten, begann neben mir monoton die Stimme meiner Angst aufs neue: «Das Tier herrscht. Wenn der Morgen sich ankündigt, so wird dein Blut erloschen sein, du sollst in diesem schwülen grünen Mantel ersticken.»

Meine Qual entstand nicht durch den Gedanken an den Tod meines Leibes, sondern durch diese düstere Ahnung von der Herrschaft des Tiers und durch die Hoffnungslosigkeit, in der ich, am Rande des Wahnsinns, nach einem Ausweg suchte, nach einer erlösenden Gewißheit, nach dem Licht der

Zukunft. Wie der Zweifelnde das Leben seiner Geliebten argwöhnisch nach Beweisen ihrer Schuld durchforscht, gegen seinen besseren Willen, ja fast gegen sein Gewissen, so durchforschte mein Geist in diesen Nachtstunden die Geschichte der Erde nach den Merkmalen des Tiers, und aufs neue tauchte das Bildwerk der Sphinx vor meinen geistigen Augen empor. Es verschmolz mir in der alten Erinnerung des Menschenwesens und in der Erinnerung meiner eigenen zeitlichen Erlebnisse mit der Erscheinung des ruhenden Tigers an der Felsenwand. Es war, als habe diese Erscheinung, von der meine Augen am vergangenen Tage betroffen worden waren, im mystischen Zusammenhang mit der alten Menschenfurcht und -ehrfurcht einen erklärenden Lichtschein auch in meine Erkenntniswelt geworfen, und in jener Nacht hätten keine menschliche Weisheit und keine Überzeugungskraft mich vom Wege meiner Gedanken abzubringen vermocht.

In ihm, jenem alten Volke der Ägypter, mußte das Bewußtsein klar gelebt haben, daß die Herrschaft des Tiers nicht überwunden war, sie erschufen in unfaßbarer organischer Einheit den Katzenleib mit dem Menschenkopf und den Menschenleib mit dem Löwenhaupt. Sie erhoben diese Standbilder zu Gottheiten, verehrten sie in ihnen und erkannten sich selbst darin.

Während meine Gedanken nach Sicherheit suchten, nach dem entscheidenden Gegenwert, nach der Verkündigung der Wahrheit, daß das Tier dennoch überwunden sei, schritt auch Johannes an mir vorüber. Auch ihn, den wie keinen die menschliche Hoheit und der göttliche Triumph seines Meisters durchdrungen hatten, schreckte in den verzückten Ahnungen eines künftigen Reichs des Menschensohns das Tier. In seinen letzten Visionen, in denen Furcht und Hoffnung das liebende Gemüt im zerrütteten Leib zerrissen, erschien ihm das Tier: «Und ich trat an den Sand des Meers und sah ein Tier aus dem Wasser steigen, das hatte sieben Häupter und zehn Hörner, und auf seinen Hörnern zehn Kronen, und auf seinen Häuptern Namen der Lästerung. Und ich sah seiner Häupter eines, als wäre es tödlich wund, aber seine tödliche Wunde ward heil, und der ganze Erdboden verwunderte sich des Tiers. Und sie beteten das Tier an und sprachen: ‹Wer ist dem Tiere gleich? Wer kann mit ihm Krieg führen?!› Und ihm ward gegeben, zu streiten mit den Heiligen und sie zu überwinden, und ihm ward Macht über alle Geschlechter gegeben.» –

Die brodelnde Finsternis des heißen Urwalds umdunkelte meine überwachen Sinne wie im Taumel einer nahenden Ohnmacht, und meine armen Gedanken huschten wie blasse Irrlichter darüber hin. Damals war mir der Gedanke an meinen nahen Tod zur Gewißheit geworden, und ich weiß zuversichtlich, daß ich seinem Schatten niemals näher war. Eine unbeschreibliche Sehnsucht nach dem Morgen wachte, wie eine letzte Hoffnung, unverstanden und von düsterer Traurigkeit bedrückt, in meinem Herzen, das erstickend in Finsternis und Erdschwüle nach Erlösung rief. Ich muß kurz nach diesen Erinnerungen in Schlaf gesunken sein, über mir den qualmenden Rachen des Tiers.

Aber der Traum, mit welchem ich im Morgenlicht erwachte, war leicht und lieblich, als belohnte ein gnädiger Geist die Bedrängnis meiner Gedanken mit einer frohen Zusicherung. Es ergeht uns Irdischen oft so, daß sich der Wechsel und Ausgleich von Finsternis zum Licht mit dem Wechsel von Schlafen und Wachen vollzieht, oder bisweilen wohl auch umgekehrt, als läge die Absicht, zu schlichten und zu besänftigen, im natürlichen Wandel unserer Zustände. So mag es sich erklären, daß ein heiter verbrachter Tag sich in düsteren Traumbildern spiegelt oder daß die Angesichter der Toten zuweilen nach furchtbaren Qualen des Sterbens einen unnennbaren Frieden in ihren Zügen tragen.

Ich erinnere mich keines Traumes, der meinem Gemüt eine größere Helligkeit gebracht hätte, und keine Wohltat ist jener Ruhe zu vergleichen, die mir in den Lösungen geschah, die sich wie gnädige Offenbarungen an die Pein meiner Angst und meines Zweifels im Schlafe anschlossen. Erkenntnisse, welche uns durch Träume vermittelt werden, haben eine seltsame Unschuld der Erfahrung; es erscheint oft, als schlössen sie alle jene Irrtümer aus, die das bereitwillige Denkvermögen des wachen Gehirns so leicht begeht in seiner Hoffnung, es möchte aus dem Vielerlei ein Viel entstehen und aus dem Mancherlei ein Besonderes. Das Grübeln ist der Feind des Denkens, denn die guten Gedanken kommen zu uns wie das Licht oder die Wärme, unversehens wie ein Sonnenblick durch die Schleier der Wolken oder wie eine Knospe an ihrem Strauch im Frühlingsregen aufbricht. So mag der Schlaf ein tätiger Freund des Denkens sein, und das oft scherzend gebrauchte Wort, daß der Herr es den Seinen im Schlaf gibt, hat ebensowohl einen tieferen Sinn wie das uralte Verlangen der Menschen, Träume auf rechte Art deuten zu lernen.

In einem hellen Zug, der auf dunklem Erdgrund allein und deutlich von einem klaren Himmelsstrahl beschienen wurde, zogen die Heiligen der Geschichte, die das Tier überwunden haben, im Traum an mir vorüber. Die Reihe rückte aus unergründlicher Welttiefe, die ganz in Finsternis gebettet war, so hell heran, als flösse ein weißer Bach in der Nacht über schwarzen Erdgrund. Und jedesmal mit dem Augenblick, in welchem eine Gestalt deutlich erkennbar wurde, zerfloß sie in das große Wort ihres wichtigsten Bekenntnisses. Mit dem Erklingen dieses Worts aber, das sich wie ein Lichtschein in meine Sinne ergoß, versanken das Angesicht und der Name seines Trägers, aber es erschien mir, als läge es so im Willen der Heiligen. Im Halbdämmern, das in ihrer Nähe herrschte, erkannte ich undeutlich in ihrer Begleitschaft die gewaltigen Umrisse gefesselter Tiere. Ich erblickte darunter einen Drachen, hundertfach verschlungen und in dunklen, glühenden Farben von großer Pracht, das Löwenhaupt der Sechmet über den lieblichen Mädchenschultern tauchte empor und erlosch, die heilige Schlange, gekrönt, mit geblähtem Hals unter dem Gift des Rachens, und das weiße Rind.

Unter den Heiligen kam auch aufs neue jener seltsame Prophet zu mir, den die Religionen der Völker kennen und dessen Worte über die Macht des Tiers mir noch kurz zuvor durch den Sinn gegangen waren, aber seine Erscheinung hatte die Gebärde des heimgesuchten Märtyrers seiner Angst verloren. Er war der letzte; mit ihm und dem Wort seiner Gottheit erlosch der strahlende Zug: «Ich bin der erste und der letzte. Ich bin der Ursprung des erwählten Geschlechts, ein heller Morgenstern.»

ZEHNTES KAPITEL

Sumpftyrannen

Es würde schwerhalten, mit Sicherheit über den Zeitraum zu berichten, der zwischen den inneren Erlebnissen dieser Nacht lag, in welcher ich dem Tier begegnete, und der Morgenstunde, in welcher bald nachher Panjas helle, jubelnde Stimme mir aus dem Buschwerk entgegendrang. Beim Klang seiner lauten Worte überkam mich nach seinen vielerlei Vertröstungen zum erstenmal die ganze Zuversicht unserer Befreiung. Ich verstand anfänglich immer nur ein Wort, und da er es im Rufen mehr sang als sprach, so unterschied ich den Sinn nicht, bis er lachend vor mir stand und zitternd vor Freude erklärte, sie seien bis an die Ufer des Kumardary vorgedrungen, des großen Stroms von Südkanara, dessen Wasser aus den Bergen von Kurg und Maisur zusammenströmen und der bei Upanangadi in den Netrawati einmündet, an dessen Ausfluß in das Meer Mangalore liegt, die Stadt, die unser Ziel war.

«Der Fluß hat noch Wasser genug für die größten Kanus», rief Panja glücklich; «wenn wir Boote aufgetrieben haben, so brauchst du keinen Schritt mehr zu machen, bis die Palmen von Mangalore dich beschatten, und der Regen mag kommen. Der Fluß trägt uns schnell hinab.»

Seine frohe Gewißheit teilte sich mir beglükkend mit. Nach seinen Schilderungen näherten wir uns dem rechten Ufer des Flusses, in einem Abstieg genau von Norden nach Süden, hatten sein Bett also im Laufe der zurückliegenden Wochen bereits einmal überschritten, wahrscheinlich in den heißen Tagen des glücklichen Wanderlebens vor meinem Fieber.

Eine merkwürdige Ernüchterung überkam mich plötzlich, sie stellte sich in Gemeinschaft mit einer neuen Lebenskraft ein, aber zugleich mit einer tiefen Verstimmung. Eine veränderte Wirklichkeit rückte heran, mit den grauen Bildern der gewohnten Lebensweise, und die tiefere Wirklichkeit des Traums wurde darüber schadhaft und unwahr. Ach, gewißlich würde ich die Erlebnisse der zurückliegenden Zeit niemals vergessen, aber irgend etwas an ihnen schien mir plötzlich seine Inbrunst einbüßen zu müssen; was einst dem Ernst meiner Seele heilig war, das würde nun im Schein eines feinen Lächelns zurückbleiben. Gewiß, jener schöne Zustand der Vergangenheit war einmal groß und wichtig gewesen, aber es war nun nicht mehr der einzige, denn die andere Welt würde aufs neue meine Hingabe, wiederum meinen Ernst und meine Andacht einfordern.

Damals war es, als ich mir vornahm, niemals über die große Zeit meines Erlebens zu schreiben oder zu erzählen, sondern mich bei beiden an die äußeren Ereignisse zu halten. Ich wandte mich um und sah hinter mich, als könnten meine Augen noch einmal alles übersehen, was mich bedrängt und erhoben hatte. Aber nur die undurchdringlichen grünen Wände, deren Palmengefieder in der

Sonne glitzerte, boten sich meinen Augen, keine Spur unserer Füße war mehr deutlich, ich war vergessen in dem Bereich, das ich flüchtig durchmessen, nur in der Ahnung begriffen und im eingeschüchterten Gemüt geliebt hatte.

Heute, nach Jahren, über die weißen Blätter gebeugt, die meine Gedanken, meine Freuden und die Bilder und Farben meiner Erinnerung tragen sollen, begreife ich jene Trauer besser. Damals schlug in meiner Brust die Stunde der Umkehr, damals fühlte ich, daß ich hätte bleiben sollen, denn es gibt keine Berührungen und Umarmungen in der Welt, die an Glück denen der Natur zu vergleichen sind, welche unschuldig und großzügig bleiben, und in keinen weiß sich die besondere Art unseres Lebensbewußtseins geborgener. Auch mögen damals heimliche Erinnerungen an die Hast und Willkür des europäischen Treibens in mir erwacht sein, die alles in Begleitschaft und zum Ziel haben, was immer Menschenaufgabe sein mag – Glück führen sie nicht herbei. Der Zustand des Glücks ist nicht ohne die Ruhe zur Selbstbesinnung möglich, denn Selbstbetäubung führt zur Verarmung.

Und doch ergriff mich daneben der Taumel des Neuen, das mich erwartete, und ich weiß deutlich, daß mich damals schon eine Ahnung streifte, welcher Art meine Erlebnisse sein würden. Lichtwellen und Stürme der Geisteswelt künden sich begierigen Seelen so deutlich an, wie Gewitter oder Sonnentage sich in der Natur vor ihrem Herannahen zu offenbaren pflegen. Mir war damals für einen Augenblick zumute, als sähe ich durch das Buschwerk der Dschungelwildnis nieder auf das Meer, erblickte den bläulichen Rauch der Hindustadt über dem unruhigen Beet der großen und kleinen, bald geneigten, bald kerzengeraden Palmen und hier und dort das Schimmern einer weißen Mauer. Ich sah eine braune, hölzerne Tempelpagode zakkig aus dem Grün steigen und hinter ihr den blauen Streifen des Ozeans. So sah die Wohnung des alten Geistes in meiner Vorstellung aus, und mich verlangte nach keiner Begegnung inniger als nach der mit einem der Söhne dieses Geistes. Wohl war ich hier und dort auf meiner Reise mit Brahmanen zusammengetroffen, aber niemals war ich einem nahegetreten, da die heute zugängigen unter diesen Leuten meist in Gewohnheit und Bildung von der Tradition ihres Geschlechts gelassen haben, sie sind nicht mehr Priester oder Gelehrte, sondern Händler und Politiker geworden.

Mangalore aber, soviel wußte ich gut, war ein alter und von der neuen Welt nur wenig berührter Ort, eine der wenigen größeren Meerstädte der Westküste, die weder von der Eisenbahn noch vom Dampfschiffverkehr berührt werden und in denen, wie sonst nur tief im Lande, die Herrschaft der Priesterkaste noch große Macht ausübte. Es kam hinzu, daß sowohl die Jesuiten als auch die Protestanten dort Niederlassungen ihrer kirchlichen Einwirkung unterhielten, so daß der Kampf der Geister belebt und heimlich in der Stadt wogte.

In solch geteiltem Zustand meines Empfindens durchmaß ich mit den braunen Gefährten meinen lezten Tag im Urwald. Wir erreichten gegen Mittag ein kleines Dorf, das nah am Fluß auf einem sanften Hügel lag und auf das wir nur durch das Trompeten eines Elefanten aufmerksam wurden. Den Fluß hatte ich den Tag über noch nicht zu Gesicht bekommen, obgleich wir uns an seinem sumpfigen Ufer dahinbewegten, nur das Gurgeln und Schnattern von Wasservögeln verriet ihn und der morastige Dunst in der Luft.

Wir kamen bald auf einen ausgetretenen Pfad, der wie ein braunes Band in mancherlei Verschlingungen, tief in Schilfwände eingebettet, dahinführte, und trafen dort nach langer Zeit einmal wieder einen Menschen an. Es war eine alte Frau, die an einem Stab einen Kupferkessel über der Schulter trug und die bis auf einen Lendenschurz nackt war. Ihre Augenbrauen waren mit Henna gefärbt, und sie trug ein dunkles Abzeichen auf die Stirn gemalt, das in der Form einer großen Spinne glich.

Als ich ihr winkte, kam sie schüchtern näher; eigentlich blieb sie eher stehen und ließ nur zu, daß ich an sie herantrat, dann hob sie die Arme und verneigte sich; ihre Gebärde schien anzudeuten, daß sie sich zu jeder Dienstleistung bereit erklärte, aber im schlimmsten Fall auch zur Flucht.

Panja schaute in ihren Topf. «Pfui Teufel», sagte er würdig, «es hockt eine Kröte darin.»

Er konnte sich nur schwer mit der Alten verständigen, die kein Wort Hindustani und nur sehr wenig Kanaresisch verstand, aber wir erfuhren, daß der Ort Schamaji hieß und daß der König den weißen Herren gnädig gesinnt sei und zwei Elefanten besäße, beide männlichen Geschlechts.

«Weiß Gott, was das für ein König ist», sagte

Panja ohne Respekt und sah mich mit einer Grimasse an, die mindestens Fragwürdigkeit ausdrückte.

Es gibt in Malabar und Südkanara eine ganze Reihe kleiner Hindukönige, die sich aus ihren städtischen Sitzen, langsam der Macht der Mohammedaner oder der Engländer weichend, in die Provinz zurückgezogen haben, um ganz ihrem Volke leben zu können oder besser von ihrem Volke. Es geht ihnen mit ihrer Macht ähnlich wie manchem angeblich verkannten Dichter mit seinem Genie: beide entwickeln sich in der Ausgeschlossenheit ins Ungeheuerliche, aber nur in den Augen ihrer wenig glücklichen Träger. Diese Despoten geistiger oder weltlicher Macht haben etwas ungemein Rührendes, und es gehört geradezu Hartherzigkeit dazu, sie ihrer Illusion zu berauben. Es verbirgt sich so viel Gutmütigkeit hinter der meisten Eitelkeit, daß man lernen sollte, sie mit weniger Verachtung zu ertragen, denn der wahrhaft Böse ist selten eitel. Diese vereinsamten Gewaltigen ihrer verkannten Herrlichkeit sind oft durch einen unvermuteten fremden Glauben an ihre Bedeutung so heftig zu erschüttern, daß ihre Hoheit sich in bittere Anklage verwandelt, sobald sie einmal nicht bestritten wird.

Trotz dieser Kenntnis beschloß ich, den König von Schamaji so ernst zu nehmen, als sei er der Maharadscha von Maisur; die kleinen Geschenke, die ich ihm hätte zum Empfang senden können, würden wahrscheinlich keinen großen Eindruck auf ihn gemacht haben, denn diese vergessenen Fürsten sind oft noch vermögend genug, um sich mit allem erreichbaren Tand zu umgeben, den der Handel aus dem Westen einführt. Ich beschloß deshalb, zuerst seine Bekanntschaft zu machen, und schickte Pascha mit der Alten, um eine Audienz zu erbitten und die Erlaubnis, mein Zelt bis zum Morgen in der Nähe seines Thrones aufschlagen zu dürfen.

Pascha ging, ernst wie immer und ohne erkennen zu lassen, was er von meinem Vorhaben hielt. Die Alte quietschte vergnügt und schloß sich ihm an, in merkwürdigen Sprüngen, die eher auf ihre Rüstigkeit als auf ihre Würde schließen ließen und die sichtlich ihre erbeutete Kröte auf das unangenehmste berührten.

Panja dagegen erhob Einspruch. «So darfst du keinen König behandeln, Sahib», sagte er nachdenklich und ohne Eifer. Er schien wirklich besorgt, und ich hatte alles andere erwartet, als er fortfuhr: «Er wird sich auf seinen lahmen Elefanten hocken und auf dich herabsehen wie auf einen Bettler. Wenn du ihm aber erlaubt hättest, dich zu sehen, so würde er dir seinen Elefanten geschickt und sich zur Erde geworfen haben, wenn du in seine Residenz eingeritten wärst.»

«Panja, ich will nicht, daß der König mich sieht, sondern ich möchte ihn sehen, und zwar so, wie er gesehen sein will und wie er zu leben pflegt. Glaubst du, der gebeugte Nacken eines Menschen sei unterhaltsamer als sein erhobenes Gesicht?»

«Das ist der Kummer», sagte Panja, «du hältst nicht auf deine Würde. Du könntest wie ein Fürst durch den Dschungel ziehen und kommst wie ein Wandermönch, der überall bitten muß. Es ist schwer, solchem Herrn dienen zu müssen. Dies wäre nun wirklich einmal ein König für uns gewesen. Bei anderen Königen, die noch Macht und Reichtümer haben, wäre dir ohnedies nichts anderes übriggeblieben.»

Er hockte sich bekümmert auf einen Gepäckballen und betrachtete die Ameisen, die ihn zu erobern suchten. Im Grunde dachte er gewiß nicht so, und er wäre leicht vom Gegenteil zu überzeugen gewesen; es lag ihm nur daran, mein Ansehen zu heben und seines in Szene zu setzen, und da sich für das letzte gewiß noch Gelegenheit bieten würde, ließ ich ihn in seinem Kummer allein.

Sein Schmerz brach noch einmal durch: «Glaubst du, ich hielte dich für arm oder machtlos, Sahib? Ich weiß alles. Aber was hilft ein goldgesticktes Kleid, wenn man es verkehrt anzieht und zuknöpft? Wer ehrlich ist, zeigt, was er ist.»

«Panja, es ist zu heiß zum Reden, wir wollen ein wenig ruhen, bis der König kommt.»

«Nein, du sollst sprechen!» Als ich schwieg, stampfte er mit dem Fuß. «Glaubst du, ich sei glücklich, wenn ich recht behalte?» fragte er böse.

«So geht es auch mir», antwortete ich ihm, «und so ist es mit dem goldgestickten Kleid, von dem du gesprochen hast.»

Er schüttelte eifrig den Kopf. «So kann es nicht sein, denn ich bin dein Diener, du aber bist der Herr und mußt recht behalten. Bist du ein Diener des Königs, daß es dich quälen könnte, wenn er schweigt, und du fühlst, daß er doch im Grunde recht hat? Du läßt ihn sitzen und gehst. Aber ich kann nicht fortgehen.»

«In dem Reiche, in welchem es mir gefällt, gibt es keine Herren und Knechte, Panja, sondern nur lebendige Wesen, und das Ziel aller Lebendigen ist die Freiheit. Der Wunsch nach rechter Freiheit aber richtet seine Augen nicht auf andere, sondern zuerst in die eigene Brust. Auf diese Art braucht niemand um sein Recht besorgt zu sein, es fällt jedem sein Teil zu, wenn jeder sein Teil erkennt und bewacht.»

«Wenn dein Gott dich das lehrt», sagte Panja, «so kennt er die Welt nicht und weiß nicht, wie es in ihr zugeht.»

«Vielleicht weiß er nicht, wie sie ist, aber er weiß, wie sie sein sollte.»

«So sage mir, was du Freiheit nennst!»

«Freiheit beginnt mit der Erkenntnis und dem Willen, daß man sein Handeln nicht mehr danach richtet, was man anderen damit antut, sondern danach, was man sich selbst zufügt oder was man um seiner selbst willen unterläßt. Nimm an, du schlägst einen Menschen oder ein Tier, das mag zuweilen notwendig sein. Du und das fremde Wesen, ihr beide werdet etwas dabei empfinden. Es wird dir so lange gleichgültig sein, was ein anderer dabei fühlt, bis zu gelernt hast, zu beachten, was dir selbst dabei durch die Seele geht. Hierauf achtzuhaben und sein Handeln danach einzustellen, ist der erste Schritt zur Freiheit.»

«Und der letzte?» fragte Panja.

«Der letzte ist der Wille, alles Böse deines Herzens in Liebe zu verkehren.»

«Ich weiß nicht, was gut ist und was böse. Alle Menschen denken darüber verschieden. Die Brahmanen denken anders als ich, du denkst anders als die Fakire, die aus den Bergen niedersteigen, und wenn du gar einem Missionar begegnest, so denkt er so darüber, daß sich deine Haare sträuben.»

«Das ist nicht wahr; du weißt doch, was böse ist, und du brauchst es nur für dich selbst zu wissen. Es ist nicht deine Aufgabe, dem Bösen zu begegnen, das dir bei anderen entgegentritt. Für dich selbst aber wirst du es wissen.»

«Gut. Wenn ich aber keine Liebe habe, Sahib?»

«Dann bist du verloren, Panja, dann kann kein Gott dir zur Freiheit verhelfen; der meine nicht und der deine nicht – keiner. Solche Menschen sind wahrhaft arm und verloren.»

Panja schien sich mit diesem Resultat einer bescheidenen Reflexion zufriedenzugeben, er lächelte vor sich hin, als käme er selbst bei einer solchen Lage der Dinge nicht eben schlecht weg. Aber dann begann er sich zu kratzen, und ich erkannte, durch den Sonnenschein blinzelnd, daß kein äußerlicher Grund für diesen Kraftaufwand vorlag.

Er meinte vorsichtig: «Was du in deinem Kopf ausdenkst, Sahib, ist gar nicht übel, aber wenn es herauskommt und man will etwas damit anfangen, so geht es einem ähnlich, als wollte man sich Sonnenlicht für die Nacht aufheben. Das Leben ist doch anders, das ist die Sache.»

«Es ist dunkel, Panja. Dadurch unterscheidet sich unser Herz von unseren Händen: in ihm läßt sich Licht aufheben und bewahren.»

Wäre nicht eine trippelnde Schar kleiner Wilder am Ende des Pfades vom Dorf her erschienen, so hätte sich Panja sicher noch einen Einwand ausgedacht, jedenfalls behielt er insofern auch ohne Entgegnung recht, als die greifbaren Tatsachen des Lebens gebieterisch die Oberhand forderten. Es waren vielleicht zwanzig oder dreißig Hindukinder, die in einiger Entfernung auf dem schmalen Weg den Versuch machten, immer eins vor dem andern zu stehen, da jedes die Absicht mit sich trug, am besten glotzen zu können. Dies Bestreben bewirkte, daß das belebte Knäuel sich immer mehr näherte, bis endlich die stärksten Knaben vorn waren und die Beine in den Boden stemmten, um nicht weiter an uns herangedrängt zu werden. Einige kletterten in die Pfefferranken, und die schwarzen Augen sahen über den braunen Pausbacken durch die grünen Blätter.

«Eine Botschaft im Kopf einer alten Frau ist wie Reis in einem groben Sieb», sagte Panja und lachte.

«Es war keine junge da, Panja.»

Er sah mich neugierig an und meinte dann: «Dir ist es gleichgültig, Sahib. Du siehst auf die Frauen meines Landes wie ich auf die Gedanken deiner Stirn.»

Ich wunderte mich in der letzten Zeit oft über Panjas Freimut und über den vergnügten Eifer, mit dem er vertrauensvoll im Element unserer Beziehung umherzuschwimmen begann. Ich empfand darüber große Freude, denn meine Art, mich mit ihm einzulassen, hätte bei den meisten Männern seines Volkes und seines Standes zu Enttäuschungen geführt.

Panja trat gebieterisch vor die lebenden Resultate der erfolgreichsten Bemühung der Einwohner der Königsstadt, aber der Eindruck, den er machte, war nicht so groß, als er erwartet hatte. Da kehrte er um, nahm mein Gewehr und ging wieder zurück. Jetzt wichen ihm die Kleinen scheu aus, und er lächelte befriedigt und hielt eine Ansprache in Hindustanisch, die einen um so stärkeren Eindruck machte, als sie nicht verstanden wurde.

Er wurde durch ein fernes Klirren und Flöten unterbrochen und kam rasch zu mir zurück. «Der König kommt!» rief er. «Wenn er nicht zu neugierig wäre, würde er dich wahrscheinlich länger haben warten lassen.»

Die lärmende Musik kam näher, sie spannte seltsam die Erwartung, wie sie hinter den grünen Vorhängen des Dickichts heranrückte, und ihr Rhythmus erschütterte das Blut geheimnisvoll. Das erste, was ich bald darauf erblickte, war der graue Schädel eines riesigen Elefanten und über ihm das bunte Kattundach eines etwas schiefen Baldachins, der von drei vergoldeten Stangen gehalten wurde und von einer eisernen. Unter dem hellen Dach war ein geflochtener Verdeckstuhl aus Rohr kunstvoll befestigt, und auf ihm saß der König von Schamaji und spähte mit eifrig bewegtem Kopf nach seinem Besuch aus. Acht Diener zur Rechten und Linken des Elefanten trugen Fächer aus Pfauenfedern, die an dünnen Bambusstäben befestigt und etwas schadhaft waren; ihre vielfarbigen Augen waren zum Teil erblindet, wie auch die Gewänder der Gefolgschaft in etwas den Eindruck einer raschen Zusammengesuchtheit erweckten. Immerhin entbehrte der Anblick des Zuges keineswegs einer gewissen Pracht; besonders die Decken der Elefanten gefielen mir wohl und waren, bis auf die faustgroßen, gläsernen Edelsteine, wertvoll, von reicher Stickerei und schönem Stoff. Die Musikanten schritten, entgegen der gewohnten Art solcher Festzüge, hinter dem Elefanten; wahrscheinlich hatte der König ihnen den Vortritt nicht gegönnt, und so gruppierten sie sich auch eher neugierig als eben feierlich und suchten zur Rechten und zur Linken des dicken Ungeheuers soviel als möglich von dem Fremden zu erspähen. Hinter ihnen zog in ungeordneten Haufen das ganze Dorf heran.

Wir waren bis zu einer Lichtung vorangeschritten, und der König nickte mir huldvoll zu, nachdem er den Aufstieg der Musik durch eine Bewegung seiner braunen Hand beschwichtigt hatte. Er hieß mich auf englisch in seinem Reich willkommen, nachdem er zuvor einen prüfenden Blick auf mein Gepäck geworfen hatte. Ich antwortete ihm englisch, und Panja übersetzte meine Worte, denn er traute dem König keine weiteren Kenntnisse dieser Sprache zu, und er behielt darin recht.

Der König kletterte hierauf mit großem Geschick von seinem Elefanten, wobei er so selbstverständlich auf die Schultern seiner Würdenträger trat, als bildeten sie eine natürliche Treppe. Durch den Abstand, in welchem er sich von mir hielt, deutete er mir an, daß er die abendländische Sitte eines Händedrucks zu vermeiden gedächte, und ich sagte ihm einige Höflichkeiten über sein Ansehen und über seine Macht, von welchen beiden der Dschungel widerklänge. Das gefiel ihm wohl, und so erfuhr ich nun von ihm, daß er noch einen zweiten Elefanten besäße, der aber nicht mitgewollt hätte, daß mir der Zutritt in seine Stadt offenstünde und daß ich mein Zelt im Garten seines Schlosses aufschlagen dürfte. Wir standen in einem braunweißen Ring von staunenden Menschen, im Schatten des Elefanten, und sagten uns noch eine ganze Weile angenehme Dinge.

Endlich fragte der König, was mein Begehr sei.

Panja riet mir rasch, eine Regierungspflicht vorzuschützen, aber es widerstand mir, und so antwortete ich, daß ich gekommen sei, sein Land und seine Stadt zu sehen, von der ich im Abendland gehört hätte. Ich glaube nicht, daß Panja das richtig weitergegeben hat, jedenfalls minderte seine Auskunft die Gunst des Königs nicht herab, und er begleitete uns ins Dorf zurück, immer bemüht, mir nicht zu nahe zu treten, und außerordentlich unhöflich gegen sein Volk.

«Bist du ein Engländer?» fragte der König zögernd, und Panja antwortete, bevor ich etwas entgegnen konnte: «Der Sahib läßt fragen, ob du ein König seist.»

Das wurde verstanden, ich wunderte mich sehr darüber, auf wie freundliche Art, aber man muß die Kälte und Sicherheit der englischen Beamten im Innern Indiens gesehen haben, um zu begreifen, daß diese Gegenfrage keinesfalls das gewohnte Maß der englischen Arroganz überschritt. So war ich also ein Engländer. Wahrscheinlich hätte die Verkündigung meiner deutschen Nationalität keinen größeren Eindruck auf diesen Fürsten gemacht, als wenn sich in Berlin ein Neger mit Stolz als zum Stamme der Aschanti gehörig ausgäbe.

Wir kamen über den Dorfplatz, der, wie mit großen graugrünen Zelten, mit wilden Feigenbäumen umstellt war, deren hängende Wurzeln wie das Gitterwerk eines Käfigs den Ausblick auf die fast ganz im Grün verborgenen Hütten anfänglich verdeckten. Das Schloß lag am Ende des Dorfs in einem Hain von wilden Zitronenbäumen und Arekapalmen, es war zweistöckig und weiß getüncht, von einem hohen Kakteenzaun umgeben, zwischen dem Termitenbauten natürliche Befestigungstürme bildeten. Die mit Bambusgitterwerk verhangenen Fenster schwiegen geheimnisvoll in dem abendlichen Sonnenschein, der schräg durch die Palmen drang, nur zuweilen klirrten die blanken Stäbchen leise, als rührte sich hinter ihnen die Hand einer Neugierigen.

Ich habe nur den Hof des Hauses betreten dürfen und hätte nach dieser kurzen Begrüßung den König wahrscheinlich nicht mehr zu Gesicht bekommen, wenn nicht ein aufregender Vorfall mein Interesse aufs höchste gespannt und meine zur Stunde nicht sonderlich auf äußere Abenteuer gestimmte Seele in ein gefahrvolles Ereignis verwikkelt hätte.

Als der rasche Abend niedersank und wir vor unserem Zelt unsere Mahlzeit beendet hatten, vernahm ich aus dem Dunkel des Gartens einen klagenden Sington von merkwürdig einschmeichelnder und zugleich wehmütiger Verlorenheit. So singen zuweilen im Einsamen beschäftigte Menschen vor sich hin, die sich für unbeobachtet und unbelauscht halten. Es waren langgezogene, wie mit dem schweren Atem hervorgehauchte Töne, nur wenig voneinander unterschieden und tierhaft traurig. Sie wiederholten sich immer wieder und bemächtigten sich meiner auf eine geradezu dämonisch zwingende Art, so daß ich mich getrieben sah, ihnen wider meinen Willen nachzugehen.

Panja ließ mich auf diesem Streifzug durch den nächtlichen Garten nicht allein. Die Sterne schienen hell, und die riesigen Blätter der Bananenstauden zur Rechten und zur Linken der schmalen Wege erhoben sich wie gestürzte und sinkende Säulen eines heidnischen Bollwerks gegen die Macht böser Götter, oder sie hingen zerrissen im Sternenschein nieder, wie die Häute zerfetzter Ungeheuer.

«Der König gibt uns Boote», sagte Panja leise, «aber er erwartet eine Bezahlung, die seiner Würde entspricht. Er hat auch Ruderer ausgewählt, sogar Bananen, Papaya und Gewürze für den Reis.»

Ich nickte schweigend; wir sprachen nicht über die Töne, die uns lockten. Vielleicht setzte Panja voraus, daß ich wüßte, um was es sich handelte, vielleicht hielt ihn eine ähnliche Scheu von seinen Mitteilungen ab wie mich vom Fragen.

Dicht am Kakteenzaun des Gartens erhob sich nach einer Weile schwarz und mächtig die hölzerne Pagode eines Tempels; wir sahen in den Hof hinüber, was vom königlichen Garten aus möglich war, und erblickten die heilige Ziege zwischen den braunen Pfählen des Vorplatzes zum Heiligsten. Es rührte sich nichts an der geweihten Stätte, nur ein schwacher rötlicher Lichtschein glomm hinter dem niedrigen dunklen Türrahmen, als wäre ein Vorhang aus zartroter Seide vor dem geheimnisvollen Raum ausgespannt.

Als unsere Schritte sich einem Bambusdickicht näherten, hinter dessen leise sirrendem Gefieder der Umriß eines niedrigen Gebäudes sichtbar wurde, verstummte der trübe Singsang, ähnlich wie der Grillengesang im hohen Gras erlischt, wenn ein nächtlicher Späher herantritt. Wir drangen in die hohen Stauden ein; auf einem schmalen, kaum sichtbaren Pfad über uns hingen die Sterne im dünnen Bambusblätterwerk wie stechende, kleine Ampeln. Hinter einer vergitterten Tür im Schwarzen erklang ein schwaches Stöhnen, dicht an den hölzernen Stäben.

«Wir müssen Licht haben», sagte ich leise zu Panja.

Dies wäre nur durch eine Fackel möglich gewesen, und ihr Schein hätte uns verraten. Wir wären unserem königlichen Gastgeber wohl kaum als sonderlich höflich erschienen, wenn er uns darüber ertappt hätte, daß wir seinen häuslichen Bereich nächtlicherweile durchforschten.

«Wenn wir warten, so werden wir sehen lernen», meinte Panja.

Die Sterne schienen sehr hell; ich hörte mein Herz klopfen und stand unentschlossen.

«Ist es ein Tier?» fragte ich Panja.

Er sah mich überrascht an, als hätte er mich für unterrichtet gehalten und wundere sich nun über meine Frage. «Ein Tier? Es ist ein Weib, das klagt», sagte er. «Vielleicht hat die Liebe sie verwundet, vielleicht erleidet sie eine Strafe.»

Ein trüber Dunst, der den Atem benahm, schlug mir entgegen, als ich nun nahe an das Holzgitter herantrat. Meine Furcht war jenem gedankenlosen

Mut der Empörung gewichen, der mit Panjas Worten in mir erwachen mußte. Ich hielt mich seitlich, um den schmalen Lichtschein auf die dunkle Öffnung fallen zu lassen. Das niedrige Häuschen war gemauert und glich einem vernachlässigten Stall.

«Wer ist dort?» fragte ich auf kanaresisch. Panja stand dicht hinter mir.

Da sah ich nach einer kurzen Weile bedrängten Wartens ein schmales Menschengesicht, merkwürdig farblos und von kranker Blässe, zwischen zwei Stäben des Gitters erscheinen. Rechts und links von dem schwarzen Haar, das gelöst niedersank, erblickte ich die erschreckend mageren Finger der Hände, die in der Höhe der Augen je einen Stab umklammerten. Diese Erscheinung war im nächtlichen Licht so grauenhaft in ihrer Verdammnis, als tauche das Gesicht einer längst Verstorbenen aus der Gruft hervor. Die großen dunklen Augen saugten die Nacht auf und gaben sie in lähmender Stille zurück. Mir war, als erlösche mein Herz, und ich taumelte und ergriff Panjas Arm.

«Komm, Sahib», sagte er; «wenn sie krank ist, so schleicht die Seuche in deine Glieder.»

«Ist sie krank?»

«Ich weiß es nicht», sagte er zögernd.

«Du weißt es doch!» rief ich, die Zähne aufeinandergepreßt.

Panja erschrak. «Ich weiß nur, Herr, daß untreue Frauen in diesem Lande auf solche Art bestraft werden, aber es ist möglich, daß sie erkrankt ist.»

Mich verließ der Rest meiner natürlichen Besinnung, ich packte einen der Holzstäbe des Gitters mit beiden Fäusten, stemmte den Fuß gegen die Bodenmauer und setzte jenen großen Aufwand entfesselter Kraft ein, den die höchste Empörung uns verleihen kann – aber meine Bemühung war vergebens, da die Stäbe aus Bambus waren.

Panja zog mich zurück. Ich entsinne mich nicht, daß er mich jemals vorher berührt hat, und mehr diese Kühnheit als seine Absicht brachten mich zur einsichtsvolleren Betrachtung der Lage, die zweifellos recht schwierig war, wenn ich erwog, daß ich auf jeden Fall alles einsetzen wollte, dieser Unglücklichen ihr Geschick zu erleichtern, und mich zum andern die Angelegenheit durchaus nichts anging. Der König würde mir einen eigenmächtigen Eingriff in seine Rechte niemals verzeihen, und wenn seine Machtbefugnisse auch keinesfalls so groß waren, wie er wähnte und vorgab, so hatte ich andererseits nicht den Rückhalt, den er bei mir vermutete. Die Engländer pflegen die Gebräuche und die persönlichen Gewohnheiten der vornehmen Hindus wie auch die der Brahmanen auf das zurückhaltendste zu respektieren, weil sie erkannt haben, daß sie durch die Unterschiede der Sitten, welche die einzelnen Kasten auszeichnen, das Land um so leichter beherrschen. So gering ihre Zahl im Vergleich zu den Eingeborenen ist, so groß ist sie als eine einzige geschlossene Gesellschaft, selbst der mächtigsten Kaste gegenüber.

So mußte ich wohl bedenken, daß ich keinen Schutz bei einer Regierung finden würde, deren Verwaltungstendenz einen Eingriff, wie den von mir geplanten, verurteilte, am wenigsten vielleicht als Deutscher. Gerade damals war England noch nicht über Deutschlands Kräfte und Rechte unterrichtet, und man hielt in London das erste energische Vorgehen der Deutschen in überseeischen Ländern nur für anmaßend.

Trotzdem stand mein Entschluß fest, meinen Wunsch zur Geltung zu bringen, und ich nahm mir vor, Panja in der Morgenfrühe zum König zu senden und ihn um eine besondere Unterredung zu bitten. Es ist seltsam, wieviel leichter wir grausame und ungerechte Handlungen begehen als bei anderen dulden können. Der Gedanke an das Elend dieser eingekerkerten Frau überschüttete mich in einer schlaflosen Nacht in der Schwüle unter dem Moskitovorhang mit einem heißen Schauer der Empörung nach dem andern. Im kurzen Eindämmern eines qualvollen Halbschlafs erschien das wächserne braune Frauengesicht vor mir in glühendem Nebel, und die klagenden Singtöne ihrer ersterbenden Stimme füllten die von Unheil und nahenden Ungewittern schwangere Nachtluft.

Ich erhob mich mit dem ersten Morgengrauen in einem ins Schmerzhafte gesteigerten Verlangen danach, endlich das Meer, die Weite, den Widerschein der Befreitheit zu erblicken. Mir war, als hätten die grünen Wände meine Augen, ja alle Sinne abgestumpft und bis zur äußersten Gereiztheit eingezwängt, und ich fühlte mich schuldig und am Ersticken. In diesem Zustand mag der Eigensinn eines Gedankens um so ausschweifender und zäher Gewalt gewinnen; es war zweifellos eine gesteigerte Wut, in der ich bald darauf dem König gegenübertrat. Es kam mir wenig auf die Folgen meiner Handlungsweise an, und dieser Verfassung mag ich mehr an Erfolg verdankt haben, als ich vielleicht einem überlegten Vorgehen zu danken gehabt hätte.

«Du hältst ein Weib in deinem Garten gefangen», sagte ich barsch. «Es ist eines mächtigen Fürsten unwürdig, so gegen ein hilfloses Wesen vorzugehen. Ich verlange, daß du ihr sogleich ihre Freiheit zurückgibst. Mehr nicht, aber das. Tu es gleich!»

Nach einem betroffenen Aufblick kam eine große Geschmeidigkeit in das Wesen des Hindufürsten, eigensinnig und zugleich unterwürfig und von einer Ausdauer im Umständlichen, die auch die größte Langmut ermüdet hätte. Panja war sehr ernst und übersetzte jedes Wort aufs genaueste; ich fühlte, daß er nicht wagte, in dieser Situation eine Verantwortung zu übernehmen.

«Ich sehe, daß du mir nicht zu Willen bist», ließ ich dem König antworten; «so erinnere ich dich an das Gesetz der Regierung, das verbietet zu töten und das den Mord mit Tod bestraft.»

Der König erblaßte, und seine Lippen zitterten leicht, aber er blieb freundlich und herbeilassend und versuchte mich zu überzeugen, daß es sich um eine leichte Strafe handelte, die zu verhängen sein gutes Recht sei. Auch sei mir das Vergehen dieser Frau unbekannt. Er wüßte von der Strenge der Engländer, aber zugleich habe er bisher niemals Grund gehabt, an ihrer Gerechtigkeit zu zweifeln, und er würde eher glauben, daß ein ungerechter Mann kein Engländer sei, als daß er einem Engländer eine Ungerechtigkeit zutraue.

Ich begriff aufs neue die Schlauheit und Zähigkeit dieser Menschen, ihre Beharrlichkeit und die List, mit der sie ihre kleinsten Zweifel zu Waffen machen, ohne eine nachweisbare Kränkung damit zu verbinden. Billigerweise blieb mir kein anderer Ausweg, als nachzugeben, bevor ich nicht die Rechte zu einer Prüfung erbracht oder die Gründe für die Bestrafung der Eingekerkerten angehört hatte. Aber die kleine Enge, in die ich getrieben worden war, machte mich nicht vorsichtig, sondern zornig, und so rief ich böse: «Wenn die Engländer ihre Gerechtigkeit von den indischen Königen gelernt hätten, so säßest du hinter jenen Stäben, noch ehe ich nach Bombay zurückgekehrt wäre.»

Es ist sonst nicht meine Art, Königen auf so unhöfliche Weise zu begegnen, aber nach dem Anfang, den ich gemacht hatte, blieb mir nur dieser Weg übrig, denn mir ist die Klugheit fremd, die ihre Zelte auf der Walstatt errichtet, auf welcher ein hochherziger Vorsatz von Furcht überwältigt worden ist.

Ich sah Panja an, daß er meine Antwort für richtig hielt; er trat vor und sagte ruhig: «Die Beine der Gefangenen sind bis an die Knie hinauf von den Ameisen zerfressen.»

Der König gab ihm keine Antwort; er sah vor sich nieder, als ginge ihn dies alles plötzlich nichts mehr an, und zum erstenmal schlich, über dieser neuen Gebärde meines Gegners, eine graue Furcht in mein Herz. Ich fühlte, daß er den Gebrauch von Waffen erwog, denen keine Gesinnung gewachsen ist; dies war die Stille, in der das Böse, zum Äußersten getrieben, das Niedrige beschwört.

«Ich werde die Gefangene freigeben, Sahib Kollektor», sagte er ruhig und trat zurück.

Dieser Titel war mir gewiß nicht aufrichtigen Herzens zugelegt, denn der englische Kollektor ist der höchste Regierungsbeamte des Bezirks und würde sicherlich nicht in meinem Aufzug durch die vergessene Wildnis des Dschungels von Malabar reisen. Ich wußte dies wohl, und nicht nur der lauernde Blick des Königs unterrichtete mich über die Tücke dieses Angriffs.

«Wenn der Kollektor hätte kommen sollen, so wäre ich nicht selbst gegangen», sagte ich frech. Es kam mir nun durchaus nicht mehr darauf an, etwas anderes zu geben als gute Antworten. Ich forderte die Entgegnung des Königs mit ruhigen Augen heraus, und sicherlich hat ihre Farbe ihn mehr bedrängt als meine Anmaßung.

Er sah mich nur einmal rasch und voll unterdrückten Hasses an. Das dunkle Gift der Dschungelnacht blinkte in seinen müden Samtaugen auf, die Bosheit der Fremde und der ganze Rassenhaß eines unterdrückten Volkes.

Ich hielt es für angebracht, mich vorderhand mit diesem Zugeständnis zu begnügen und abzuwarten, welche weitere Wirkung meine Forderung haben würde. So verabschiedete ich mich vom König, wobei wir uns beide beflissen zeigten, so gnädig als möglich zu erscheinen. Ich ließ das Zelt abbrechen und alles zur Abfahrt vorbereiten, nahm mir aber fest vor, das Boot nicht eher zu betreten, als bis ich das Resultat meiner Bemühungen gesehen hatte. Es blieb mir kaum recht Zeit zu überlegen, ob ein Erfolg oder ein Mißerfolg größere

Schwierigkeiten für mich mit sich bringen würde, denn noch ehe die letzten Eisenkoffer geschlossen waren, brachten zwei Diener des Königs seine Gefangene zu uns. Die junge Frau war in ein weißes Tuch gehüllt und schritt langsam und mühselig dahin; ich sah kaum mehr als die Augen, als sie vor mir stand, und die flackernde Furcht darin machte mich ratlos.

Panja versuchte mit ihr zu sprechen, und nach langer Mühe gelang es ihm, ihr verständlich zu machen, daß sie uns ihre Befreiung aus ihrer Lage verdankte und daß es ihr anheimgestellt sei zu gehen, wohin es ihr beliebte.

Sie ließ sich stumm am Boden nieder, wahrscheinlich aus Erschöpfung, und schloß immer wieder für lange ihre Augen, die des Lichts entwöhnt waren. Kein Zeichen von Dank oder Freude belohnte uns, bis sie endlich, nachdem ich mich zurückgezogen hatte, Panja fragte, ob sie den fremden Sahib begleiten müsse.

Panja will ihr gesagt haben, daß wir nichts von ihr forderten oder erwarteten, er hat ihr die Freiheit so verlockend geschildert, als sie ihm nur immer erschienen sein mag. Nach einer kleinen Weile kam er zu mir und sagte ohne Triumph oder Parteinahme, aber ehrlich bestürzt: «Sahib, die junge Frau bittet dich, sie zurückkehren zu lassen.»

«In ihr Gefängnis?»

«Ja, Herr. Sie hat die Hände auf ihr Herz gelegt und den Namen des Königs genannt.» –

Eine Stunde darauf stießen unsere Boote vom Landungsplatz des Dorfes Schamaji aus in die lauen Strudel des Kumardari, der uns träge und still nach Westen trug, auf das Meer zu. Der Liebe lassen sich keine Liebesdienste erweisen, sie ist in ihrem Fortgang selbständiger und beharrlicher als jedes andere menschliche Gefühl, und ihre Sicherheit ist höheren Ursprungs als die Vernunft.

ELFTES KAPITEL

Mangalore

Die merkwürdige Tatsache unseres irdischen Daseins ist mir immer in den Augenblicken des Erwachens am wunderbarsten erschienen. Wenn sich unsere Sinne, unter dem Glanz der Morgensonne oder durch das Lied eines Vogels im Licht erweckt, aufs neue zum Bewußtsein zusammenfinden, so bricht über das Herz bisweilen wie ein Schauer von Glück und Erstaunen die Gewißheit herein, am Leben zu sein, noch nach Unzähligen, die versunken sind, und nach Ungezählten, die kommen werden, auf der beschienenen Oberfläche der Erde ein lebendiger Mensch zu sein. Ich wurde mir dieses freudigen Erstaunens in keiner Stunde stärker bewußt als an jenem Morgen, an dem ich im Boot auf dem Fluß erwachte.

Am Abend vorher hatten wir einen toten Arm des versandeten Stroms gefunden, in dem das Wasser still wie in einem See unter einer grünen Decke wunderlicher Sumpfpflanzen lag, und da keine Möglichkeit bestand, die Boote durch den Morast der Ufer an festes Land zu ziehen, hatte Panja geraten, auf dem Wasser zu übernachten. Es war mir gegen Morgen entgangen, daß das Boot, in welchem ich schlief, wieder in die Strömung gestoßen wurde, und so erwachte ich erst, als schon die Sonne schien, und der leise Gesang des Wassers traf meine leicht bestürzten Sinne. Ich erinnerte mich nur langsam der Lage, und sogar meine Lebenszeit hatte sich mir für Augenblicke verwischt. In einem von aller Zeitrechnung befreiten Aufstieg meines Bewußtseins wurde mir nur eines zur Gewißheit: die Sonne scheint auf die Erde, in den Bäumen rufen lebendige Geschöpfe, und du selbst lebst.

Solche Augenblicke erscheinen uns oft in späterem Gedenken daran sehr bedeutungsvoll, da sie mit dem Abstand wachsen und weil die Erinnerung die Geschehnisse nicht nach ihrer Dauer und ihrem Wert zu bewahren pflegt, sondern nach dem Maße ihrer Eindringlichkeit. Und ob ein Erlebnis uns im Gedächtnis zurückbleibt, hängt wenig von seiner erkennbaren Bedeutung ab. Vielmehr sind es zumeist so unscheinbare, ja oft geradezu kleinliche Begebenheiten, welche unsere Erinnerung unauslöschbar bewahrt, daß wir ihr nur ein Lächeln gönnen, ohne zu begreifen, daß ihre Kräfte ein eigenes sittliches Reich darstellen, dessen mystische Eigenart unserem Willen in keiner Weise untergeordnet ist.

«Wenn Gottes Augen, welche ohne Aufhör die Regionen seiner Schöpfung durchschweifen, unser Dasein treffen, so bleibt der Augenblick in unserer Erinnerung für immer haften», sagte einmal ein buddhistischer Mönch aus Kaschmir zu mir, der Malabar auf der Suche nach einem heiligen Baum mit grauen Blüten durchwanderte. So werden die Lebensstunden, welche wir für groß gehalten haben, oft abhängige Kindlein kleiner Einzelfälle, an die sie sich lehnen müssen, um nicht im Dunkel zu versinken. –

Ich richtete mich im Boot auf und sah die Ufer

gleiten; sie waren so dicht umwachsen, daß es erschien, als wären wir zwischen zerbröckelten grünen Mauern auf stiller, eiliger Flucht, zwischen Wänden, die bald auseinanderwichen, bald aufeinander zurückten. Das unsterbliche Himmelsblau, unwirklich in seiner funkelnden Farbstille, spannte sich darüber aus, und bisweilen schossen die blendenden Strahlen der Morgensonne in meine Augen und schlossen sie.

Der zurückliegende Tag war voller Beschwerden gewesen, und wir hatten Upanangadi nur mit Mühe erreicht, ohne die Stadt angeschaut und ohne längere Rast gemacht zu haben, als es aus Rücksicht gegen die Ruderer notwendig war. Ihre Tätigkeit bestand zu Anfang unserer Fahrt mehr im Steuern als im Rudern; sie taten es stehend und indem sie, je nach der Richtung, die eingehalten werden mußte, ihr Ruder zur Rechten oder Linken des Kanus ins Wasser tauchten. Dies geschah mit großem Geschick und unterhielt mich lange. Es war häufig vorgekommen, während wir noch auf dem Kumadary schwammen, daß die Boote sich auf Sandbänken festfuhren, wir mußten dann ins Wasser und sie mit vereinten Kräften wieder flottmachen. Bisweilen kreisten wir sanft, aber recht ausdauernd, in tiefen Kesseln oder glitten niedrige Fälle nieder, eine Beschäftigung, an die sich meine Sinne gewöhnen mußten, weil die Vorstellung etwas durchaus Erschreckendes hatte, dort zu kentern und vom trüben Wasser an die sumpfigen Ufer getrieben zu werden oder in Stromschnellen und tiefen Wirbeln mit den Alligatoren in nahe Berührung zu kommen.

Nachts war es am schönsten. Zwar fuhren wir nachts nur die Stromstrecke vor der Stadt Upanangadi bis an die hölzernen Landungsstege des Orts, aber die wandernden Fackeln im Dunkel der Ufer, die wie riesige Leuchtkäfer aussahen, erregten die Phantasie geheimnisvoll und unterrichteten uns darüber, daß wir uns bewohnteren Gegenden näherten.

Je weiter wir nun den Netrawati hinabtrieben, um so gemächlicher zog die Flut, und die Arbeit der Ruderer setzte ein. Bei Krümmungen des Stromes verloren wir oft das zweite Boot für lange aus den Augen, aber es lag kein Grund zur Besorgnis vor, denn Pascha, der unser Gepäck im andern Kanu bewachte, genoß jenen Respekt bei den Leuten, der schweigsamen Menschen leicht zufällt, die, ohne unhöflich zu erscheinen, niemals ein Lächeln und selten eine Frage erwidern. Meine Träger waren in Schamaji von Panja entlassen worden, ich langte nach dreitägiger Fahrt, in Begleitung von Panja und Pascha, in Mangalore an; die Kanus kehrten im Hafen um, ohne daß die Leute aus Schamaji das Ufer betreten hatten. Sie leben in keinem guten Einvernehmen mit den Küstenvölkern, die sie für abtrünnig und fremdenfreundlich halten.

Die letzten Stunden war unser Boot langsam durch trübes, stehendes Wasser gerudert worden. Die Vegetation nahm immer mehr ab, Reisfelder wechselten mit sumpfigen Einöden, auf denen böse, stille Lachen spiegelten, von schweren Dünsten umlagert und von Menschen und Tieren verlassen. Dort schlief die Pest ihren Sommerschlaf, um mit den ersten Regen wieder zu erwachen. Es war so drückend heiß, daß das Atmen zur qualvollen Mühe wurde; die Ruderer arbeiteten zuletzt wie in einer dumpfen Betäubung, und die Stimmen des trüben Wassers erloschen oft ganz. Der Fluß teilte sich in vielerlei breite und schmale Kanäle, aus den Palmen am Ufer ragte der rote Schornstein der deutschen Ziegelei.

Wir durchfuhren die ganze Stadt bis zum Meerhafen, der am Ort unserer Ankunft kahl und öde, durch eine Sandbank gegen das Meer geschützt, lag, und die Dünste der See, ohne Leben und Frische, enttäuschten mich bitter. Von der Stadt hatten wir so gut wie nichts gesehen, sie liegt ganz im Palmengrün auf drei sanften Hügeln. Nun aber erblickte ich die Häuser des Hafens: schlechte, zerfressene Steinbauten, unfreundlich und verlottert, in jener ganzen Roheit und erbärmlichen Charakterlosigkeit, wie man sie oft in orientalischen Häfen findet, deren Tradition längst zerstört und deren neue Gewohnheiten und Einrichtungen dem Geist einer flachen und räuberischen Geschäftigkeit dienen. Ein paar alte, große Segelboote mit hohem Bug und breitem Deck lagen kreuz und quer, bald halb im Wasser, bald eingesunken in schmutzigem Sand.

Es war fast menschenleer, nur auf einer kleinen Dampfschaluppe kauerte ein Hindu im Schatten und rauchte. Er spähte neugierig nach uns aus; als ich mich im Boot erhob, sprang er empor, rief gellend und überlaut ein paar Worte über den Damm gegen die trüben Fenster eines bemalten Hauses. Sein kleines Schiffchen vermittelt den Personenverkehr zwischen der Küste und den Hochseedampfern, die einige Kilometer vom Land entfernt Anker werfen, um für zwei oder drei Stunden auf Passagiere zu warten. Der Hafen von Mangalore selbst ist für den Verkehr größerer Dampfschiffe nicht geeignet.

Die ersten Eindrücke, die ich von Mangalore empfing, boten sich mir um so abstoßender dar, als ich nach der Lebensweise der zurückliegenden Zeit alles mit der großzügigen Einfachheit der unberührten Natur zu vergleichen genötigt war. Es kam hinzu, daß die Stadt in einem dumpfen Schlaf der Erwartung lag und mir überall Trägheit, Verfall und Teilnahmslosigkeit begegneten. Der vernachlässigte Hindugasthof, in dem ich meine ersten Tage zuzubringen genötigt war, ermutigte meine Unternehmungslust in keiner Weise, und das qualvolle Harren auf die ersten Gewitter nahm allen und endlich auch mir den Rest wohlbestellter Daseinsfreude.

Als Mangalore nach wenigen Monaten im Glanz der Frühlingssonne seine bunte Auferstehung feierte, glaubte ich die Stadt nicht wiederzuerkennen. Die Unterschiede zwischen unserem deutschen Sommer und Winter sind in ihrer Einwirkung auf das Befinden und die Lebensgewohnheiten der Menschen bei weitem nicht so bedeutungsvoll wie der Wechsel der Jahreszeiten in den Tropen. Die Meinung von dem Gleichmaß und der steten Sommerlichkeit der Witterung in diesen Zonen entstammt der mangelhaften Kenntnis oberflächlicher Passanten oder einer falschen Vorstellung; wer das tropische Jahr von Beginn bis zu

Ende in der Nähe des Äquators durchlebt hat und die Menschen in Leid und Freude seines Wechsels beobachtet hat, wird dagegen die Unterschiede unserer Jahreszeiten in den gemäßigten Zonen als unerheblich empfinden.

Später lernte ich vieles in Mangalore verstehen, das ich anfangs mit Geringschätzung übergangen hatte, manches lieben, das mir zuerst fremd und abstoßend entgegentrat, und ich schied mit der Gewißheit aus der Stadt, daß kein bewohnter Ort der Welt an paradiesischer Schönheit und Versunkenheit sich mit Mangalore zu messen vermöchte. Wir erlangen in unseren kurzen Erdentagen niemals das Maß von Erfahrung fremden Erscheinungen gegenüber, das uns ermöglichte, nach dem ersten Eindruck gerecht auf den allgemeinen Wert zu schließen. –

In einem unbeschreiblichen Zustand von Gereiztheit entschloß ich mich am dritten Tage meines Aufenthaltes kurzerhand, den englischen Kollektor aufzusuchen, um endlich Gewißheit über die Möglichkeit eines längeren Aufenthalts, über die Wohnungsverhältnisse und die Lebensbedingungen zu erhalten.

Die Leute drückten sich überall in einer mir völlig unverständlichen Angst um offene Antworten herum; bald fürchteten sie, es mit der Regierung zu verderben, bald mit den Priestern, selbst meine Opfer an Geld machten mir nur den Pöbel gefügig.

Der Bungalow des Beamten lag herrlich auf einem beschatteten Hügel und erinnerte mich an einen alten Herrensitz. Der Garten war aufs beste gepflegt, die Amtsräume sauber, kühl und groß.

Im Vorzimmer saß ein Mischling in weißer, halbeuropäischer Kleidung an einem großen Schreibtisch und stellte sich ungemein beschäftigt. Ich war im Anfang so bescheiden, als meine Nerven irgend zuließen, aber die gedankenlose Einbildung dieses Sklaven auf seine Beziehungen zu einer Kultur, die er nicht verstand, brachte mich auf. Ich hätte mich sicher beherrscht, wenn Panja nicht an meiner Seite gewesen wäre.

«Stehn Sie auf, wenn ich mit Ihnen rede», sagte ich.

Mein Blut kochte. Es bedarf in der Tat nur eines sehr geringen Grades von Erregtheit, um in dieser Zeit das ohnehin vor dem Sieden stehende Blut zum Überschäumen zu bringen.

Der Schreiber erhob sich träge, als hätte er Blei in den Knien, aber sein frecher, erstaunter Blick entzündete mir Feuer in den Händen, und noch ehe er ganz auf seinen dürren braunen Beinen stand, schallte eine Ohrfeige durch den würdigen Raum, die ich wie einen kalten Wasserguß genoß.

Ihn mag sie anders berührt haben. Er drehte sich einmal um sich selbst, ein Strohsessel machte es ihm in bürokratischer Ergebenheit dienstbeflissen nach, und auf der verschonten Wange erbleichend, rang er vergeblich um Fassung. Die dunklere Linie seiner Abstammung besann sich auf die Gasse.

«Ich wünsche den Kollektor zu sprechen», sagte ich freundlich. Es ging mir um vieles besser, aber ich bin lange Zeit nicht fähig gewesen, mir die Rauheit dieser Handlung voll erklären zu können. Sicherlich hingen diese bedachtlose Aufwallung und mein Mangel an Beherrschung mit der Verwöhntheit zusammen, in der ich fast ein halbes Jahr lang nur unter Menschen zugebracht hatte, bei denen selbst auch nur ein Gedanke an Gleichberechtigtheit niemals aufgekommen war, so daß mir der erkennbare Widerstand dieses Menschen weit mehr als Überhebung erscheinen mußte, als er es in der Tat gewesen sein mag.

Der in zweierlei Hinsicht arg betroffene Mann begann den Kampf um seine beleidigte Beamtenehre erst, nachdem er einen Abstand von etwa vier Metern und einen Tisch aus gebeiztem Hartholz zwischen sich und mich gebracht hatte. Alles an ihm war Empörung, sogar sein geöltes Haar, von dessen glänzender Frisur das graue Leinenkäppchen sich entfernt hatte, schien mir vor Entrüstung zu funkeln.

Ich nahm für alle Fälle ein schwarzes Kästchen aus Ebenholz vom Tisch, in dem Stahlfedern, ein Radiergummi und Kupferannas mit dem Anstand geordnet waren, mit dem eine Prinzessin Juwelen verwahrt. Dabei war ich entschlossen, das erste unehrerbietige Wort dadurch zu erwidern, daß ich dies Kästchen als Wurfgeschoß verwandte. Ich habe einmal davon gehört, daß Bauern, deren Felder unter anhaltender Hitze in Gefahr sind, zu verdorren, den Regen durch Kanonenschüsse herbeizulocken suchen. Eine ganz ähnliche Hoffnung muß mich damals bewegt haben und ein verwandter Glaube.

Aber es kam zu keinem Wort und keinem Gewaltakt mehr zwischen mir und meinem Widersacher, weil die Tür sich öffnete und mit kühlen Augen und wohlrasiertem Antlitz der englische

Beamte im Rahmen erschien und seinen Blick gelassen bald von mir zu seinem Sklaven und bald wieder zurückwandern ließ.

Der Abstand, in dem wir uns voneinander befanden, der Tisch zwischen uns, die an die Wange gelegte Hand des Schreibers und meine streitsüchtige Haltung mögen den Beherrscher Südkanaras genugsam darüber unterrichtet haben, was etwa vor sich gegangen sein mochte. Die im Tropendienst und an ausgesetzten Posten bewährten, gebildeten Engländer haben eine bewundernswerte Besonnenheit in allen ungewöhnlichen Lagen und verstehen es ausgezeichnet, die Dinge zunächst einmal so zu nehmen, wie sie sind, ohne vorschnell kundzutun, wie sie nach ihrer Meinung sein sollten. Das zeugt mindestens von großem Selbstbewußtsein. Und so wandte der Beamte sich mir ruhig zu und fragte höflich, ob er in der Lage sei, durch seine Einmischung diese Situation harmonischer zu gestalten. Dabei wies er ohne weitere Frage auf die geöffnete Tür zu seinem Zimmer, und ich trat ein, ohne ein Wort der Beschwerde, denn ich merkte, daß dies in Gegenwart eines Untergebenen nicht erwünscht sei.

Ich sah mich gleich darauf in einem bequemen Korbsessel einem Manne von etwa fünfzig Jahren gegenüber, dessen starke, wohlbestellte Gestalt, dessen kluges und zugleich wohlwollendes Gesicht mir unbedingtes Vertrauen einflößten, und da ich etwa dreißig Jahre jünger war als er, wurde es mir leicht, ihn zu bitten, die ungewöhnliche Art meiner Einführung nicht als Mißachtung gegen die englische Regierung oder gegen seine Person anzusehen. Als ich ihm meinen Namen nannte, sagte er mir kühl den seinen und fragte mich, ob ich Engländer sei.

Wie wichtig den Vertretern dieser Nation diese an sich so unschuldige Tatsache erscheint! Auf meine Antwort hin glitt ein kleiner Schatten von Unwillen über seine Stirn, und er fragte mich, ob ich der deutschen Mission in Mangalore zugehörte.

«Schließen Sie das aus der Behandlung, die ich Ihrem Schreiber angedeihen ließ?» fragte ich.

Er lächelte und schüttelte den Kopf, schien aber ohne weitere Erklärung aus der Art meiner Antwort zu ersehen, daß ich seine Frage damit verneinte, und dann wartete er. Als ich sprach, musterte er mich unauffällig und ohne daß sich auch nur ein Schatten von Kritik in seinen Zügen zeigte. Nach seinem Ausdruck zu schließen, hätte ich selbst und meine Erzählung ihm ebensogut unausstehlich wie angenehm oder völlig gleichgültig sein können. Bei einer Pause, die ich machte, setzte er eine kleine Tischglocke in Bewegung und gab einem eintretenden Diener einen Befehl, und gleich darauf pflanzte ein stilles braunes Wesen ein Tablett zwischen uns auf, das Whisky, Sodawasser und – Eis trug.

Mein Herz schlug in Empfindungen, wie sie nicht zärtlicher für einen Vater hätten sein können, und dies Gefühl wurde noch durch die einfache Warnung des Kollektors erhöht, als er mich bat, mit dem Trinken vorsichtig zu sein, da ich wahrscheinlich in Schamaji kein Eis vorgefunden hätte.

Die Geschichte mit dem König hatte ihm gefallen; nach einer Weile meinte er: «Als ich vor Jahren meinen ersten tropischen Sommer erlebte, wurde ich nahezu ein Mörder, im zweiten ein Verzweifelter, und erst im dritten begann ich wieder einem Engländer zu ähneln. Sie brauchen sich deshalb nicht besorgt zu zeigen, wenn Ihre Besinnung Sie für Augenblicke verlassen hat; die Geduld verliert man in Indien zuerst, dann gewöhnlich den Verstand. Nur wenige finden beides wieder, aber diese pflegen sie dann auch zu brauchen.»

Ich erfuhr damals, was ich in meiner Angelegenheit wissen wollte, und brauchte dabei nur wenig zu fragen.

Im Amtszimmer des Kollektors fiel auch in späteren Tagen zuerst der Name Mangesche Raos, des Brahmanen. Bei diesem Klang und beim Anhören der kurz und ohne tieferes Verständnis vorgetragenen Lebensgeschichte dieses Mannes empfand ich deutlich eine Beziehung, die weit über Neugierde oder Interesse hinausging.

Der Beamte erzählte mir nach und nach folgendes, anknüpfend an meine Bitte, mir in Mangalore unter den gebildeten Brahmanen eine Persönlichkeit zu nennen, mit der ich nutzbringenden Umgang pflegen könnte, und nachdem unsere Beziehung zu einiger Freundschaftlichkeit erprobt war: «Mangesche Rao ist unter den jüngeren Brahmanen Mangalores, ja Südkanaras einer der bekanntesten und zweifellos auch einer der klügsten. Über seine Gesinnung kann ich keinen Aufschluß geben, da seine Interessensgebiete die unseren nur politisch berühren, und kaum eine andere Leidenschaft verhüllt den Charakter des Gegners vor dem Gegner mehr als eben eine solcher Art. Der Mann hat uns viel zu schaffen gemacht, und nur deshalb, weil er das Verständnis und die Teilnahme seiner Kastengenossen nicht einmütig gefunden hat, ist er uns nicht gefährlich geworden. Da er die Universität von Madras besucht hat und so weit akademisch gebildet ist, als die englischen Hochschulen in Indien es ermöglichen, hat er naturgemäß das Vertrauen seiner Kaste verloren, dagegen lange das unsere besessen, im Grunde allerdings niemals mein persönliches. Ich war als Vertreter der Regierung verpflichtet, ihn so weit zu fördern, als er uns nützte; wenn er mir aber, was damals oft geschah, in jenem Sessel gegenübersaß, den nun Sie einnehmen, so bin ich niemals ein Gefühl heimlicher Scheu vor der seltsamen Undurchdringlichkeit seines Wesens losgeworden. Er erreichte bald einen führenden Posten am hiesigen englischen College, man sah ihn unter den Jesuiten, in geheimen Versammlungen seiner Stammesgenossen und sogar im Lager der protestantischen Mission. Ich habe nie in Erfahrung bringen können, ob ihm die Sympathie, die er überall zu erwecken schien, aufrichtig entgegengebracht oder ob sie ihm gezeigt worden ist, weil man ihn fürchtete.

Vor einem halben Jahre ist er entlassen worden. Ich habe nicht gewagt, weiter gegen ihn vorzugehen, weil ich inzwischen erfahren habe, daß sein Einfluß groß ist und wahrscheinlich auch sein Anhang, wenn auch nicht eben in der Provinz, so doch im ganzen Reich. Wir müssen uns wohl hüten, in diesem Lande die Strafe als Vergeltung oder Rache aufzufassen, vielmehr dürfen wir in solchen Fällen durchaus nur so weit vorgehen, als unsere Gegner unter ihr machtloser werden. Es hatte sich folgendes ereignet: Ein Jesuitenpater des hiesigen Klosters ließ sich eines Tages bei mir melden und brachte mir ein kleines, in Malealym verfaßtes Schulbüchlein, wie sie hier überall in den Regierungs- und Missionsschulen nach Form und Aufmachung Verwendung finden. Ich will Ihnen das Buch zeigen.»

Er erhob sich und schritt im Nebenzimmer auf einen eisernen Schrank zu, dem er nach einigem Suchen unter Akten und Papieren ein graues heftartiges Büchlein entnahm und vor mich hinlegte. Es war schmal und an drei Seiten beschnitten, nüchtern und sachlich von Gewand und wies in der traditionellen Anordnung eines Lehrbuchs einen Titel auf und unten die Abzeichen der Druckerei der Jesuiten, die für ihre Propaganda eine Druckerei mit mehr als zehn verschiedenen Schriftzeichen der Eingeborenensprachen unterhalten. Der Kollektor übersetzte mir den Titel: «Ein Lehrbuch der vergleichenden Sprachwissenschaft über den Zusammenhang der jüdischen Dialekte mit dem Sanskrit. Bearbeitet von Mangesche Rao, Lehrer am englischen College zu Mangalore, gedruckt in der Offizin der S.J. daselbst.»

Der Titel und die ersten zehn Seiten des unscheinbaren Heftes wurden in kurzen Vergleichen seiner Aufschrift gerecht, dann aber folgte eine mit großem Aufwand und agitatorischer Inbrunst verfaßte Kritik der englischen Regierung in den Südprovinzen, die um so aufreizender wirkte, als sie sachlich war und eingehende Kenntnis verriet, ohne daß etwa ein Landesverrat nachzuweisen war. Ich habe mir diese Abhandlung später von Panja im einzelnen übersetzen lassen.

Der Beamte fuhr fort: «Der Pater erzählte mir, daß ein Zufall zur Entdeckung dieses Mißbrauchs ihrer Druckerei geführt habe; er lehnte die Verantwortung seines Ordens der Regierung gegenüber mit diesem Eingeständnis ab und teilte mir mit, daß die bestochenen Leute entlassen seien. Auf meine Bitte, mir seinen Verdacht zu nennen, wen er für den Verfasser dieser Broschüre hielte, erwiderte er in großer Höflichkeit, daß wohl ein solcher Verdacht bestünde, daß es aber nicht zu den Absichten und Gewohnheiten seines Ordens gehöre, über Verbrechen Meinungen auszutauschen, die nicht dem interesselosen Pöbel angehören. Es ist allzuoft vorgekommen, daß die eifrigsten Führer einer Partei an einem Morgen, gekrümmt vom Gift ihrer Gegner, tot in ihren Häusern aufgefunden wurden.

So war es an mir, Mut zu zeigen, aber alle unbedachte Art von Kühnheit, die nicht von höchster Vorsicht geleitet ist, hat hierzulande nur den Wert einer eitlen Knabenposse. Mir wurde, noch ehe ich eine Verhandlung eingeleitet hatte, sehr unverblümt deutlich gemacht, daß ich im Falle eines unbesonnenen Eingriffs nicht mit einem leichtsinnigen Verbrecher, sondern mit einer mächtigen Partei des ganzen indischen Reiches zu kämpfen hätte. Das steht mir weder zu, noch garantiert die Tragweite meiner Stellung mir auch nur geringen Erfolg. Ich gab den Fall an die Regierung weiter.

Naturgemäß ging es nicht an, hier nur Vorsicht und sonst nichts erkennen zu lassen. So ließ ich Mangesche Rao zu mir bitten. Diese Begegnung vergesse ich niemals. Zunächst ließ der Brahmane mir sagen, daß ihm ein späterer Tag zu einer Begegnung lieber sei. Ich war betroffen, da ich daraus entweder auf völlige Unbefangenheit oder auf einen Fluchtversuch schließen mußte, und so ließ ich ihn überwachen, ohne ihn zu drängen. Ich weiß heute, daß er diese Überwachung, die er sofort merkte, absichtlich durch sein Zögern heraufbeschworen hatte, um zu erfahren, ob es sich um etwas Bedeutsames handelte. So kam er am nächsten Tage und war auf alles gefaßt.

Ich gab ihm, mitten in einer gleichgültigen Unterhaltung, unversehens das Buch.

Er nahm es, warf einen Blick darauf und sagte höflich: ‹Ich will es prüfen, sobald ich Zeit finde.›

‹Es ist von Ihnen›, sagte ich.

‹Ja›, antwortete er ruhig, als habe ich alles andere gesagt, ‹es geschieht bald.›

‹Dies Buch trägt Ihren Namen als Verfasser›, fuhr ich fort, und ich gestehe, innerlich unsicher und aufgebracht.

Mangesche Rao sah mich an, als erwartete er bestimmt, ich würde fortfahren, in jener vermeintlichen Sache zu sprechen, die durchaus nichts mit dem kleinen Heft zu tun hatte, das er gleichgültig zwischen den Fingern drehte. Endlich folgte er meinen Augen, und scheinbar erst jetzt aufmerksam geworden, begann er in dem Heft zu blättern, und durchaus nicht, wie es zweifellos jeder andere getan hätte, in den harmlosen ersten Seiten, sondern mitten in dem verräterischen Angriff auf die Regierung.

Er sah einen Augenblick auf, fragte höflich und mit ein wenig gerunzelten Brauen: ‹Sie erlauben?› und las weiter. Nach einer Weile wandte er die Einbanddecke, betrachtete wieder den Titel, verglich, lächelte befangen und fuhr fort zu lesen. Der Mann hat es fertiggebracht, eine Viertelstunde lang unter meinen Augen seinen eigenen Text zu lesen, nicht etwa mit Anzeichen des Erstaunens oder der Empörung, sondern ohne Anzeichen. Und ich habe die ganze Verhandlung hindurch sicherlich eher als er den Anschein des Geprüften erweckt.

Nun, ich blieb geduldig, mir dessen bewußt, daß er innerlich gelassen den Grund meiner Geduld erwog. Als er aber nach einer guten Weile mit einem amüsierten Lächeln aufsah, den Kopf schüttelte und begann, mir einen ganz sonderlich treffenden und zugleich boshaften Absatz vorzulesen, brauchte ich meine ganze Beherrschung, um dieses Lächeln zu erwidern.

Er legte das Heft nachdenklich hin und meinte besorgt und mit erhobenen Brauen: ‹Das ist nicht angenehm für uns.›

‹Haben Sie einen Verdacht, wer der Verfasser sein könnte?›

Mangesche Rao antwortete nicht, und ich sah mich genötigt, fortzufahren: ‹Wie mag Ihr Name auf dieses Heft gekommen sein?›

Der Brahmane beantwortete meine erste Frage, nachdem er mich zuvor kurz angesehen hatte, als wollte er zu meiner zweiten sagen: War das nicht ein wenig plump geforscht? ‹Ich habe keinen Verdacht. Was mich am meisten überrascht, ist die Tatsache, daß die Jesuiten ihre Befugnisse so gedankenlos in den Dienst einer Sache stellen, welche der Regierung schadet, die sie schützt.›

Es blieb mir nichts anderes mehr übrig, als nun entweder meinen Argwohn gegen den Brahmanen auszusprechen oder die Unterhaltung abzubrechen, aber das erste durfte ich nicht ohne Beweis, dem ein Eingriff folgte, und das zweite wollte ich nicht. So wählte ich noch einmal einen Mittelweg, obgleich ich die Ergebnislosigkeit meines Vorgehens wußte.

‹Wie mag der Verfasser gerade auf Ihren Namen gekommen sein?› fragte ich laut.

Mangesche Rao meinte, daß, nach dem flüchtigen Eindruck, den er nach der Lektüre empfangen hätte, ihn dieser Mißbrauch, bei parteiloser Betrachtung des Bildungsgrades, der aus der Arbeit spräche, wenigstens nicht eben bloßstellte, aber dann fügte er ernst hinzu: ‹Der Gedanke lag nahe. Wurde das Buch schon in Mangalore gedruckt, so wählte man am besten als Deckung den Namen eines Lehrers vom hiesigen englischen College. Es wird eher deshalb geschehen sein, weil es galt, die Jesuiten zu täuschen, als aus Gründen einer anderen Vorsicht.›

‹Man hätte auch einen englischen Namen nehmen können.›

Mangesche Rao betrachtete den Titel, dann erwiderte er mir mit bescheidenem Kopfneigen: ‹Das wäre nicht klug gewesen, denn jeder in Indien, der lesen kann, weiß, daß ein Engländer nur selten etwas von fremden Sprachen versteht.›

Nun, ich schluckte auch dies noch und begriff, daß ich einen falschen Weg eingeschlagen hatte.

Als das Meisterlichste dieser diplomatischen Sicherheit meines Gegners erschien mir seine von jedem, auch dem kleinsten Triumph völlig freie Art der Verabschiedung. Er ging still und ein wenig beklommen, als wäre ihm langsam klargeworden, daß diese seltsame Entdeckung ihm doch unangenehmer werden könnte, als er zu Anfang geglaubt hatte. Ich hatte damals bereits Beweise in Händen, die ich weitergab; es ist über jeden Zweifel erhaben, daß Mangesche Rao der Verfasser dieses Pamphlets ist, er hat es mir später, nicht ohne Hohn, auf eine Art eingestanden, die nur mich, mich aber gründlich, überzeugt hat. Die Regierung verfügte in höflicher Zurückhaltung seinen vorübergehenden Rücktritt von seinem Posten mit der Begründung, daß zwar kein Verdacht gegen ihn vorläge, daß jedoch sein Name auf eine Art bloßgestellt sei, die diese Verfügung für kurze Zeit notwendig mache.»

So lautete, aus Einzelheiten zusammengesetzt, die ich nach und nach erfuhr, die Geschichte des Brahmanen Mangesche Rao, und meine Erwartungen waren gespannt, als Wochen darauf der Tag kam, an welchem ich seine Bekanntschft machen sollte.

Inzwischen hatten die großen Regen eingesetzt. Es war mir gelungen, am Hang einer bewaldeten Anhöhe den Flügel eines schönen Hauses zu mieten, mit großen Zimmern und einer breiten Veranda, die ganz von Buschwerk umschattet war, aber einen Ausblick auf eine herrliche Allee von Platanen eröffnete, die auf ein altes Stadttor führte.

Die niederbrechenden Wassermengen und die furchtbaren Unwetter, die die Regenzeit einleiten, verbannten mich lange in meine weißen Räume, in denen ich wie in einer ununterbrochen mißhandelten Trommel hauste, zwischen Wasserwänden, deren matte Silberströme lau und klatschend vor den Scheiben niederdonnerten. Nachts flackerte das All in bengalischen Flammenkränzen, die Ketten der Blitze knatterten, und oft betäubten die Donnerschläge alle Empfindung, bis zuletzt auch die Furcht in einer dumpfen Ergebenheit versank, in welcher alle Geschöpfe verharrten wie in den Flammenzeichen des Jüngsten Gerichts, während im Umkreis entzündete Häuser und Bäume aufleuchteten und erloschen. Es ging wochenlang so fort, ohne abzukühlen; unter den undurchdringlichen, nahen Wolkenmassen konnten die schwülen Dünste der monatelang durchglühten Erde nicht aufsteigen. Die Lungen stießen die von Feuchtigkeit und Wärme übersättigte Luft wie unter den trüben Scheiben eines überhitzten Treibhauses aus und ein, und langsam erlosch die letzte Lebenskraft.

Draußen aber begann ein Wachstum von beängstigender Gewalt. Nach sieben Tagen drang kein Lichtstrahl mehr in meine Räume, und Panja arbeitete mit der Axt im spritzenden Saft. Die blauen Feuer der Blitze zeichneten nächtlicherweile ein kohlschwarzes Blättergewebe wie ein wirres, flackerndes Gitterwerk vor die Scheiben meiner Fenster, und es war mir unbegreiflich, an den ersten stilleren Tagen die Stadt Mangalore noch an ihrem Platz zu finden.

Langsam wurde es unter dem andauernden Regen von Tag zu Tag kühler. Niemand beschreibt die Befreitheit und das Glück meiner Sinne, als mich nach langer Zeit zum erstenmal die Sonne im Palmengrün weckte. Es ging aufs neue dem indischen Frühling entgegen, und die von Entzücken und tausend Düften geschwellte Brust wußte ihren Jubel nicht zu bergen.

Mangalore brach auf vor meinen Augen wie eine wunderbare, fremde Blume: bunt und üppig, geheimnisvoll-verschwiegen, von giftig-süßer Lebensgier. Ihr Duft brachte Vergessen mit sich, ihr Klang unnennbare Träume von der Mannigfaltigkeit der Welt, und ihre Farben berauschten die Sinne bis zur Verzücktheit. Über das hölzerne Geländer der Veranda brach wie eine grüne Schlange eine Schlingpflanze, öffnete über Nacht blaue Blumen von der Größe eines Kinderköpfchens, mit einem gelben, gierigen Auge, das am Tage die Falter lockte und sich am Abend schloß. Der Jasmin betäubte mich bis zum Taumeln, die schnarrende Klage der Kröte mischte sich melancholisch und liebesselig in die metallische Klarheit des Nachtigallenlieds, und im Mond blühten die Lotosblumen auf den schwarzen Spiegeln der Brunnen und Sümpfe auf.

Die braunen Menschen in weißen Gewändern im Grünen, lautlos auf rötlichen Wegen dahinschreitend, bewegten sich auf ihrem gesegneten Erdland wie unnahbare Gestalten eines Märchens, erdacht, längst bevor die Wiege unseres Volkes, unter Eichen im fernen Westen, von den ältesten Sagen umklungen wurde. Und mit allen Wohltaten solcher Schönheit trat, wie ein Jüngling aus einer tauglitzernden Wiese, der Schlaf wieder an mein Lager und mit ihm das glückliche Bewußtsein von Gesundheit, von Kraft und fröhlichen Daseinsrechten.

ZWÖLFTES KAPITEL

Von Frauen, Heiligen und Brahmanen

So waren die Eindrücke, die ich in den ersten Monaten meines Aufenthalts in Mangalore erhielt, außerordentlich bunt und mannigfach, und so eifrig ich nach dem Sinn der Erscheinungen forschte, so verwirrte mich das meiste eher, als daß es mein Verständnis förderte. Aber wie der glückliche Zustand fröhlichen Wohlbefindens – besonders in der Jugend – eher zu gedankenloser Hingabe als zu hingebenden Gedanken führt, so ließ ich die farbigen Bilder an meinen Augen vorüberziehen wie ein munterer Wanderer die wechselnde Landschaft, und wenig von allem sank in mein Herz, bis zu jenem Tage, an dem Mangesche Rao mein Haus betrat.

Panjas Übermut verführte mich oft zu frohsinniger Oberflächlichkeit; wir bummelten am Hafen umher, der sich von Tag zu Tag mehr belebte, ließen uns zur Jagd auf Sumpfvögel die Flußarme emporrudern, die etwa um das Zehnfache breiter erschienen als am Tage unserer Ankunft, wagten hier unser Leben und dort unser Geld und vergaßen miteinander, daß es in der Welt noch etwas anderes gab als diese grüne, blühende Wildnis und diese bunte Stadt.

In den Tempeln und der Basarstraße gab es Feste heidnischen Götzendienstes, am Hafen Schlägereien zwischen mohammedanischen Indern und den Negern, die in großen Seglern von Arabien kamen, um Gewürze einzutauschen. Es war ergötzlich, dem bald trägen, bald ausschweifenden Leben des Hafens beizuwohnen, in beschaulicher Tatlosigkeit der englischen Regierung und dem lieben Gott die Sorge für das eigene und fremde Wohlergehen überlassend. Ich schloß Freundschaft mit Negern, Elefanten und Königen, von denen allen es in Mangalore ein gut Teil gab. Der Frühling spendete uns Rausch, Vergessen und Andacht, der durchsonnte Lebensstrom, der die ganze Stadt überflutete, riß uns mit sich fort.

Eingehüllt in die Geheimnisse der Fremde, wieder erlöst durch die himmlische Klarheit der Sonne und geleitet von der unermüdlichen Lebenslust der Jugend, flossen meine Tage dahin. Meine letzten Bücher wurden ein Raub der Insekten, meine Gedanken eine Beute der Träume, und selbst meine Zukunftshoffnungen fielen für lange dem sanften Rausch so vergänglicher wie überwältigender Genüsse zum Opfer. Ich erwachte unter dem Glitzern der Sonnenspeere, die durch die Blumen und Palmengefieder in mein Zimmer sanken, unter dem Duft des Tees, den Panja mir an mein Lager brachte, und meine erste Erwartung galt der grünlichen feuchten Landzigarre, die, dick und lang wie ein Treibhausspargel, aus besten Blättern gewikkelt worden war. Der goldene Tag zog herum bei Schmetterlingsjagden oder Kahnfahrten, am frischen Meer oder im tiefen Schatten des Palmendikkichts, zwischen weisen und närrischen Menschen oder Tieren, zu Pferd oder zu Fuß verbracht, und immer in jener unnennbaren Erhobenheit, die das Bewußtsein einträgt, von allen geachtet oder gefürchtet, sicherlich aber für etwas ganz Außerordentliches angesehen zu werden.

Bis der kühle Abend niedersank, mit dem Gesang der Menschen, dem gespenstig wandernden Licht der großen Leuchtkäfer, den Lauten der liebesseligen Tiere, und ob ich die weißen Nächte im Schein des gewaltigen Monds allein zubrachte oder nicht, werde ich nicht sagen, denn es gibt zu viele Menschen, die solcherlei Erwägungen in ernstliche Besorgnis wirft, und man soll niemand Sorge bereiten, am wenigsten durch die Erinnerung an eigene Freuden.

Auf diesem so ausgedehnten Gebiet muß Panja in ernstliche Bedrängnisse geraten sein – eines Morgens schüttete er mir sein Herz aus. Das hatte einen ganz besonderen Grund, und der Anlaß waren zwei lange Schrammen, die vom Auge über seine Wange niederliefen und deren Ursprung sich um so leichter erraten ließ, als er die Nacht über fortgewesen war.

Als er sah, daß ich sein Gesicht musterte, während er das Frühstück bereitete, meinte er bedauernd: «Diese Dornen, Sahib! Man weiß nicht, wie man ihnen im Dunklen entgehen soll; es ist Zeit, daß ich im Garten wieder Platz schaffe.»

Und wir klagten eine Weile miteinander über die Dornen.

«Zuweilen sitzen zwei nebeneinander», sagte ich, «ähnlich wie die Fingernägel einer Hand.»

Panja musterte mich mißtrauisch, aber da ich ernst blieb, meinte er zögernd: «Ja, auch das; es kommt allerlei vor.» Aber dann mußte er doch ein Lächeln gewahr geworden sein, denn er sprang ärgerlich auf, stampfte mit dem Fuß und rief: «Also weißt du es, Sahib! Gut, aber was wird dadurch besser? Ist es schön von dir, jemanden zu verhöhnen, der ohnehin Undank geerntet hat?»

Ich beruhigte ihn und sprach ihm Trost ein, er war ernstlich erbittert und weit davon entfernt, auch nur einen Schatten von Schuld an diesem Unheil bei sich zu suchen.

Da wurde er melancholisch, wie gutmütige Leute mit bösem Gewissen es leicht werden, wenn man ihr Verbrechen auf andere schiebt. «Kratzen die Frauen deines Landes auch?» fragte er, da er mein bewiesenes Verständnis aus meinen Erfahrungen ableitete.

«Und wie, Panja! Sich und andere.»

«Spotte nicht», bat er, «dies sind ernste Dinge, und wenn ich auf den Schlaf warte, so muß ich viel darüber nachdenken.» Er blinzelte in die Morgensonne, die ein grünes Feuer im Palmengitter entzündete, und spiegelte sich dann gedankenvoll in einer runden Kupferkanne, die ihm sein Bild ähnlich zurückgegeben haben mag, wie die Welt seiner Gedanken in seinem Kopf aussah.

«Warum heiratest du nicht?» fragte ich ihn.

Es war einen Augenblick still. Das Geschrei der Handelsleute und Ausrufer von der Basarstraße klang zu uns herüber, und die Zweige im Gebüsch schaukelten unter dem Morgenspaziergang irgendeines größeren Tiers.

«Vielleicht ein Affe», meinte Panja. Man sah, er dachte an etwas anderes. «Gut», brach er plötzlich eifrig los, «ich heirate; aber was dann? Es ist nicht verlockend, zu wissen, was einen auf dem Nachtlager erwartet, solange man jung ist. Zur Liebe gehören die Neugierde und die Gefahr, die erlaubte Liebe ist wie ein gefangener Vogel.»

Ich beschloß, ein wenig ernster zu werden, und sagte deshalb leichthin: «Wenn es nur das gäbe, was du jetzt Liebe nennst, Panja, so hättest du recht, aber es kann vorkommen, daß das Herz sich überall wie ein gefangener Vogel vorkommt, nur nicht dort, wo eine bestimmte Frau wartet.»

Panja dachte nach. «Es kommt vor, Sahib, aber es geht vorüber.»

«Vielleicht kommt dafür etwas anderes?»

«Was sollte kommen, Sahib?»

«Vielleicht ein Sohn.»

«O Gott», sagte Panja betroffen, «wer denkt gleich an das Schlimmste!? Aber auch, wenn ich mich darüber freuen sollte, so kann ich doch nicht an einen Sohn denken, wenn ich keinen habe.»

«Ist das Vergessen schöner oder die Erinnerung, Panja? Sieh um dich in die Natur, wohin du willst, und unter den Menschen, immer geht die Liebe mit der Erinnerung und das Laster mit dem Vergessen. Ist nicht ein Kind die schönste Erinnerung an die Liebe und der lieblichste Begleiter auf dem Wege vom Sommer zum Herbst?»

Panja rückte an seinem Turban und kratzte sich umständlich, was immer ein Beweis dafür war, daß etwas über seine Sinnenwelt hinaus in sein Herz gesunken war, aber es blieb in der Regel sein einziges Zugeständnis an mich. «Ich bin kein Brahmane», sagte er endlich, «warum soll ich also nachdenken? Du hast nur deshalb schöne Gedanken, Sahib, weil du die Frauen nicht kennst. Wenn du einmal ein Weib genommen hast, so werden die guten Gedanken ausbleiben.»

Ich mußte lachen, und Panja triumphierte. Nun war er es, der mich belehrte: «Vielleicht sind die Frauen deines Landes anders, Sahib, aber wahrscheinlich ist es mit den Frauen wie mit der Palme: überall in der Welt ist sie dieselbe. Hast du niemals gemerkt, daß sie im Grunde alle dumm sind? Du kannst es daran sehen, daß sie sich in gleichem Maße vor einem Tiger fürchten wie vor einer Maus, denn nicht einmal zwischen diesen beiden Tieren können sie den Unterschied herausbringen. So kennen sie auch bei den Männern keine Unterschiede, und als der beste erscheint ihnen immer der, den sie lieben.»

«Ist das nicht ein Vorzug?»

Aber Panja ließ sich nicht ablenken: «Sagst du etwas recht Dummes, so reißen sie die Augen auf und strahlen, nur weil es vielleicht auf das Gleichgültigste der Welt zutrifft; sagst du aber etwas Gescheites, was alle Klugen bewundern würden, so vergessen sie es sofort, nur weil sie es nicht in ihr Haar stecken können. Oh, was kann nicht alles geschehen! Mit der Zeit wird vielleicht deine Liebe abnehmen, und du kehrst zu vernünftigen Gedanken zurück, aber dann nimmt die ihre genau in dem Maße zu, wie sie dir gleichgültig wird. Sie behängt dich mit allem, was sie ausdenkt oder findet, wie einen wundertätigen Götzen, bis du anfängst, selbst so Ungeheuerliches von dir zu glauben, daß du ein Gespött der Männer wirst. Wie aber ist es erst, wenn dein Herz an dem ihren hängen bleibt, und dein Eifer und deine Mühe machen sie kälter und kälter? Gibst du selbst alles, was du hast, und ohne Rücksicht auf dich selbst, sofort fängt sie an, nach anderen Männern Ausschau zu halten. Die Seele solcher Frauen ist wie eine Grube, die kleiner wird, je mehr man hinzutut, und das Elend in deinem Hause nimmt kein Ende. Ach, du weißt nicht, wie es selbst den Braven ergeht! Du hast einmal gesagt, durch Geben wird niemand arm, aber alles, was einem herzlosen Weib gegeben wird, ist verloren.»

«Das ist vielleicht richtig, Panja», unterbrach ich seinen Eifer, «aber nicht alle Frauen sind herzlos.»

«O Sahib, solange du lieben mußt, ist in deinen Augen alles schön, was du an einer Frau erblickst», entgegnete Panja überzeugt, «und das Böse an ihr entfacht nur den Eifer deiner Gunst.»

So fuhr Panja fort, mir noch lange die irdische Misere der Herzen zu schildern, die lieben oder die es wollen, ohne zu können, oder müssen, ohne es zu wollen. Ich antwortete ihm wenig, aber es wurde mir deutlich, wie viele Männer unserer Zeit und unseres Landes über eine ähnliche Betrachtung der Frau niemals hinausgekommen sind.

Hatte Panjas Anschauung auch zweifellos die heitere Beigabe einer kindlichen Auffassung, so lag ihr doch ein Urteil zugrunde, das mir, im nachdenklichen Sinn bewegt, nur allzu vertraut war. Wenn ich ihm nur beiläufig widersprach, so bedachte ich bei meiner Zurückhaltung seine Jugend und die Tatsache, daß die meisten Männer erst durch die Erfahrung belehrt werden und daß niemandes Erlebnisse größer sind als er selbst. Auch dient eine solche oder ähnliche Betrachtungsart gutmütigen Jünglingen zu einer Vorsicht, die dem Grade ihrer Widerstandskraft angepaßt sein mag.

Aber im Grunde ist es nicht gut, in solchen Anschauungen allzu lange ein Kind zu bleiben, und ich habe die Männer selten sonderlich ernst zu nehmen vermocht, die der Frau die selbständigen Kräfte des Gemüts nur deshalb absprachen, weil sie anderer Art als die des Mannes sind; denn nur Oberflächliche rechnen Verborgenes leichtfertig dem Fehlenden zu. Auch bleibt es hinreichend lächerlich, Eigenschaften der Frau zu tadeln, die wir nicht genug loben können, solange ihre Wirkung uns selbst zugute kommt. Je eher das Gemüts- und Geistesleben einer Frau im Zusammenhang mit ihren Eigenschaften einen Charakter darstellt, um so sicherer wird sie auch ohne äußere Erfahrung die Wahl treffen, die ihrem Werte entspricht. Dieser Wert aber wird sich, nach ihrer Entscheidung, nicht in ihrer Fähigkeit zeigen, die Männer gerecht miteinander vergleichen zu können, sondern in ihrer Beständigkeit.

So ging mancher Morgen in nachdenklicher Plauderei und gedankenlosem Spiel mit Nichtigkeiten herum, die Sonne begann uns Irdische dieser gesegneten Zone langsam wieder an Beständigkeit zu übertreffen, an Treue und Kraft. Wie es manchen auf der Reise ergehen mag, so verlangte es auch mich im Übermaß der sonntäglichen Freiheit nun oft nach der herben Sicherheit jener höheren Freiheit im Geist, die uns bei ganzer Anspannung unserer besten Kräfte vergönnt ist. Aber dies

Klima erlaubt unserem Blut nicht den Ernst unserer Rasse, nicht den Eigensinn zur Tätigkeit, der ihr eigentümlich ist, und am wenigsten die Neigung zu beständiger Arbeit. Ungezählte unseres Volkes sind, solange die Geschichte es kennt, den Verführungen der südlichen Sonne erlegen, fast unvermerkt, unheilbar der Süßigkeit des tatenlosen Genusses verfallen und erst nach eingebüßter Lebenskraft zu jenem Heimweh aufgeschreckt, das im Glanz der weichen Tage zu einer wollüstigen Wehmut herabgesunken war.

Oft, wenn ich am Meeresstrand unter schattigen Bäumen lag und Traum und Wille sich im Blau des Himmels und des Wassers schaukelten, gedachte ich Homers und seines Helden, der, an den Mastbaum seines Schiffes gefesselt, mit empfänglichen Sinnen, machtlos und zerrissen von Verlangen, an dem gepriesenen Eiland vorüberfuhr, erkennend und durch den Geist gefeit, vom Verstand gemeistert, der älter war als sein Verlangen, hingegeben und beherrscht. Oft beneidete ich ihn, oft bedauerte ich ihn wie einen, den die Kälte seines Geistes vom Altar beseligter Hingabe verbannt hat. Aber in meinen Träumen erschienen mir die singenden Frauen, und ich ahnte unter dem Glanz ihrer lockenden Leiber die tödliche Kraft ihrer mörderischen Krallen.

Es trieb mich bei innerer Ruhlosigkeit äußerlich von einem zum andern, ich versuchte zu arbeiten, verbrannte aber bald nach den armen Anfängen die untüchtigen Versuche, die Herrlichkeit um mich her in Worten und Gestalten zu bannen. Entzündete die Sonne ihr grüngoldenes Morgenfeuer in den Büschen, die meine Fenster einhüllten, so tauchten meine Sinne in der Ahnung einer Vollkommenheit unter, die jedes Menschenwerk zu nichtigem und vergänglichem Tand herabsetzte, es gab nur Befreitheit in andächtiger Hingabe.

Panja beobachtete mich sorgenvoll, und eines Tages meinte er nicht ohne Spott: «Sahib, weshalb verbrennst du dein Papier nicht, bevor du es beschreibst?»

Nun, das ärgerte mich. Zu solcher Frage hat ein Diener kein Recht. «Dummkopf», sagte ich, «weißt du nicht, daß man Gedanken auf ein Blatt Papier niederschreiben kann und daß, wenn beide zusammen verbrannt werden, der Gedanke als Rauch in die Köpfe von Menschen zieht, die wir von unserer Meinung überzeugen wollen?»

Panja riß die Augen auf und schwieg andächtig. Er hatte es noch nicht gewußt. Nach einiger Zeit ertappte ich ihn darüber, daß er im Garten unter merkwürdigen Sprüngen einen Brief verbrannte, und entfernte mich mit der Genugtuung, daß enttäuschte Hoffnungen ihn für seine unbotmäßige Frage strafen würden.

Auch mit den Vertretern der deutschen Mission in Mangalore kam ich flüchtig in Berührung; es sind tätige und ernste Leute, die in kleinen Industrien die übergetretenen Eingeborenen beschäftigen und den Geisteskampf mit den gebildeten Repräsentanten des Hinduismus nur vereinzelt und immer erfolglos wagen. Es fehlt ihnen an Bildung und Kenntnis und vor allem an Achtung vor dem Brahman oder der Lehre Buddhas, und der einfältige Glaube, es hier mit «finsterem Heidentum» zu tun zu haben, ist der beste Weg zur gründlichen Erfolglosigkeit.

Ich habe kuriose Leute unter diesen Missionaren und Missionsfrauen angetroffen. Was sie einem feineren Anspruch immer wieder fatal macht, ist ihre bewußte Beschränkung und Ausschließlichkeit in einer Weltbetrachtung, deren wirkende Kraft unerprobt bleibt. Es ist leicht, recht zu behalten, wenn man nur sich selbst oder Meinungsgenossen hört, und das Lächerliche solcher Erscheinungen beruht darauf, daß ihre Einfalt mit Großartigkeit verbunden ist und ihre Behutsamkeit mit Mangel an Takt.

Ein bezeichnendes Merkmal, woran solche Leute im Fall eines Zweifels bald zu erkennen sind, ist ihre Fähigkeit, über alle Dinge mitzureden, sie zu beurteilen oder einzuschätzen, ohne daß sie sich je die Mühe gemacht hätten, sie auch zu verstehen. Naturgemäß verbindet sich mit einem solchen Standpunkt der Weltbetrachtung eine besondere Vorliebe für die Kehrseite der Dinge, die sich überall, wie auch beim Menschen, leichter kenntlich, übersichtlicher und ohne komplizierten Ausdruck oder vielseitige Linienführung darbietet. Und so findet man auch in der Regel, daß das Selbstbewußtsein dieser Menschen sich daran aufzurichten pflegt, daß sie die Schattenseiten andersgesinnter Brüder oder fernliegender Dinge zuerst oder gar ausschließlich entdecken, und da es leichter ist, etwas zu tadeln, als etwas zu begreifen, so findet dieses Selbstbewußtsein fast stündlich Nahrung und entwickelt sich auf das prächtigste.

Panja meinte einmal, nachdem wir unsere ersten

Bekanntschaften hinter uns hatten: «Diese Herren sind wie der König von Schamaji; immer herrschen sie, aber man weiß nie, warum oder über wen.»

Wahrhaft Bescheidene fordern nicht heimlich den Dank für ihre Beschaffenheit ein, und es ist immer ein wenig peinlich, wenn Dienstboten sich deshalb für etwas Besonderes halten, weil ihre Herrschaft etwas Großes geleistet hat. Trotzdem ist mir ein Beweis inniger Glaubenskraft erbracht worden, und da ich durch die bezeichnenden Worte, welche ich über diese Leute vorangeschickt habe, ungern in den verpönten Ruhm kommen möchte, auf der Bank der Spötter zu sitzen, will ich die Geschichte so folgen lassen, wie ich sie gehört habe:

In einer Gebetsversammlung dieser kleinen christlichen Gemeinde erhob sich jüngst eine Missionsfrau, die aus den dunkleren Provinzen des im übrigen so gesegneten, reichen Landes Württemberg stammte und die in ihrer Beziehung zur Einfalt in der Gottesfurcht etwas geradezu Außerordentliches leistete. Sie sagte nach kurzem Gebet, das in solchen Versammlungen laut und allgemein verrichtet zu werden pflegt, daß es Gott dem Herrn in seinem unerforschlichen Ratschluß gefallen habe, ihre neben ihr sitzende, bereits erwachsene Tochter Helene mit einem Bandwurm zu schlagen. Darauf forderte sie die Gemeinde mit bekümmertem Werben bei geneigter Stirn inständig auf, Gott mit ihr und ihrem Kinde gemeinsam um das Ausscheiden des unangenehmen Parasiten anzuflehen. Ihrem Ersuchen wurde bereitwillig stattgegeben, und Männer und Frauen der Versammlung beschäftigten sich eine angemessene Zeitlang vor Gottes Augen in inniger Fürbitte mit dem Bandwurm der jungen Dame und mit der Laufbahn, welche für die Zukunft dieses merkwürdigen Tiers erhofft wurde.

Am Schluß der Versammlung erklärte eine freundliche Beisitzerin im Saale, daß sich in ihren Privatbeständen ein wirkungsvolles Mittel befände, dem auch ein energischer Bandwurm nicht zu widerstehen in der Lage sei, und dieses Medikament wurde mit Dank angenommen.

Schon in der nächsten Zusammenkunft konnte die Mutter der aufhorchenden Gemeinde die Mitteilung machen, auf wie wunderbare Art die Kraft der gemeinsamen Fürbitte bei ihrer Tochter gewirkt habe. Sie erzählte mit bewegter Stimme den Versammelten, daß der Bandwurm gekommen sei, augenscheinlich im bereits entschlafenen Zustande, daß sich aber ein großer Frieden in seinen Zügen ausgedrückt habe. –

Daß Gottes Hand sichtbar über dem Wohlergehen dieser opferfreudigen Leute waltet, geht auch aus einer anderen, nicht weniger eigenartigen Geschichte hervor, die mir in Mangalore von einem sehr erfahrenen und im Heidendienst erprobten Manne erzählt worden ist. Als sich dieser Herr zu Beginn seiner Laufbahn an einem schönen Abend auf der Veranda seines Hauses aufhielt, erblickte er plötzlich einen Tiger, der die Treppe vom Garten emporkam. Gott gab dem bestürzten Mann jedoch rechtzeitig einen guten Gedanken ein, der zur Errettung führte. Auf der Terrasse stand zum Glück, von der letzten Kinderlehre im Freien her, noch das Harmonium, ein besonders in pietistischen Glaubenskreisen recht beliebtes Erbauungsinstrument, das auch in indischen Missionen hier und da Verwendung findet, obgleich es den Einwirkungen des Klimas nur selten zu widerstehen vermag. Auf dieses Instrument stürzte sich der beklommene Mann und begann, in zuversichtlichem Glauben an seine Aussichten, den bekannten, schönen Choral zu spielen:

«Wie soll ich dich empfangen,
und wie begegn' ich dir?»

Der Tiger soll sich sofort entfernt haben, um den Schutz der Wildnis aufzusuchen.

Eines Nachmittags, als ein Händler aus Kaschmir seine bunten Messingvasen und Stickereien auf meiner Veranda zur Schau ausbreitete, kam ein Bote aus der Stadt und blieb nach Art der eingeborenen Diener bescheiden am Aufgang zur Treppe stehen, eine Anrede erwartend. Es kamen zu vielerlei kleine Nachrichten für Panja oder den Koch, als daß ich den Fremden sonderlich beachtete; er räusperte sich nach einer Weile dezent, und als ich hinübersah, legte er die Hand an die Stirn und verneigte sich zum zweiten Male. So ging es mich an, und ich winkte ihm.

«Du kommst mir gelegen», sagte ich. «Wieviel Wert hat nach deiner Meinung dieser mit Gold bemalte Vorhang? Du bist unparteiisch, sag es mir!»

Der Fremde prüfte das Tuch und die Arbeit aufmerksam, mir schien aber, als besänne er sich dabei auf einen Ausweg, zugleich meiner und der Forderung des Händlers gerecht zu werden. Dann sagte er: «Ich kenne den Wert dieser Arbeiten nicht genau, aber ich kenne Dewan Chundar, den Kaufmann, der dich bedient, und weiß, daß er gerecht und vorsichtig ist.»

«Wenn er es nicht wäre, so könnte er es von dir lernen», sagte ich.

Die Antwort gefiel mir, und ich betrachtete den Ankömmling genauer. Seine Gewandung war sorgfältig und gut und ohne Anlehnung an die europäische Kleidung; der rote Turban war aus Seide, das weiße Hüftentuch breit gelegt, und es reichte wie eine weite Pumphose bis an die Knie; ein kurzes Jäckchen aus dunklem Tuch, wie es die Perser in Bombay tragen, verhüllte Brust und Arme.

«Und du selbst? Was führt dich zu mir?»

«Mein Herr bittet dich, ihn morgen um diese Stunde zu erwarten; er dankt dem fremden Sahib für seine Bitte.»

«Du dienst dem Brahmanen Mangesche Rao?»

«Mein Herr ist Bahadur Mangesche Rao.»

Der stille Sklave erhielt eine Silberrupie; mein Herz schlug vor freudiger Überraschung. Eigentlich ohne rechte Hoffnung auf den Erfolg meiner Mühe war ich dem Rat des Kollektors gefolgt und hatte den Brahmanen in einem Brief angegangen, ob er willens sei, mir Unterricht in Sanskrit und in der Geschichte seines Landes zu geben. Mir war in den letzten Wochen zumute gewesen, als müßte ich mir durch meine leichtfertigen Umtriebe in der Stadt das Vertrauen dieses ernsten Politikers und

Diplomaten verscherzt haben, denn ich fiel auf, da ich mich sowohl anders als die Engländer benahm als auch die Gebräuche der Missionare nicht eben zum Vorbild wählte. Sonst gab es wenig Europäer in Mangalore.

Panja hatte mir allerlei Lustiges über die Bilder berichtet, die man sich im Volk von mir machte; ich galt hier als verkappter Spion der englischen Regierung, dort als Perlenhändler und im niedern Volk als Zauberer, weil ich einmal mit einem Taschenkünstler in Konkurrenz getreten war, der noch niemals ein Spiel französischer Karten gesehen hatte und von der Volte so wenig verstand wie ich vom Schlangenbändigen.

Nun, es erschien, als habe der Brahmane weiter nicht Anstoß an meinem Ruf genommen. Der Händler erhielt den geforderten Preis und benutzte den Rest des Tages zum gemächlichen Einpacken seiner Schätze; offenbar hatte das Geschäft, das er mit mir gemacht hatte, ihm ermöglicht, sich für einige Wochen ins Privatleben zurückzuziehen. Ich rief nach Panja.

«Ich weiß schon», sagte er kalt, «du ziehst Verbrecher ins Haus. In kurzer Zeit werden wir alle drei gehängt werden.»

«Woher weißt du denn, wer kommt?»

«Du hast es mir ja selbst gesagt, Sahib.»

Ich war überzeugt, es nicht getan zu haben, konnte aber nicht für mich bürgen. Die Tatsache, mich bis ins kleinste beobachtet zu finden, überraschte mich immer wieder, aber Neugierde ist die heiligste Pflicht eines indischen Dieners, und es erscheint einem oft, als stünde Todesstrafe auf Verschwiegenheit. Sicher war, daß Panja diesem Besuch ungern entgegensah, er häufte alles an Schmähungen und Verdächtigungen an, was er aus einem zweitausendjährigen Ruf dieser Kaste nur immer in Erfahrung gebracht hatte. Trotzdem gewahrte ich deutlich eine Scheu, jene alte Achtung, die allen Kasten den Brahmanen gegenüber eigentümlich ist und die kein Haß und keine Furcht verdrängt haben.

Mangesche Rao kam am nächsten Tag mit großer Pünktlichkeit genau zur angegebenen Stunde. Er ritt durch das Gartentor ein, bis dicht vor die Holztreppe der Veranda. Der Diener, der sein Pferd am Zügel führte – diesmal ein anderer –, meldete seinen Herrn durch einen gedämpften Zuruf an, der mir in seiner seltsamen Feierlichkeit und seinem eindringlichen Pathos unauslöschlich im Gedächtnis geblieben ist. Panja erschien, ernst und würdevoll.

Der Brahmane schritt die Treppe erst empor, als ich ihm in der Tür entgegentrat, er reichte mir nach europäischer Sitte die Hand. Das einzige, was mich außer seiner Erscheinung in seinen Gewohnheiten an seine Kaste mahnte, war die eigentümliche rituale Vorsicht, mit der er seine Schuhe an der Schwelle der Tür ablegte, um das fremde Haus mit nackten Füßen zu betreten. Er bückte sich dabei nicht, die safranroten sandalenartigen Schuhe blieben zurück, wie durch einen Zauberspruch von den Füßen gelöst.

Wahrscheinlich wird mein Gast sich keine Vorstellung von dem Eindruck gemacht haben, den seine Erscheinung von den ersten Augenblicken an auf mich machte. So groß das Selbstbewußtsein eines Menschen sein mag, der sich seines Werts bewußt ist, immer wird ihn vom unbedingten Glauben seiner Wirkung die Erkenntnis abhalten, daß ein anderer nur soviel würdigen kann, als er beansprucht, und in dieser Hinsicht lag für den Brahmanen gewiß kein Grund vor, von mir ein besonderes Erfassen seiner Vorzüge anzunehmen. Ich war überrascht, wie jung er wirkte, als ich sein Alter erfuhr. Nicht allein sein sorgfältig rasiertes und sehr schmales Gesicht ließ darüber im Zweifel, sondern vor allem seine ungewöhnlich schlanke Gestalt und die Anmut seiner Bewegung, die allerdings weit von jeder Gefallsucht entfernt war. Als seine Augen dunkel aus dem hellen Braun des Gesichts, unter dem gelben Seidenturban hervor, zum ersten Male in die meinen sahen, erfaßte mich wie ein Taumel von Begierde, Befriedigung und Stolz eine Ahnung vom Geist der Jahrtausende, die ihrem späten Sohn den Glanz ihrer Kultur wie einen Kranz um die Schläfen gelegt zu haben schienen. Etwas vom Zauber jener Träume meiner Jugend, die unter dem Namen Indien in mir erwacht waren, beglückte mich, und mir erschien, als stünde ich erst heute wahrhaft vor den Toren seiner Geheimnisse.

Die fremden Augen sahen mich bei den ersten Worten unserer Unterhaltung an, als läge dem Sinn dieses Mannes nichts so fern, als mich zu prüfen. Es ist das erstemal gewesen, daß diese Bescheidenheit der Überlegenheit mir wohltat; ich begriff, wieviel Unsicherheit, wieviel Abwehr und falsche Besorgnis in jenem Prüfen liegt, mit dem wir in den meisten Fällen einer neuen Bekanntschaft beginnen oder empfangen werden. Diese Unbeteiligtheit der Augen wirkte höflich und verbreitete eine Gelassenheit, als gäbe es in der Welt nichts Natürlicheres als unsere Zusammenkunft. Ich dachte an die Erzählung des Kollektors und mußte über seinen Eifer lächeln, mit dem er sich bemüht hatte, mir ein Bild dieses Mannes zu entwerfen; ich begriff, wo die Besorgnis des Engländers ihren Ursprung hatte, und war über nichts so glücklich, als daß kein politisches Interesse den Brahmanen und mich zusammengeführt hatte.

So mag es gekommen sein, daß ich ohne Rücksicht, ohne kleinliche Vorsicht und in heiterer Offenheit zu diesem Manne sprach, und er schien rasch zu bemerken, daß ich nichts zu verlieren fürchtete als seine persönliche Achtung. Es war erstaunlich, wie richtig er aus den Äußerungen meines Temperaments auf meine Gesinnung schloß. Offenbar hatte er, ohne falsch oder auch nur vorsichtig zu erscheinen, schon nach der ersten halben Stunde unserer Unterhaltung eine ganze Reihe heimlicher Prüfungen vorgenommen, deren Resultat den Rest seiner Befürchtungen zerstreute. Wir sprachen von der englischen Regierung, er lobte ihre Umsicht; die Rede kam auf die deutsche Mission, und Mangesche Rao sagte, höflich gegen mich als den Landsmann ihrer Vertreter, das Beste über diese Leute, was sich über sie sagen ließ. Ich war jung genug, nicht ohne weiteres zu dulden, daß ich mit diesen Propheten der heiligen Einfalt zusammen das Deutsche Reich in Indien repräsentieren sollte, und sagte: «Die Leute sind einfältig.»

«Das schließt ihre Aufrichtigkeit nicht aus», meinte Mangesche Rao. Doch ich konnte mich nicht enthalten hinzuzufügen: «Sie müssen Ihnen wenig schaden, da Sie so nachsichtig sind.»

Mangesche Rao lächelte, meine Unvorsichtigkeit schien ihm wohlzutun. Er sah eine Weile sinnend vor sich hin und bemerkte dann leichthin: «Wir begegnen einander nur auf Gebieten, die wir ihnen überlassen.»

Seine Meinung über die Jesuiten unterschied sich wesentlich von der über die protestantische Mission, und aus den Ansprüchen, die er durch die Wirksamkeit und Eigenart dieses Ordens befriedigt sah, merkte ich rasch, wie wenig ihm alles galt, was nicht im Geistigen zu suchen war.

Aus keiner Einzelheit, die unsere Unterhaltung berührte, war bisher zu entnehmen, daß mein Gast sich auch nur beiläufig um Politik bekümmerte, ja auch nur das kleinste Interesse am Ergehen des Landes, an seiner wirtschaftlichen oder sozialen Lage nahm. Ich war vorübergehend in Zweifel, ob sich der Kollektor nicht mit seiner Annahme im Irrtum befand und die Unschuld seines vermeintlichen Gegners für höchste Verstellungskunst gehalten hatte. Die Sonne trieb ihr buntes Spiel im ruhigen Raum, der Besuch saß im gedämpften Licht, und sein Anblick erfüllte mich mit der stolzen Freude des Gastgebers einem ungewöhnlichen Fremden gegenüber. Der blaue Vorhang, den ich am Tage vorher erstanden hatte, schmückte die Wand meines Zimmers als Hintergrund, und die Schultern, das glänzende schwarze Haar und das gedämpfte Seidengelb vom Turban Mangesche

Raos hoben sich unwirklich und fremdartig davon ab; mir erschien der Anblick zuweilen wie ein Bild aus der Märchenwelt von Tausendundeiner Nacht.

Panja, lautlos und vorsichtig, brachte Tee und Tabak; ich war nicht wenig darüber erstaunt, als ich sah, wie tief und feierlich er den Brahmanen begrüßte, der durch einen Blick dankte, ohne auch nur die Stirn zu neigen.

Es schien dem Gast nach einer Weile in Frage und Antwort doch zu hastig zu gehen. Die vornehmen Inder verkehren mit den Europäern in außerordentlich gesetzter Weise und haben sich in ihrem Umgang mit den Herren ihres Landes daran gewöhnt, das Wort als ein Mittel zu betrachten, um die Gedanken zu verbergen. Diese Kunst haben sie gewiß nicht erst in ihren Kämpfen mit den mohammedanischen oder englischen Eroberern gelernt, aber sie sind zu oft getäuscht worden, um nicht mißtrauisch zu sein bis zur Verstecktheit.

Wie ich Mangesche Rao später kennenlernte, lag seiner Natur der Freimut näher als die Verstellung, aber zu Beginn unserer Bekanntschaft prüfte er meine Äußerungen wieder und wieder daraufhin, was sie hinter ihrem Wortlaut bedeuten möchten oder was darüber hinaus.

Das ließ ihn oft zögern oder schweigen, und ich erkannte bald, daß mein bestes Mittel, ihn rascher zu Vertrauen zu gewinnen, sicherlich eine gewisse Gleichgültigkeit gegen jede Vorsicht war. Aber welcher Vorsichtige erwägt nicht, selbst vor der arglosen Gebärde einer Preisgabe, die Möglichkeit eines Mittels zu verborgenem Zweck? Mangesche Rao wählte geschickt einen Weg, der ihm Gelegenheit zu beiläufigem Beobachten und Schweigen gab; er nahm vom Nebentisch ein Schachbrett und begann, wie in Gedanken und scheinbar unbeteiligt, die Figuren zu ordnen.

Das Spiel, das sich alsbald zwischen uns ergab, war sehr erheiternd für mich, aber es dauerte nur kurze Zeit. Der Brahmane sagte mir nach dem vierten Zug, den ich machte, mit höflichem Bedauern mein unvermeidliches Geschick voraus und fragte mich, in welchem Winkel des Bretts mein König am liebsten seinen Untergang erlebte. Ich gab es an, und der hölzerne Fürst rutschte, eine Weile von eigenen und fremden Kriegern bedrängt, wie ein gescholtener Kuli hin und her, bis er seine unrühmliche Herrschaft, von einem feindlichen Bauern aus dem Hinterhalt überfallen, in jener Ecke aufgab, die ich bestimmt hatte.

«Dem geht es ähnlich unter Ihrem Verstand wie dem englischen Kollektor», sagte ich und lachte.

Ohne Besinnen antwortete mir Mangesche Rao: «Überschätzen Sie die kleine Arbeit nicht, die dem Beamten zu schaffen macht; ich hoffe, das alles einmal wirkungsvoller zu sagen.»

«Also Sie haben es geschrieben und geben es ohne weiteres zu?»

«Was ich unter vier Augen zugebe, kann ich unter sechs ohne Mühe widerrufen. Aber glauben Sie, daß mir von einer Regierung Gefahr droht, die nicht den Mut hat, unumwunden zu fragen, aus Furcht, eine Antwort zu erhalten, die sie zu einem Eingriff zwänge? Mich schützt nicht meine Geschicklichkeit – sie war zur Hälfte Nachsicht gegen die Persönlichkeit dessen, der sie nicht zu übertreffen vermochte; was mich schützt, sind die Macht und der Wille der Gleichgesinnten im Reich.»

«So wissen Sie auch, daß ich zuweilen ein Gast des Kollektors war?» fragte ich, aufs höchste angeregt.

Mangesche Rao nickte. «Es ist leichter für uns, in Mangalore einen Europäer zu beobachten als umgekehrt. Zu Anfang habe ich den Gedanken erwogen, Sie möchten mich im Interesse der englischen Regierung zu sich geladen haben, deshalb bin ich gekommen. Aber dieser Gedanke war falsch.»

«Was bürgt Ihnen dafür?»

«Ihr Bemühen, arglos zu erscheinen», sagte der Brahmane und lächelte; «auf diese Art versuchen es nur Leute, die es sind.»

Ich lachte, und da er ernst blieb, fragte ich: «Und wenn ich nun, Ihrer Meinung zum Trotz, vielleicht nur aus gleichgültigem Unterhaltungsbedürfnis, dem Kollektor Ihr Geständnis erzählte?»

«Sie würden sich weder Dank erwerben noch Schaden tun», meinte der Brahmane ohne ein Anzeichen von besonderem Interesse. «Es ist niemandem wichtig, Dinge zum zehnten Mal zu hören, die er weiß.» –

Der Tag verlief damit, daß ich Mangesche Rao meine in seinem Lande verbrachten Tage von Anfang bis zu Ende erzählte. Ich sprach nicht nur von Ereignissen, sondern auch von den Empfindungen, welche mich bewogen hatten, sie zu suchen. Er hörte mir mit ruhigen Augen zu, warf hier und da eine Frage ein, die mir sein Verständnis erwies und mich zu immer größerem Freimut bewegte.

So gestand ich ihm endlich auch den Grund ein, aus welchem ich ihn gebeten hatte, mein Haus aufzusuchen, und seine Freude war nicht ohne Stolz, als er mir auf seine vornehme Art versicherte, das Beste seines geistigen Eigentums sei so weit das meine, als ich Verlangen danach trüge.

«Ich begreife den Geist, der Sie in die Welt hinaustreibt», sagte er zum Abschied zu mir. «Immer erfaßt bei allen Völkern einzelne diese Rastlosigkeit, sie finden nirgends Ruhe und mischen die Welt. Mit ihnen gehen Segen oder Unsegen, und diese entstehen nach dem Maße des Werts solcher Menschen. Die einen treibt ihre ungebändigte Fülle hinaus, die anderen ihre Leere. Die letzteren glauben bereichert zurückzukehren, aber sie lassen überall nur Unordnung und Verwirrung zurück, auch bringen sie in Wahrheit nichts heim, denn in leeren Köpfen ist am wenigsten Platz. Die Reichen aber geben, indem sie suchen, und der Notstand ihrer Wanderung gereicht oft denen zum Nutzen, die ihnen begegnen.»

DREIZEHNTES KAPITEL

Das letzte Feuer und der alte Geist

Es war damals noch die Zeit des «Prabuddha Bhârata», des erwachten Indiens. Die Ausläufer des großen Geistesstromes hatten weit über das Land hin die Gemüter zu neuem Glauben an eine Einigung der Völker unter dem Licht der urväterlichen Religion befruchtet. Die Wirkung Brahma-Samajs, der die Veden, besonders aber die «Upanishaden» im Sinn eines geklärten Theismus auslegte, hatte, über die Finsternis des Götzendienstes und Aberglaubens hin, den Versuch einer sozialen Reform hervorgerufen, die mit Raghunatha Rao einsetzte und sich in eigensinnigen Kämpfen zuerst gegen den Kastengeist wandte. Der Name Swâmi Vivekânandas klang wie ein heller Weckruf durch das schlafende, unterdrückte Land, aber die schwelende Flamme dieser neuen Einsicht schlug niemals zum vollen Glauben an die Freiheit empor.

Es folgten diesen Propheten der Erhebung andere. Die verschiedenen Richtungen der Auffassung zerteilten ihre Anhänger zu Parteien, und was im Sinn einer Einigung zu einer neubelebten Landesreligion begonnen hatte, artete in Parteigezänk aus, und als gar europäische Agitatoren sich der großen Sache annahmen, wuchs das Mißtrauen der Menge. Der Gedankenstrom geriet hier in buddhistische Geistesbahnen, dort in den Einfluß christlicher Ideen, und die englische Politik, sich dessen wohl bewußt, daß die Macht ihrer Einigkeit von der Zersplitterung der feindlichen Parteien abhing, verwertete die verschiedenen Regungen geschickt zu ihrem Vorteil und spielte sie gegeneinander aus.

Dadurch ergab sich naturgemäß, daß die zu Beginn dem Aufbau einer erneuten Landeskirche zugedachten Reformen mehr und mehr ein politisches Gepräge bekamen; die fanatischsten Anhänger der erneuerten Religion sahen in ihr bald ein Mittel zur Befreiung des Landes von der englischen Herrschaft, und mit diesem Umschwung war das Herz der Sache tödlich verwundet, und ihre Kraft versickerte im Vielerlei einer von Tendenz und Leidenschaft erfüllten nationalen Bestrebung.

Ich erfuhr von diesen Dingen zum erstenmal durch den Brahmanen Mangesche Rao, dessen aufrichtiger Glaube an die Möglichkeit eines geeinten Indiens mich hinriß, wie auch sein Haß gegen England, welche beide im Verlauf unserer Beziehung immer unverhohlener zutage traten. Ich gewann Mangesche Raos Vertrauen in dem Maße, als er an meine Anteilnahme glauben lernte, und wenn er auch, mehr einem Prinzip als eben einer Befürchtung folgend, alle praktischen Einzelheiten vor mir geheimhielt, so gewann ich doch bald einen allgemeinen Einblick in das Interessengebiet des politisch kämpfenden Indiens.

Er setzte voraus, daß seine Ideen mir wertvoller wären als seine Mittel, sie zu realisieren, und überließ mir den Schluß vom Gedanken auf die Möglichkeiten zur Tat. Die Liebe zu seinem Lande begeisterte mich, seine Hoffnung war heiß und jugendlicher Art und stand in einem seltsamen Gegensatz zur Gelassenheit und Beherrschung des Wesens, die er zur Schau trug. Ich lernte ihn um der glühenden Hingabe willen lieben, in welcher er sich einer Sache opferte, deren Bedeutung und Aussichten ich damals nicht zu übersehen in der Lage war. Sicher ist, daß ich leicht bei meiner raschen Anteilnahme in Dinge hätte verwickelt werden können, die mir verhängnisvoll geworden wären.

Aber was der Brahmane aus seiner reichen Welt großer Ideen in einen politischen Kampf hinübernahm, hing so eng mit seiner Jugend zusammen wie sein Eifer mit seiner Hoffnung. Im Grunde war er so wenig Politiker, wie die Fragen nach Mein und Dein ihn lange in ihrem zänkischen Bereich hätten fesseln können. Die priesterliche Tradition seines Stammes, die tief in seinem Blute lebte, zog ihn immer wieder in ihre beschauliche Stille zurück, und im Grunde lockte die Erkenntnis ihn mächtiger als der Kampf um den äußeren Gang der Welt.

Die Bekanntschaft und mein immer mehr zunehmender Umgang mit ihm veränderten meine Lebensweise und meine Betrachtungsart der Welt, die mich umgab. Ich strich nun oft allein und nachdenklich durch den belebten Basar und am Dunkel der Tempeleingänge vorüber, deren gelbe Messingplatten am alten, von unzähligen Händen und Füßen dunkelpolierten Holz geheimnisvoll aufblinkten wie die Riegel zu Höhlen voll ungeahnter

Wunder. Ich achtete mit neuem Verständnis auf die vielerlei Abzeichen auf den Stirnen der Inder, die bald mit Ruß oder Asche, bald mit Henna gemalt waren, und lernte die Kasten voneinander unterscheiden.

Wenn die Trommeln und Pfeifen und der wahrsagerische Gong im Dämmern der Tempelhöfe erklangen, kamen mir die Worte Mangesche Raos über den Sinn der einzelnen Zeremonien neu belebt ins Gedächtnis, und gemeinsam mit seiner Hoffnung erwachte der Wunsch in mir, der alte Geist möchte sich einst aus den Schlacken dieser heidnischen Entstellungen zu seiner ehemaligen Freiheit erheben.

Einmal waren wir weit über die Stadt hinaus am Meer dahingeschritten, unter der geraden Palmenallee, und ich sah die nackten Hindus, braun im Sonnenlicht glänzend, im flachen Wasser fischen. Unser Gespräch war bald, wie schon so oft, von weltlichen Dingen der Politik auf religiöse Fragen gekommen, und vielleicht in der Hoffnung, einmal klar und bestimmt den Sinn des Hinduismus zu erfassen, fragte ich Mangesche Rao: «Was ist das Brahman? Ich höre Gedanken von tiefem Sinn, Weisheit voller Schönheiten, Erlösungsgedanken voll hellen Befreiungsglaubens, aber über dem Begriff des Brahman selbst schwebt ein mystisches Dunkel.»

Da antwortete mir der Brahmane: «Das Wesen des Göttlichen kann ein Herz nur empfinden, aber ich will Ihnen so antworten, wie die ältesten Priester der Veden es gedeutet haben. Nach ihnen ist das Brahman das Licht des Geistes und die Seligkeit ohne Leid. Das Brahman ist die Freude, das uranfängliche Wissen, eine unterschiedslose Masse von Erkenntnis, aus Seligkeit bestehend, zugänglich durch das Bewußtsein, mit höchster Einsicht ausgestattet.»

Wie nah lag nach dieser herrlichen Darlegung die Frage nach der Möglichkeit, auf die ein Herz dieses Heils teilhaftig werden könnte.

Mangesche Rao dachte eine Weile nach, dann sagte er: «Ich will Ihnen eins der Distichen aus dem ‹Atmabodha› nennen, das vielleicht Ihre Frage nicht so beantwortet, wie sie gestellt ist, das aber die rechte Entgegnung auf eine recht gefaßte Frage wäre:

‹Der Fromme, der des rechten Wissens kundig,
erschaut es mit dem Auge der Erkenntnis,
daß in ihm selbst beruht das ganze Weltall
und daß er selbst das eine ist und alles.
Wie eine Eisenkugel, die durchglüht ist
vom Feuer, so durchdringt das Brahman
das ganze All im Innern und von außen
mit seinem Licht, indem es selbst erstrahlt.›»

Er sprach leise und feierlich. Mir war, als erinnere sich ein tausendjähriges Geisterreich seines versinkenden Lichts, und zum erstenmal überkam mich mit dunkler Gewalt die Trauer um das verlorene Indien. Ich begriff in heimlicher Beängstigung die Vergeblichkeit des Kampfes, in welchen dieser Mann neben mir, wie in sein Schicksal, verstrickt war, und mein Verlangen schwankte unruhig zwischen dem Wert der alten und der neuen Welt.

Mangesche Rao schien meine Gedanken zu ahnen, denn nach einer Weile des Schweigens meinte er in leichterem, fast geschäftigem Tone: «Es ist niederdrückend, erkennen zu müssen, daß alles, was wir unter großen Opfern zur Wohlfahrt des geknechteten Volks errungen haben, immer wieder zum Anlaß des Mißtrauens wird. Als ich mich entschloß, die Hochschule in Madras zu besuchen, wurde ich aus der Gemeinschaft meiner Kaste ausgestoßen, und als ich mit Erfolg um eine einflußreiche Stellung unter den Feinden rang, verlor ich das letzte Zutrauen im engsten Kreis meiner Freunde. Und doch haben wir Inder keinen anderen Weg, den Kampf mit England aufzunehmen. Heute unterdrückt in Indien noch die politische Macht die Freiheit des Geistes, aber es wird bald so weit kommen, daß auch hier, wie überall in der Welt, der Geist die Herrschaft antritt. Damit wird Englands Niedergang in Indien beginnen. Die Einsichtigen wissen es, und es beginnt bereits eine starke Strömung, die uns die eingeräumten Rechte wieder zu schmälern sucht, denn England fühlt, wo es uns gewachsen ist und wo nicht. Aber wie bitter ist es, in solchem Kampf erfahren zu müssen, daß unsere eigenen Landsleute, deren Wohl unsere Mühe gilt, sich gegen uns wenden.»

Ich habe später oft an diese Worte denken müssen, als das Geschick meines Freundes sich erfüllt hatte; ich erinnerte mich ihrer wie einer ausgesprochenen Ahnung seines Verhängnisses. –

Zwischen den Palmen glitzerte das farbige Meer. Wir kamen an den Verbrennungsstätten für die Toten vorüber. Ein Holzstoß war für den hereinbrechenden Abend geschichtet, und der Tote lag, mit kunstvoll gebrochenen Gliedern, fast rechteckig gefügt, nackt auf dem kleinen Scheiterhaufen. Zahllose Aschenstätten umher verrieten die Feiern der vergangenen Tage, und plötzlich erinnerte ich mich jenes merkwürdig quälenden Brandgeruchs an manchen Abenden. Im Qualm des verbrannten Fleisches stiegen die Seelen ins Nirwana empor. Ich sah Mangesche Rao an. Hinter dieser ruhigen Stirn brannte die furchtbare Hoffnung, daß bald der Aufstand durch die Gassen heulen würde.

Ein aussätziger Bettler kroch auf allen vieren über den roten Weg auf uns zu; er hatte sich im Dickicht verborgen gehalten, um den Steinen seiner Verfolger zu entgehen, nun bellte er heiser und drehte den Kopf mit den zerstörten Wangen, wie vom Irrsinn seiner Qual genarrt. Am Strand hatten die Raben sich gesammelt; ihr Geschrei beunruhigte die sonnentrunkene Stille. Ich sah fort, als ich den von allem Fleisch entblößten Brustkorb eines Menschen erkannte.

«Die Pest und die Blattern haben ihren Einzug gehalten», sagte Mangesche Rao.

Er sprach auf dem Rückweg kein Wort mehr. Vielleicht war ihm, wie auch mir, bedrohlich durch den Sinn gezogen, wievielerlei Feinde sein Land belagerten und zersetzten, Feinde, gegen die kein Kampf von Nutzen war. Es waren jene Opfer des Lebendigen, die sich mit dem Alter und der Müdigkeit eines Volkes einstellen, der Verfall der Sitte, das Laster, das Elend und die schleichenden Seuchen.

Panja hielt es immer noch für nötig, mich zu warnen, und vom Standpunkt seiner Betrachtungsweise hatte er recht. Ich beruhigte ihn nach Kräften, obgleich seine Besorgnisse in diesem Fall eher seiner Eifersucht als seiner Fürsorge entstammen mochten.

«Die Engländer fürchten meinen Freund, Panja. Das Schlimmste, was ihm geschehen kann, wird seine Verbannung sein, und wenn auch mich dies Unheil träfe, so käme es nur mit meinen Absichten zusammen, und wir führen vielleicht auf Staatskosten nach Bombay statt auf eigene.»

Panja wandte sich ohne Erregung, fast traurig ab. «Du kennst das Land nicht, Herr. Wer spricht von einer Gefahr, die dir oder dem Brahmanen von England drohen könnte? Weißt du nicht, daß Mangesche Rao unter den Priestern seiner Kaste so verhaßt ist wie die Hyäne unter den Schakalen? Ihre Waffen ersticken den Schrei im Halse, unter dem Palmendickicht ist Finsternis, in die kein Richter schaut. Man sagt von der Kobra, daß man sie erst erblickt, nachdem der Tod einem die Augen geöffnet hat, und die Kaste dieser Priesterlichen nennt diese Schlange heilig.»

«Was meinst du denn, Panja?»

Ich fragte angeregt, denn wenn dieser merkwürdige und kindliche Freund meiner indischen Tage nicht in Eifer geriet, so war ihm sicherlich zu glauben. Ich wußte längst, daß sein anfänglicher Haß gegen Mangesche Rao sich in heimliche Neigung verkehrt hatte, eine Wandlung, die seine Eifersucht nicht ausschloß, die mich aber aufmerksamer auf seine Besorgnisse machte.

«Ich weiß es nicht», antwortete er. «Warum aber begibst du dich in Gefahr? Wer würde dich schützen? Einem Engländer darfst du nur so lange trauen, wie du ihm Vorteile bietest, und wenn du mit seinen Feinden umgehst, kann er dich nicht für seinen Freund halten. Mangesche Rao steht in der Mitte, die keinen Halt gewährt; sowohl die Priester als auch die Regierung halten ihn für einen Verräter, denn im Kampf um das Land schaut niemand eines Menschen Herz an, wie du es tust.»

«Panja, die Freuden des Daseins, welche sich allen ohne Gefahr bieten, sind mir gleichgültig. Was ich empfange, ist meinen geringen Einsatz wert.»

«Ich spreche nicht so, weil ich dich verlassen will», antwortete Panja einfach.

Ich hatte ihn lange nicht mehr so ernst gesehen, und nachdenklich erwog ich meine Lage. –

Mangesche Rao kam in den letzten Wochen seltener. Es lag eine aufreibende Spannung in der Luft, die um so drückender wirkte, als sich ihre Ursache beharrlich verbarg, aber die Stimmung meines neuen Freundes schlug in Stunden unseres Beisammenseins oft in heitere Unbefangenheit um. Er vergaß über unseren vielerlei Gesprächen die verantwortungsvollen Lasten, die seine freiwillige Pflicht ihm auflud.

Eines Abends brachte sein Diener, der ihn begleitete, das Fell eines siamesischen Panthers mit, das mir Mangesche Rao zum Geschenk machte. Er wollte, daß ich ein Andenken von ihm annehmen sollte, und mir war für einen Augenblick, als handelte es sich um einen Abschied. Meine Augen ruhten den Abend hindurch oft auf dem tiefen

Schwarz des herrlichen Fells; mit tausend Erinnerungen an die Wildnis stieg der Gedanke an die Nacht in meiner Seele empor, an die Nacht Indiens und an die Herrschaft des Tiers.

An jenem Abend – wir hatten uns zur Nachtstunde auf die Veranda begeben – kam unser Gespräch auf die Weltliteratur und ihre größten Vertreter. Eine bewegte Wolke geflügelten Nachtvolks sammelte sich im Schein der Lampe, und bald sah die Tischplatte wie ein Schlachtfeld nach einem wilden Treffen aus. Die geheimnisvolle Nacht erklang im tropischen Liebesfieber ihrer unzähligen Geschöpfe, und der Mond glitzerte weiß in den blanken Blättern. Es berührte mich seltsam genug, daß Goethes Name, durch Meere und Welten von seiner deutschen Heimat getrennt, so selbstverständlich erklang, als sei er längst geistiges Eigentum der ganzen bewohnten Erde. Die Meinung des Brahmanen über das große Werk seines Lebens, die er meiner jugendlichen Begeisterung entgegenhielt, war eigenartig genug, um mir für immer in Erinnerung zu bleiben.

«Goethe», sagte Mangesche Rao, «ist so sehr der Erzieher des deutschen Volks in Gesinnung und Anspruch geworden, daß es Ihren Landsleuten sehr schwerfallen muß, seine Bedeutung über die pädagogische Einwirkung hinaus gerecht einzuschätzen, da die meisten wie mit seinen Augen auf ihn blicken, und die überragende Autorität seiner Erscheinung knüpft an keine Tradition an, die einen Maßstab bieten könnte. Zuletzt wird er, wie alle Großen, nach dem Umfang seiner Gestaltungskraft eingereiht werden, und in dieser Hinsicht erscheint uns Friedrich Schiller als der größere Meister.»

Wir kamen auf Dante zu sprechen, dessen hohen, sittlichen Anspruch er pries und den er über alles liebte, auf Shakespeare und endlich auf Kalidasa, dessen «Sakuntala» er weit über alles stellte, was der große Engländer jemals empfunden, gedacht und gestaltet hat.

Die Art seiner Betrachtungsweise und die Ansprüche in seinen Begründungen gaben mir ein merkwürdig neues und allgemeines Bild. Ich mußte mit heimlichem Lächeln an alle die «Großen» denken, welche die Generation unserer Väter, und mit ihr wir selbst in unserer Jugend, so bereitwillig neben bedeutsame Geister gestellt hatten.

Panja war am anderen Tage sehr glücklich, als ich ihm mitteilte, daß ich mit Mangesche Rao eine Reise ins Land verabredet hätte, an der auch er teilnehmen sollte und die einige Tage währen und uns in die Nähe von Barkur und zu den Wasserfällen des Shita führen würde.

Ich saß mit Mangesche Rao am Feuer, am Rand des Urwalds, in der unendlichen Nacht. Die Steppe klagte, und ihre Stimmen bewegten mein Gemüt zu Begierde und Trauer. Ich habe die Sterne selten wieder so hell gesehen wie in dieser denkwürdigen Nacht, die mir um vieler Gedanken willen, die der schweigsame Mann aussprach, unvergeßlich geblieben ist. Panja schlief damals schon im Zelt, was er eigentlich stets tat, wenn er sich für abkömmlich hielt, und aus dem Schattendunkel des Dschungelwaldes erklang in der Nähe unseres Feuers das Grasraufen der weidenden Ochsen und das Schnauben ihrer Nüstern am Boden. Der Mond war noch nicht aufgegangen; aber es war hell in der Weite, unter den Sternen.

Mangesche Rao hatte nach der Abendmahlzeit schweigend die selbstgerollte Zigarette durch die hohle Hand geraucht, und wir hätten uns gewiß in dieser Nacht, wie in so mancher anderen, ohne viele Worte zur Ruhe gelegt, wenn uns nicht ein eigenartiger Vorfall aufgeschreckt hätte. Einer der grasenden Ochsen, der sein Geschirr noch zum Teil trug, begann plötzlich, sich auf eigentümliche Art zu schütteln. Mir erschien das Geräusch erst dadurch ungewöhnlich, daß Mangesche Rao plötzlich rasch hintereinander zwei Hände voll Reisig auf das Feuer warf, so daß eine hohe Flammensäule in die Nacht emporstieg, unter deren Schein die blaue Weltweite für kurze Zeit in Finsternis zu versinken schien und die nähere Umgebung aufleuchtete wie ein rotes Gemach. Er stand auf und schritt vorsichtig auf das Tier zu, die hängende Büchse, am Lauf gefaßt, wie er es stets tat, lauernd hinter sich herziehend, und ich folgte ihm mit der meinen.

Es gibt wenig Gefahren in Indien, die man deutlich nahen sieht und denen man ruhig entgegentreten kann; dieses Abwartende und gebärdelose Hereinbrechen eines Verhängnisses macht einen Teil des großen Grauens aus, das niemanden in der indischen Wildnis verläßt, dessen Sinne diesen Ahnungen erschlossen sind. Wie wenig das einzelne Ereignis, das mein Leben oder das meiner Freunde gefährdet hat, es im Grunde war, das mich erschütterte, sondern wie vielmehr es die Ungewißheit seiner unfaßbaren Annäherung gewesen ist, geht daraus hervor, daß heute noch eine Palmgruppe oder der schwüle Luftzug eines Treibhauses mich aufs tiefste entsetzen können. Mit der gefiederten Gestalt des harten Grüns seines Palmblattes ist mir dauernd eine Ahnung des Todes verknüpft, während ich den Bewegungen einer Schlange ohne andere Ergriffenheit zuzuschauen vermag als in der, welche ihre Schönheit und Eigenart auslösen.

Nach einer Begegnung mit einem mohammedanischen Inder in einer engen Gasse von Bombay, der einen Schuß auf mich abfeuerte, ist mir weder vor den Männern seines Volkes noch vor einer Schußwaffe auch nur ein Schatten von Besorgnis verblieben, aber noch jahrelang hat mich der kaum hörbare Klang nackter Füße auf einem Steinboden entsetzt. Ich erinnere mich von diesem Geschehnis kaum an etwas empfindsamer als an dieses dumpfe, leise «Tapp-Tapp», mit dem es hinter mir begann.

Und so hätte auch in dieser Nacht am Steppenrand die Gewißheit, daß etwa ein Panther unser Lager umschliche, mich nicht so erregen können wie die zweiflerische Vorstellung bald von etwas Nichtigem, bald von Ungeheuerlichem. Mag es ein jeder nennen, wie er will, wir fanden unseren Ochsen in einem seltsamen Erstarrungskrampf; er zitterte so heftig, daß sein Geschirr unaufhörlich klirrte, und war nicht zu bewegen, in die Nähe des Feuers zu gehen, in dessen Schein wir nach der Ursache seiner Plage hätten forschen können.

Plötzlich sagte Mangesche Rao zu mir, daß ich stillstehen und keinen Fuß rühren solle, aber ich kam nicht zur Befolgung seines Ratschlags, weil das gewaltige Tier lautlos umsank und am Boden in furchtbaren Verrenkungen und unter keuchendem Schnauben verendete. Das Feuer war wieder auf ein bescheidenes Flämmchen zurückgebrannt, und ich sah den weißen Koloß des toten Tiers im Sternenlicht im Gras liegen und hinter ihm die unendliche Weite des blauen Steppenlandes.

Der Brahmane schien die Ursache dieses plötzlichen Todes zu wissen, denn er suchte mit Aufmerksamkeit und bewußt wie nach der Bestätigung einer feststehenden Annahme. Endlich brannte er einen größeren Span am Lagerfeuer an und zeigte mir im Licht der rauchenden Flamme ein winziges, dunkel umrandetes Löchlein am Maul des verendeten Tiers.

«Hier ist die Ursache», sagte er langsam in einer Wichtigkeit, die nichts als Ergriffenheit war, «es ist der Stich der Kobra. Ich glaube, daß das grasende Tier die Schlange im Gras aufgestört hat.»

Es faßte mich ein Schauer, dessen nachhaltige Einwirkung ich damals kaum recht zu begreifen vermochte, aber ob hier ein Mensch oder ein Tier dem Gift erlegen war, schien mir angesichts des verdorbenen Lebens zu meinen Füßen ohne entscheidende Bedeutung. Mich erfaßte die Ehrfurcht vor der Kobra aufs neue, und das Angesicht Mangesche Raos spiegelte in seinem Ernst diese Ehrfurcht wider wie eine uralte Erinnerung seines Geschlechts an eine erhabene Gottheit, die keine Aufklärung hatte beeinträchtigen können.

Durch dieses Erlebnis mag es gekommen sein, daß unser Gespräch vorübergehend den Gedanken und Begriff des Todes streifte, und was mir daraus unauslöschlich im Gedächtnis geblieben ist, will ich erzählen.

Nach einer Weile saßen wir wieder am Feuer, das in dieser Nacht nicht mehr erlosch. Eine seltsame Ruhelosigkeit war über den gelassenen Mann gekommen; es stimmte mich wehmütig, ihn im inneren Kampf zwischen seinen klugen Gedanken und der seinem Blute innewohnenden Tradition der Weltbetrachtung seiner Priesterklasse zu wissen. Noch heute sehe ich seine aufrecht sitzende Gestalt so deutlich vor mir, wie keine Worte sie dem Bewußtsein eines anderen zuzutragen vermögen: den rot beschienenen Seidenturban über der Stirn und den bedächtigen Augen, seine schmalen, fast zierlichen Schultern und den gesenkten Kopf, der beim Sprechen eine Haltung einnahm, als suchten die Augen die Gedanken von den Händen zu lesen, die auf den Knien ruhten. Zuweilen hob er eine der mageren hellbraunen Hände, wenn es ihm galt, einem Wort besonderes Gewicht zu verschaffen. Ich habe niemals im Leben wieder mit einem Menschen im Eifer und mit Leidenschaft über wichtige Fragen unserer Seele gesprochen, der mit soviel Gelassenheit und so feinem Anstand sein Gegenüber ausreden ließ.

Einmal sagte er mir: «Sie müssen einem Gegner Ihrer Betrachtungsart sein Amt nicht dadurch erleichtern, daß Sie ihn unterbrechen; dadurch nehmen Sie ihm oft die Gelegenheit, zu erweisen, wie wenig er zu sagen hat.»

Überhaupt war sein Spott von merkwürdiger Umständlichkeit der Darbietung, und seine schärfsten Bosheiten sagte er freundlich. Er genoß niemals den Triumph seiner Überlegenheit sichtbar und sprach am eifrigsten, wenn sein Gegner eine Niederlage zu verwinden hatte. Wahrhaft empfindlich aber konnte seine Art zu schweigen auf Gemüter wirken, die empfanden, daß er damit darauf verzichtete, zu überzeugen und weshalb.

In Mangalore besuchte ich ihn eines Tages, als er vor seinem Hause auf dem Lehmboden im Palmschatten mit einem Pater der Jesuitenniederlassung Schach spielte. Gewiß unterhielt er sich dadurch, daß er spielte, aber er gewann nach der Meinung seines Partners zugleich dadurch, daß er sich unterhielt. Als der Pater ihm vorwarf, daß er ein Gespräch führte, um ihn abzulenken, wurde eine neue Partie ausgemacht, unter der Bedingung, daß während des Spiels kein Wort fallen sollte. Der Ordensbruder konnte sich, in etlichem Verdruß nach seiner Niederlage, nicht enthalten hinzuzufügen: «Wenn es Ihnen möglich ist, so lange zu schweigen.»

Mangesche Rao antwortete nicht, sondern ordnete die Figuren. Nach wenigen Zügen verlor sein Gegner die Dame und gab das Spiel auf, worauf Mangesche Rao bescheiden sagte: «Ich habe sie nur genommen, weil es unhöflich gewesen wäre, in Gegenwart einer Dame so lange zu schweigen.» –

In jener Nacht nun sprach ich vom Tode, anfänglich im leichtfertigen Übereifer meiner Ergriffenheit und bewegt von der romantischen Betrachtungsart meiner Jugend.

Mangesche Rao hörte mir zu und sagte endlich: «Hören Sie die hungernden Hyänen in der Steppe heulen?»

Ich gab es ihm, ein wenig ernüchtert, zu, und er meinte, ohne Nachdenklichkeit, die nur diejenigen zur Schau tragen, die ihren Gedanken nicht trauen: «Welch einen Festtag hat der Tod den Hyänen beschert. Sie finden das tote Tier, wenn wir unsern Lagerplatz verlassen haben, um weiterzuziehen.»

Und er fuhr fort: «Ich habe den Tod verstehen gelernt, als ich als Jüngling an einem Tag im Sommer vor das Stadttor ging, von unliebsamen Gedanken gepeinigt und die Bedrängnisse einer tödlichen Krankheit im Blut. Ich durchschritt mühsam, mich im Fieber dahinschleppend, ein Trümmerfeld im Steppengras, das von der Sonne so trocken war, daß es knisterte. Da überraschte mich ein sonderbares Blinken zwischen den Steinquadern im Sonnenlicht, und ich traute meinen Augen kaum, als ich eine funkelnde Schlange im Sande liegen sah. Die Hitze flimmerte über den herrlichen Farben ihrer Haut, die vom zornigen Blitzen des Diamanten bis zum stillen Glühen der Rubine alle Farben des gebrochenen Sonnenstrahls zu enthalten schien. Die Pracht und Lebensfülle dieses blendenden Anblicks entzückte mich in so hohem Maße, daß ich begierig einen Schritt näher trat.

Aber da geschah ein erregtes Brausen, die leuchtende Schönheit des sanft geringelten Körpers zu meinen Füßen erhob sich als eine bunte Schar beflügelter Insekten in das warme Licht der Luft empor, und vor mir lagen die verwesenden Überreste einer kleinen Steppenschlange, in denen ich die zarten Rippen zwischen der zerfressenen grauen Haut deutlich unterschied, und der süßliche und widerwärtige Hauch der Zersetzung strömte mir entgegen.»

Das Lagerfeuer zwischen uns züngelte in matten Flämmchen in den irdischen Saal der Sterne ins Blaue empor, und ich fühlte mein Herz unter dem Wunder erzittern, in welchem es zu begreifen scheint, ohne daß die Gedanken seiner herrlichen Freiheit folgen können.

«Ich fühle die Wahrheit, die in diesem Gleichnis liegt, wie Sie sie damals empfunden haben mögen», sagte ich, «aber ich vermag sowenig wie zuvor meine Gedanken über den Tod zu einer Gewißheit der Erkenntnis zu ordnen.»

«Es war jener letzte Schritt auf die Schlange zu, den Sie mit Ihrer Gewißheit meinen», sagte der Brahmane. «Wenn Sie mir sagen können, wo das Leben aufhört und wo der Tod beginnt, so will ich Ihnen den Tod erklären. Wollen Sie bei den Pflanzen nach dieser Grenze suchen, bei den Menschen, bei den Steinen oder bei den Tieren? Ich sehe die Erneuerung aller hinfälligen Gestalt in der Natur, wohin ich blicke. Bis zur Bildung der Kristalle im Gestein erblicke ich Leben, und in der mathematischen Ordnung solcher Erstarrung, die sowohl gedankenvoll zu sein scheint, als sie schön ist, glaube ich die Gesetze zu erkennen, nach denen ich atme, mich bewege oder Lust und Sorge erleide. Tod ist eine vage Annahme, die unsere Sinne um der Beschränkung ihrer Zeitbegriffe willen aufzustellen genötigt sind. Und was unsere Bewußtheit betrifft, so liegt ihr der Glaube an den Tod um so ferner, je eingeschlossener in die Allgemeinheit alles Lebendigen wir uns sehen oder fühlen.

Und doch ist es mit dem Tode wie mit der Wahrheit: sie lassen sich sicherer empfinden als jedes andere Element der lebendigen Seele, aber sie lassen sich nicht erklären. Es wird immer zwei Arten von Menschen geben: die einen nehmen den Tod als Pflicht des eigenen Wesens, die anderen als die Willkür einer fremden Macht. Eure Kirche lehrt den Tod als Sold der Schuld, aber euer Gott starb ihn als freie Pflicht.»

«So rechnen Sie Christus den Ihren zu?» fragte ich. «Sie glauben seine Lebensweise und sein Gedankenreich der Ideenwelt Ihrer Gottheit einreihen zu können?»

Mangesche Rao antwortete mir: «Ich vermag es so weit, als der Sinn aller irdischen Religionen, oder besser, die Religiosität aller Irdischen, aus einer gleichen Quelle des Anspruchs und der Hoffnung fließt, nicht aber so weit, als es die Lehre unserer Kirchen betrifft. Die Gedanken Christi sind größer als unsere Gedanken und führen weiter. Es ist viel über die Unterschiede und über die Ähnlichkeiten der christlichen Religion und der Religion unseres Volkes nachgedacht worden, aber die meisten Vergleiche sind deshalb bedeutungslos, weil es schwerhält, zwei Erscheinungen erfolgreich miteinander zu vergleichen, die im Wesen voneinander verschieden sind, denn das Brahman ist Philosophie, aber die Weisheit Christi ist praktische Lehre. Menschen, welche das Wesentliche der Erscheinungen schwer festzustellen und nachzuempfinden vermögen, lieben es, besonders von unwesentlichen Begleiterscheinungen aus zu vergleichen und gegeneinander abzuschätzen. In den meisten Fällen liegt solchen Bemühungen keine andere Absicht zugrunde als die, den einen Wert auf Kosten des anderen herabzusetzen. So hart solche Behauptung klingen mag, so wenig werde ich sie einschränken, denn es ist den meisten Menschen, die Begreifen über Empfinden setzen oder Verstehen über Glauben, eigentümlich, daß sie auch Verkleinern über Vergrößern setzen. So erscheint es mir auch gleichgültig, ob etwa Christus die Weisheit der Alten gekannt hat oder nicht. Große Gedanken sind niemals jung, so wenig, wie sie alt werden, und sie gleichen einander im Wesen, wie die höchsten Spitzen der Berge im Schnee einander ähnlich sind. Je niedriger das Auge sucht, um so mehr Unterschiede wird es finden; der Pöbel ist am buntesten und nur im Elend einig. Aber das Ziel ist, in der Freude einig zu sein.»

Ich war über diese Worte sehr überrascht und beglückt. Weniger in der Absicht zu widersprechen als vielmehr in dem lebhaften Wunsche, die Betrachtungsweise Mangesche Raos um so besser zu erfahren, sagte ich: «Aber wie furchtbar ist die Wirkung der Lehre Christi auf das Menschengeschlecht gewesen. Sollte man nicht mehr als an jedem anderen Bekenntnis am Christentum verzweifeln, wenn man seine blutige Auswirkung auf die Geschicke der Völker übersieht?»

«Wer übersieht diese Wirkung denn?» fragte Mangesche Rao. «Was Sie als Resultat dieser Lehre hinstellen, erscheint uns wie ihr erster Beginn. Ich möchte das furchtbare und blutige Ringen der

Menschen um den Sinn des Christentums eher die Geburtswehen dieser Lehre als ihr Resultat nennen. Diese Lehre ist sehr jung und noch kaum recht verbreitet. Ist man nicht ohne Mühe befähigt, sogar noch ihren äußeren Weg auf der Landkarte nachzuzeichnen, wie sie von Asien über Griechenland und Rom in das Herz Europas einzog, als wäre sie diesen Weg erst gestern gegangen? Und der Teil der Erde, welcher ihre Bekenner trägt, ist nicht größer, als daß wir ihn mit der Masse des Himalaja mit seinen Menschen, Städten und Kirchen verschütten könnten. Wenn die Zeit von Christi Hinscheiden bis heute noch dreimal vergangen ist, wird sein großer Geist sich aus dem engen Mantel der Kirche geschält haben und weit mehr zum Element der Geister geworden sein.» –

Die Sonne ging über der Steppe auf, es schien, als würde sie aus Gründen ewiger Gluten emporgeschleudert, und begann ihren Weg über das Erdreich zum ungezählten Male, in unfaßbarem Triumph einer jauchzenden Herrschsucht. Das Geschrei der Tiere im Urwald erklang ohrenbetäubend, und das lärmende Erwachen der Natur vertrieb den letzten Gedanken an Schlaf aus meinem Blut. Ich trennte mich von meinen Gefährten, nahm die Büchse und ging in die Steppe hinaus, den dampfenden, tobenden Dschungel hinter mir lassend. Und in den Flammen, die läuternd emporsteigen, wenn die Jugend und der Morgen einander begegnen, kamen mir die Worte Christi in den Sinn: «Solchen Glauben habe ich in Israel nicht gefunden.»

VIERZEHNTES KAPITEL

Der Heimat zu

Wir waren kaum einige Tage wieder in Mangalore angelangt, als eine Nachricht die Stadt durchlief, die die Gemüter in hohem Maß bewegte. Es war über Nacht eine Abteilung englischer Soldaten angelangt, angeblich verschlagen auf einer Felddienstübung, bei einer Inspektionsreise durch die Provinz, wie sie zuweilen unternommen wurden. Aber niemand schenkte dieser arglosen Auslegung Glauben; die widersprechendsten Gerüchte durchflogen die Stadt, und man sah überall in der Basarstraße und auf den Plätzen Gleichgesinnte in feierlichen Gruppen versammelt. Nur der Straßenpöbel trollte unbekümmert um Rechte und Pflichten einer gleichgültigen Regierung seine gewohnten Straßen, und die Händler versprachen sich gute Tage, als die leuchtendroten Jacken der Soldaten im bunten Bild des Basarlebens auftauchten.

Sie schritten, wie es damals Vorschrift war, immer zu vieren, gemächlich dahin, bestaunten die unverstandenen Eigentümlichkeiten der fremden Stadt, hielten sich hier ein wenig auf, amüsierten sich dort auf ungezwungene Weise und erweckten im allgemeinen den Anschein von Arglosigkeit, so daß ich den heimlichen Befürchtungen und mancherlei törichten Gerüchten wenig Beachtung schenkte.

Mangesche Rao ließ sich nicht bei mir sehen. Ich war nicht wenig erstaunt, als ich ihn nach einigen Tagen im Wagen des englischen Obersten erblickte, zu seiner Linken, aber Seite an Seite mit ihm, die ruhigen Züge ohne jedes Zeichen einer Beteiligtheit oder auch nur einer Bewegung unter dem gelben Seidenturban, den ich so gut kannte. Der englische Offizier sprach lebhaft und gestikulierte eher vergnügt als erregt, alles erweckte deutlich den Anschein einer gelegentlichen Begegnung. Ich ritt an seinem Wagen vorüber, er erwiderte meinen Gruß gemessen.

Aber seltsam, seit diesem Zusammentreffen war es um meine Ruhe geschehen, obgleich bei vernünftigen Erwägungen gerade das Gegenteil davon hätte der Fall sein müssen. Aber ganz abgesehen davon, daß kein Land sich weniger als Indien dazu eignet, eine politische Macht in energischer Offenheit und schneidiger Entschiedenheit zu dokumentieren, war dieser fast freundliche englische Besuch mir plötzlich verdächtig und um so gefährlicher erschienen, je mehr er sein Ansehen und seine Bedeutung zu verbergen trachtete.

Nichts erweckte in tiefer Beunruhigung stärker das Gefühl der Unsicherheit als dies leise schleichende Indien. Plötzlich war mir, als gingen alle Wesen und Menschen in falschen Gesichtern umher, ich mißtraute bald dem Brahmanen, den ich liebte, bald Panja, bald meinen eigenen Sinnen; es verlangte mich danach, aus den Verwicklungen einer Interessenwelt entlassen zu werden, die ich nicht übersah, weil es mir an Hingabe fehlte, und in die ich doch eingeschlossen war, weil meine Liebe zu Mangesche Rao mich fesselte. Und so begrüßte ich die seltsame Gelegenheit, mich beteiligen zu können, die sich mir kurz darauf eröffnete, mit großer Freude und erachtete die Gefahr um der Befreitheit willen gering, die sich einstellte, wie mit einem Entschluß nach langem Zweifel.

So viel erschien mir nach den letzten Erfahrungen sicher, daß der Brahmane weit höher eingeschätzt und viel ernster genommen wurde, als er selbst es mir oder andern jemals zu erkennen gegeben hatte. Diese Erfahrung erfüllte mich mit Bewunderung und heimlichem Stolz, und solche Empfindungen mögen viel dazu beigetragen haben, daß ich in fast gedankenloser Bereitwilligkeit auf seinen Wunsch einging, den ersten und einzigen, den er jemals vor mir ausgesprochen hat.

Es war in einer mondhellen Nacht gegen zwei Uhr, als Panja mich durch sein vorsichtiges Räuspern neben meinem Bett weckte. Er hatte immer noch die alte zurückhaltende Art der Ankündigung und war besonders zartfühlend, wenn er mich aus dem Schlafe rief, denn er wußte, daß dieser Vorgang, mehr als alle andern, das Heer meiner schlechten Eigenschaften entfesselte. Es war so dunkel, daß ich nur das finstere Dreieck im helleren, zurückgeschlagenen Moskitovorhang unterschied. Ich erkannte niemand.

«Mach Licht!» rief ich, da ich Panjas Gegenwart vermutete. «Weshalb kommst du?»

«Es soll kein Licht gemacht werden, Sahib. Steh auf, ein Fremder ist da, der dich sprechen will; er sagt, der Brahmane Mangesche Rao schicke ihn.»

Es war Mangesche Rao selbst. Panja hatte mir

geraten, auf keinen Fall zur Nacht einen Besuch zu empfangen, der forderte, daß kein Licht angezündet würde, aber ich dachte mir, schließlich sieht mein Gegner auch nicht viel mehr von mir als ich von ihm, und der Name meines Freundes machte mich gefügig. Der Brahmane war seltsam durch eine ungewohnte Kleidung entstellt; ich schickte auf seinen Wunsch Panja hinaus.

Wir saßen uns gegenüber, ein matter Schein von den Sternen beleuchtete das Bereich der Fenster spärlich; ich glaubte nun, da ich Mangesche Raos Gesicht zu unterscheiden vermochte, zu erkennen, daß es schmaler und bleich war, aber es mochte vom unsicheren Nachtlicht herrühren.

Mir schien, als ränge er innerlich mit dem Entschluß zu einem Bekenntnis, einem Wunsch, über die Mühe der zurückliegenden Tage ein Wort der Klage zu äußern, aber es geschah von alledem nichts.

Er sagte nach einer Weile des Schweigens, in der ich Gelegenheit hatte, die merkwürdige Entstellung zu betrachten, die seine nächtliche Kleidung herbeiführte, ruhig und unmittelbar: «Morgen werden die Soldaten der Regierung in Ihrem Hause nach Dokumenten einer Verschwörung suchen, die über das ganze Land hin verbreitet sein soll und deren Anhänger sie auch in Mangalore vermutet. Ich stehe, wie Sie wissen, im Verdacht, ein Gesinnungsgefährte der Unzufriedenen zu sein, und da ich oft in Ihrem Hause ein und aus gegangen bin, bringt man Ihre Person in Beziehung zu meinen Interessen.»

«Eine Verschwörung?» frage ich erschrocken.

Mangesche Rao wartete, ob ich noch etwas hinzufügen würde, aber mir fiel im Augenblick nichts ein; diese nächtliche Begegnung, die Aussichten für den nächsten Tag und jene Enthüllung nun verwirrten mich in gleichem Maße, wie sie mich anregten. Wie anders die Dinge mit der Entscheidung als in romantischer Entfernung aussahen.

«Verschwörungen gibt es hierzulande beinahe täglich», sagte Mangesche Rao langsam und als dächte er an andere Dinge. «Sie werden entdeckt und vereitelt; und wenn sie nicht entdeckt werden, so brechen sie deshalb auch noch nicht aus. Die englischen Beamten brauchen Unterhaltung und ein Feld für ihren Eifer. Uns geht es ähnlich.»

Er wandte sich ab wie in heimlichen Zweifeln und sah mit einem traurigen Ausdruck in die dämmerige Nacht hinaus. Man hörte die Grillen feilen, ein paar Sterne hingen wie Funken im Gefieder der Papayakronen.

«Leider habe ich ein gutes Gewissen», sagte ich. Seltsamer und fremder war mir das Land nie erschienen. Ich kannte die zurückhaltende Art des Brahmanen genügsam, um zu wissen, daß er weit mehr verbarg, als er erkennen ließ, auch hätten keine Worte mich so entscheidend von der Wichtigkeit seiner Angelegenheit und vom Stand der Dinge überzeugen können, als sein nächtlicher Besuch es tat.

Es waren an diesem Tage noch kurze Regenschauer gefallen; es drang kühl durch die Stäbe der offenen Fenster zu uns herein und zog mit Duft und feinem Klingen bis in die dunklen Ecken des Zimmers. Mir war, als träumte ich.

«Was kann ich tun?» fragte ich.

Mangesche Rao öffnete sein Gewand über der Brust und entnahm ihm einige verschnürte Päckchen, die Papiere zu enthalten schienen oder Briefe; ich sah es undeutlich, jedoch war die Verpackung derart, daß man leicht auf solcherlei Dinge schließen konnte.

«Wollen Sie diese Schriftstücke in Ihrem Hause verbergen?» fragte er gleichmütig.

Ich bejahte seine Frage ohne Besinnen, im Augenblick nur in schnellen Erwägungen damit beschäftigt, welcher Ort meiner Wohnung oder meines Gartens am geeignetsten sein möchte. Es kam mir keinen Augenblick in den Sinn, daß es in Mangalore Verstecke genug für eine Handvoll verdächtiger Papiere geben mußte, und der Gedanke, etwa mißbraucht zu werden, lag mir so fern, wie ich tief durchdrungen war vom Charakter und Wert des Mannes, der mich bat.

Später habe ich oft daran denken müssen, welche Empfindungen in der Seele eines jungen Menschen Entschlüsse ähnlicher Art zu zeitigen vermögen und wie selten die Gesinnung eines auf solche Weise Bereitwilligen im Grunde mitzuspielen braucht. Es mag sich so mancher, der durch einen raschen Entschluß, den vielleicht die gedankenlose Erbötigkeit eines Augenblicks mit sich gebracht hat, um die Freiheit seiner ganzen Jugend und um den Preis seines tätigen Lebens gebracht haben.

Ich griff nach dem Päckchen. «Verlassen Sie sich auf mich», sagte ich. Darüber kam mir in den Sinn, daß mein Freund mir soeben noch mitgeteilt hatte, daß ich morgen mit einer Haussuchung zu rechnen hätte, und ich stellte eine Frage, um diese seltsamen Zusammenhänge aufgeklärt zu sehen.

«Ich möchte, daß diese Schriftstücke bei Ihnen gefunden werden», sagte Mangesche Rao. Er sprach leise und vorgeneigt, aber ohne Eifer und ohne den Wunsch, mir seine Verfügung dadurch geheimnisvoller zu machen. Wer in Indien eigene und gefahrvolle Interessenwege beschreitet, weiß, daß nicht nur die Wände Lauscher verbergen, sondern daß auch von der Nacht, den Frauen und dem besten Freunde Gefahr drohen kann.

Ich ahnte seine Besorgnis und sagte: «Mein Diener ist zuverlässig.»

Mangesche Rao schüttelte den Kopf. «Er ist ein Kind», sagte er. «Gesinnung und Aufrichtigkeit ohne Schlauheit sind wie Verräter für jeden bei uns, welcher die Mittel seiner Feinde kennt. Sie müssen aus einem Lande stammen, in welchem der Freimut und die Kraft neben der Kühnheit als hoher Ruhm gelten; sie mögen zur Ehre eines freien Volkes gehören – dies Volk hat seine Freiheit fast vergessen.»

Irgend etwas überwältigte mich nach diesen Worten zu einer Traurigkeit, in welcher ich zum ersten Male die Liebe meines Herzens zu diesem Manne in ihrer ganzen Tiefe empfand, und ich hätte ihn inständig bitten mögen, von diesem fruchtlosen und bösen Kampf zu lassen. Mir wurde klar, daß sein Wesen bei aller Kraft seines Geistes den Waffen seiner Gegner nicht gewachsen war, denn den Hochgesinnten überwältigt im Kampf mit der Niedrigkeit zuletzt der Ekel, aber ich schwieg aus Ehrfurcht vor dem Feuer, das in seiner Seele brannte.

Mangesche Rao fuhr fort: «Machen Sie es den Suchenden nicht gar zu leicht, aber tragen Sie Sorge, daß sie die Papiere auf jeden Fall finden. Sollte der Zufall, der so gerne dort zu spielen liebt, wo die Absicht am deutlichsten ist, den Erfolg der Engländer vereiteln, so verraten Sie die Dokumente dadurch, daß Sie sie, scheinbar ungeschickt, zu verstecken trachten, während noch gesucht wird.»

Er brach plötzlich ab und wartete auf einen Einwand, aber ich sprach das Mißtrauen oder die Besorgnisse nicht aus, die er bei mir zu vermuten schien, weil kein Argwohn gegen den Freund in meinem Herzen war und weil ich wußte, daß er niemals etwas von mir fordern würde, das ihm diente, indem er mich schädigte.

So erklärte er mir die Absicht, die er mit dieser Maßnahme verfolgte. «Unsere Zeit ist noch nicht gekommen», sagte er einfach. «Die Funde, welche in Ihrem Hause gemacht werden, sind argloser Natur, aber immerhin bezeichnend genug, um als eine wichtige Entdeckung gelten zu können. Der Verdacht wird durch diese Dokumente abgelenkt und die Spur verwischt werden; man wird ihren Inhalt dankbar als Resultat der Untersuchung betrachten und an ihm die Eigenart und den Umfang jener Umtriebe messen, die Verdacht erregt haben. Einige unserer Freunde werden bloßgestellt, aber sie sind bereit, der Sache das Opfer zu bringen, das in der Verbüßung einer geringen Strafe besteht. Zuletzt wird man nicht viel mehr in Erfahrung gebracht haben, als ohnehin schon bekannt ist.»

«Sie sagen mir viel», antwortete ich dankbar und voller Bewunderung für das Geschick dieses Plans.

«Ihr Vertrauen verdient das meine», sagte Mangesche Rao einfach, und ein warmer Blick, der das kühle Maß dieser stets so beherrschten Züge durchbrach, traf meine Augen kurz und traurig.

Ich fragte noch, wie ich mich einem Verhör gegenüber zu verhalten hätte, welches danach forschte, wie die Papiere in mein Haus gekommen seien.

«Nennen Sie meinen Namen», entschied Mangesche Rao.

«Und wenn Sie selbst eine Strafe trifft?»

«Man wird es nicht wagen und sich an die halten, welche wir vorgeschoben haben, aber besser wäre es, man wagte es, weil meine Bestrafung mir das Vertrauen derer sichern würde, für welche ich sie trage. Je mehr die Regierung mich schont, um so eher werden die Brahmanen von Mangalore mich für einen Abtrünnigen halten. Meine Offenheit gegen die Priesterkasten selbst würde Verräter im eigenen Lager erwecken, meine Vorsicht dagegen macht sie mißtrauisch. Es ist schwer, im dunklen Wald einen geraden Weg zu gehen.»

Strahlend stieg ein neuer Tag über Mangalore empor. Ich ritt, schon bevor die Sonne die Spitzen der braunen Pagoden färbte, durch die sumpfigen Mangrovendickichte der Flußniederungen, von Panja begleitet, der wie in einer Ahnung der hereinbrechenden Ereignisse nicht von meiner Seite wich. Eine seltsame Fremdheit lag in meinen Augen über der Landschaft, ihren Tieren und Pflanzen und über allen Dingen. Als ich nahe bei einem hölzernen Lagerschuppen ein Boot im dunklen Wasser erblickte, auf dem ein Hindu fröstelnd in der Morgenkühle hockte und, noch benommen vom Schlaf, in die grünschimmernde Weite starrte, kam mir jener Tag in den Sinn, an welchem ich zu Beginn meiner Dschungelfahrt in Tschirakal am Waterpatnamsee angelangt war und Panja mit den Mohammedanern um den Preis der Kanus stritt.

Die Erlebnisse und die Bilder meiner Reise zogen mit dem heraufsteigenden Tag durch meine Erinnerung, mit ihrem Glanz und ihren Sorgen und ihrem nie ruhenden Wunsch meines Herzens, es möchte in diesem Lande Heimatrechte und jene Beziehungen erwerben, die Vertrautheit zur Liebe führen. Huc, der Affe meines Traums, saß wieder mit alten Augen vor mir, wahrsagerisch und weise, von jenen Hoffnungen der seufzenden Kreatur ermüdet, die so alt sind wie die Schicksale der Erde.

Waren es die Unrast, der Haß und die Erbitterung der neuen Menschen meiner Erfahrung und ihre kleinen und doch so wichtigen Interessen, die mir den Glauben an die Harmonie zerstörten, welche die unberührte Natur und das große Meer mir vermittelt hatten? Nie kam ich mir verirrter vor in dieser Welt des Wirkens als an jenem Morgen, und am liebsten hätte ich alles dahinten gelassen, um aufs neue in die grünen Schatten der durchklungenen Wildnis zu ziehen, die die Sicherheit und den Wohlstand des armen Daseins gefährden mochte, die aber den Weg der Seele zu jenem Erkennen bereitete, das allein Frieden bringen kann.

Aber mein Verlangen erschien mir bald darauf wie ein Hang zur Flucht, als warteten Pflichten und Aufgaben meiner in einem anderen Land, in einem Bereich, dessen Kräften und Zielen ich durch Abstammung und Überlieferung verbunden war, und zum erstenmal seit Jahren wandten sich meine inneren Augen über das Meer hin der Heimat zu. Ich dachte daran, daß der Mann, dem nun seit langem meine tiefste Teilnahme gehörte, wie in einem wehmütigen Bewußtsein des Untergangs seines eigenen Geschlechts und seiner Rasse den nahen Ruhm und die Hoffnung der meinen ahnungsvoll ausgesprochen hatte, und ich fühlte die Kraft seines Glaubens wie ein Vermächtnis im Gewissen glühen. –

Die Ereignisse des Tages verliefen ähnlich, wie ich sie nach Mangesche Raos Worten erwarten mußte. Gegen Mittag meldete sich ein junger Offizier, der in Begleitung von drei Soldaten kam, bei mir an. Er nahm seine Pflicht ungemein wichtig; er versuchte den Anschein zu erwecken, als sei er der König von England, und ich beantwortete seinen pathetischen Erlaß damit, daß ich ihm mein Taschenmesser aushändigte, als habe er meinen Degen gefordert. Er mußte lachen und schien sich darauf zu besinnen, daß ein Privatmann kein Rekrut und ein Deutscher kein englischer Untertan sei, auch erinnerte ich ihn daran, daß ein Verdacht kein Beweis und ich selbst kein verdächtiges Dokument wäre.

Sein Selbstbewußtsein uniformierte sich wieder, als die Papiere gefunden wurden, und auf sein Ersuchen begleitete ich ihn im Ochsenwagen zum Regierungsgebäude. Er war unterwegs höflich, still und sehr ernst, und ich freute mich heimlich des gelungenen Plans meines Freundes.

Übrigens sah nach diesem öffentlichen Eingriff in die Privatrechte einer Reihe der Einwohner Mangalores das militärische Aufgebot plötzlich um vieles gewichtiger aus. Von den Fenstern des Regierungsgebäudes aus erblickte ich draußen auf dem Meere den niedrigen, eckigen Umriß eines Kanonenbootes, das schwarz und drohend im stillen Blau schwamm, wie mit Kohle gezeichnet. Der unfreundliche Hof des Gebäudes wimmelte von Soldaten. Einen Augenblick überkam mich ein Gefühl heißer Besorgnis um Mangesche Raos Geschick. Die nächstliegenden Eindrücke sind besonders dann die stärksten, wenn man die Aussichten der Parteien nicht übersieht.

Panjas totenblasses Gesicht ging mir wie ein Gespenst nach, er war wie versteinert am Gartentor zurückgeblieben; ich wußte nicht, ob er meinen Befehl verstanden hatte, mich am Abend zu erwarten, und ich fürchtete ernstlich, er würde irgendeine heldenmütige Dummheit begehen.

Nach einer zweistündigen Wartezeit, in welcher ich eine treuherzige Schildwache mit einer Reihe der furchtbarsten Dschungelmärchen in ihrem Glauben an Hexen und böse Geister bestärkte und sie mit Zigaretten wieder beruhigte, erschien der Kollektor und verbürgte sich dem englischen Oberst gegenüber, der ihn begleitete, für meine Unschuld. Es mußte wohl eine ausführliche Verhandlung über mich vorangegangen sein; der Beamte entschuldigte sich höflich, aber etwas gereizt bei mir, offenbar erinnerte er sich dessen, daß ich die Bekanntschaft Mangesche Raos seiner Vermittlung verdankte und daß ich mich seit jenen Tagen nicht gut zu einem gefährlichen Umstürzler hätte auswachsen können. Es schien mir zudem aus allem hervorzugehen, daß man den Brahmanen zu schonen wünschte. Ein Rekrut machte sich auf den Weg, mein Pferd zu holen, und ich wurde herzlos und beiläufig verabschiedet. Man war offenbar beschäftigt.

Panja empfing mich glücklich und stolz; mir war, als schämte er sich seiner Ängste, nun er mich wohlbehalten in unserm Hause wiedersah, aber weder seine Freude noch die eigene Erleichterung ließen mich aufatmen. Es trieb mich den Rest des Tages hindurch in großer Unruhe von einem zum andern, nichts wollte mir gelingen, nichts beschäftigte mich ernstlich, ich wartete und wußte nicht, worauf.

Gegen Abend schickte ich Panja zu Mangesche Rao. Er traf ihn nicht in seinem Hause an, aber ich erfuhr wenigstens, daß er auf freiem Fuße belassen worden war, ohne daß ich mich nun für eine Genugtuung oder für eine neue Besorgnis entschließen konnte.

Aus diesen bedrängenden Stunden ist mir ein kleiner Vorfall ohne Bedeutung so lebhaft im Gedächtnis geblieben, als habe meine Sorge sich einzig um ihn gedreht: In der kurzen Dämmerung, als schon der Mond leuchtete und ich mit meiner Zigarre im Liegestuhl auf der Veranda weilte, sah ich einen beweglichen Schatten am Gartentor. Ich beobachtete ihn eine Weile, ohne ihm Gewicht beizumessen; endlich rief ich Panja, der hinausging und gleich darauf ein Kind zu mir brachte, das mich mit stillen Augen betrachtete und lange kein Wort wagte. Es war ein Mädchen von etwa dreizehn Jahren, mit einem rötlichen Kittel bekleidet, mit offenem Haar und seiner Gesichtsbildung nach den niederen Kasten angehörig. Mit Panjas Hilfe erfuhr ich bald die Geschichte und die Bitte meines späten Gastes, und mit einem heimlichen Schauer sah ich das junge Wesen plötzlich mit ganz anderen Augen an, als ich wußte, daß es vor einigen Tagen Mutter geworden war. Man muß erfahren haben, wie gewöhnlich solche Fälle im tropischen Indien sind, um solcher Aussage ohne weiteres Glauben zu schenken. Die junge Mutter kam aus einem Dorfe im Flußtal und bat mich um Schutz. Es handelte sich offenbar um eine Verwechslung meines Hauses mit der Missionsniederlassung.

«Es ist die Nacht der freien Liebe in ihrem Ort», erklärte mir Panja. «Einmal im Frühling muß dort in ihrer Kaste jede Frau und jedes Mädchen jedem Manne angehören, der sie begehrt; das ganze Dorf heult und wimmert die Nacht hindurch wie ein Sumpf mit Ertrinkenden, die zu ewiger Wollust verdammt sind. Es dauert, bis die Sonne am Erdrand erscheint, dann wird es still, und den Tag hindurch schlafen die Menschen. Das Kind ist aus Furcht geflohen.»

Panja führte die junge Mutter in die Missionsschule hinunter, ich blieb mit den Grillen allein in der weißschillernden Nacht – der letzten in Indien, an die ich klare Erinnerungen habe, denn am Morgen des hereinbrechenden neuen Tages stand ich vor der Leiche Mangesche Raos.

Ich weiß, daß ich im Morgengrauen aufs Pferd stieg, im Reiten meinen Rock knöpfte und mir dessen bewußt wurde, daß ich den Korkhelm vergessen hatte. Darüber kam mir in den Sinn, daß ich bei meiner Rückkehr den Schatten aufsuchen müßte, und hörte Panjas fremde Stimme, der mit meinem Pferde sprach, das er laufend am Zügel führte. Er schrie einen Ochsenkarren an, der uns in der Nähe des Stadttors den Weg versperrte, und ich sah einen kleinen, gekrümmten Mann, der ängstlich und mit bösen, unterwürfigen Augen seine Tiere in den Graben zerrte. Er hatte Maisschößlinge geladen und trat mit seinem nackten Fuß aufgeregt in die Weichen der schwerfälligen Ochsen. Hatte diese selbe Stimme Panjas nicht eben noch geschrien: «Die Brahmanen haben Mangesche Rao vergiftet!»?

Es war noch nicht ganz hell im Haus des Toten. Der festgetretene Lehmboden vor der Veranda glänzte feucht, am Zaun waren weiße Ziegen angebunden, und die Palmenwedel sirrten im Morgenwind. Ich vernahm eine Stimme, die merkwürdig gleichförmig klagte, immer in demselben Tonfall; die hellen Seufzer folgten einander mit dem ausgestoßenen Atem, und mein erster Gedanke war: «So ist er nicht tot, ich werde ihn noch lebend finden.»

An der Tür zum Totenzimmer flüchteten einige dunkle Gestalten; ich sah im Raum, dicht am Fenster, ein niedriges Lager, auf das das Morgenlicht fiel, grünlich und blaß, wie aus einem erlöschenden Scheinwerfer. Unter einem weißen Tuch erkannte ich undeutlich die Umrisse einer gekrümmten Gestalt; eine zur Faust verkrampfte Hand sah seitlich aus den Falten hervor und reckte sich, wächsern gefärbt, ein wenig aufwärts gebogen, in den fahlen Glanz des nahenden Tags empor.

Ich schlug das Tuch zurück und ließ es sogleich wieder über das entstellte Gesicht zurückfallen. Das höllische Gift, dem der Brahmane erlegen war, verrät sich selbst unzweifelhaft durch seine Wirkung und zugleich die heimtückische Macht derer, die es im Namen ihrer zu hämischen Götzen herabgesunkenen Gottheit mischen.

Als ich mich abwandte, begegnete ich Panjas Augen, und als er mein Gesicht sah, warf er sich zur Erde, als habe eine Faust ihn niedergeschlagen, und brach in ein Geheul aus wie ein Tier. –

Auf der Basarstraße hatte das bunte Leben des neuen Tages begonnen; die braunen, nackten Gestalten unter den farbigen Turbanen eilten in gewohnter Weise dahin, geschäftig oder lässig, bald von Lasten gebeugt, bald steif und würdig im vertrauten Müßiggang. Ein mohammedanischer Händler, dem ich seit langem schon versprochen hatte, ihm ein Bündel Ingwerwurzeln abzukaufen, verfolgte mich lange. Am Tempelteich, in dem eine weiße Mauer sich spiegelte, predigte ein fremder Pilger. Es roch nach verdunstendem Sprengwasser und Ochsen, die Sonne schien, die vereinzelten Palmen hoben sich schräg und still über den Lärm der Straße und über die weißen, flachen Dächer der Häuser. Es begann warm zu werden.

Als wir die hohe Palmenallee erreichten, die am Meer dahinführt, und die Geräusche der Stadt im eintönigen Rauschen des Wassers verklangen, gab ich Panja mein Pferd und schritt allein weiter. Eine Müdigkeit, die Leib und Seele wie ein bitterer Strom durchdrang, ließ mich nach einer Weile innehalten, und ich lehnte mich an den Stamm eines Baumes und schloß die Augen.

Da sah ich im Abendfrieden ein Dorf meiner deutschen Heimat. Der Holunder blühte am Zaun, es hatte geregnet, und die Luft war kühl und feucht. Hoch auf dem Giebel eines Bauernhauses sang eine Amsel in der letzten Sonne, und die klare Süßigkeit ihrer Stimme erfüllte das ruhige Land mit Glück.

Nachwort

Es gibt eine Reihe von deutschen Dichtern und Schriftstellern, auf die das Land Indien solch eine Faszination ausgeübt hat, daß sie nicht nur eine Reise nach Indien unternommen, sondern ihre Indienerlebnisse auch literarisch und journalistisch verarbeitet haben. Die Indienbilder, die sie den deutschen Lesern vorgelegt haben, sind so facettenreich und voller Froh- und Vorurteile, daß man bald erkennt, daß diese Darstellungen mehr über die Autoren aussagen als über das Land Indien und die Leute dort. Was jedoch den deutschen Leser anbetrifft, so darf man annehmen, daß er das, was ihm geboten wird, nicht unreflektiert rezipiert. Er reagiert und agiert auf den Lesestoff begierig und intensiv mit dem Ergebnis, daß gerade die Details in diesen Berichten sich zu einem nicht leicht ausrottbaren Indienbild verdichten, das der Leser jahrelang mit sich herumträgt. Aus diesem Grund ist es nicht nur interessant, sondern auch notwendig, daß solche Indienbücher und Indiendarstellungen auch von indischer Seite rezipiert und ausgewertet werden.

Waldemar Bonsels, in den zwanziger Jahren einer der Bestseller-Autoren im deutschsprachigen Raum, reiste 1903 nach Indien und veröffentlichte seine «Indienfahrt» im Jahre 1916. Im gleichen Zeitraum erschienen auch Bücher einiger anderer deutscher Autoren, die sich von Indien angezogen fühlten, etwa «Die geflügelte Erde» von Max Dauthendey (1911), Hermann Hesses «Aus Indien» (1913) oder «Das Reisetagebuch eines Philosophen» von Hermann Graf Keyserling (1919). In jedem dieser Berichte findet man unterschiedliche Annäherungsweisen an Indien, die von viel Einfühlungsvermögen und wohlwollendem Verständnis gegenüber der fremden Welt zeugen. Heute hat sich jedoch die Lage erheblich verändert, und manch ein Weltenbummler, der nach Indien fährt, wenn auch nur als Tourist für einige Tage, schreibt ein Indienbuch und gibt sich als Indienkenner aus. Versuchten die deutschen Dichter, die um die Jahrhundertwende und kurz danach Indien bereisten, über den eigenen Kulturkreis hinauszublicken, Kontakt mit einer fremden Kultur aufzunehmen, sie aus eigener Anschauung zu studieren und aus dem Erlebnis des Fremden das herauszuholen, was sie für ihre eigene Persönlichkeitsentfaltung brauchbar fanden, so reisen heutzutage Wohlstandsbürger als «Weltanschauer» und «Entwicklungsberater» nach Indien. Die heutigen europäischen Indienfahrer wirken vielleicht deshalb unbeholfen, weil sie ständig zwischen einem touristischen Interesse an Indien und einer Möchtegern-Solidarität mit der sogenannten Dritten Welt hin und her schwanken. Bücher wie «Der Butt» (das Vasco-Kapitel) von Günter Grass (1977), «Wolli Indienfahrer» von Hubert Fichte (1978), «Erlebt in Indien. Wenn ich Vishnu Sharma hieße» von Gerd E. Hoffmann (1981), «Nektar der Unsterblichkeit. Poetische Annäherung an Indien» von Volker

Sommer (1983) und «Mein indisches Tagebuch» von Ingeborg Drewitz (1983), um einige Beispiele zu nennen, weisen da und dort auf dieses Dilemma hin. Vor diesem Hintergrund sei eine indische Stellungnahme zu Waldemar Bonsels' Indienerlebnis und Indienverständnis aus heutiger Sicht erlaubt.

Bonsels hebt in einer autobiographischen Skizze rückblickend hervor, welche Konflikte er als junger Mensch in seinem streng evangelischen Elternhaus hatte und warum er mit siebzehn Jahren über Nacht das Elternhaus verließ. Er wollte «ein für allemal unabhängig» sein. Die Loslösung von den herkömmlichen Bindungen und der Drang zum eigenen Erlebnis trieben ihn in ein Vagabundendasein. Die Sehnsucht nach der Ferne veranlaßte ihn, zunächst Deutschland und dann Europa zu bereisen. Anschließend galt seine Sehnsucht auch Indien. Es war damals nicht unüblich, daß Verlage Autoren nach Indien schickten, um ihre Reiseberichte oder Romane über Indien veröffentlichen zu können. Bonsels' Indienreise wurde jedoch nicht von einem Verlag, sondern von der Basler Mission finanziert. Der junge Bonsels ließ sich nach verschiedenen abgebrochenen Lehren zum Missionskaufmann ausbilden und bekam dadurch die Möglichkeit, eine Stellung in Indien zu erhalten. Er trat am 19. April 1903 ins Missionshaus Basel ein, die Einsegnung fand am 2. Juli 1903 im Basler Münster statt, er reiste am 3. Oktober 1903 von Triest aus und kam am 18. Oktober 1903 in Bombay an. Der erste Eindruck von Indien scheint sehr positiv gewesen zu sein. «Indien liebe ich täglich mehr. Es ist ein Paradies an Schönheiten, und köstlich sind mir seine Gefahren», schreibt Bonsels nach Hause. Von Bombay fuhr er nach Cannanore, wo er seine Stelle als Kaufmann bei der Missionsweberei antrat. Im November teilt er seiner Schwester in Deutschland mit: «Ich fange schon an, mich etwas zu langweilen. War eben zu abwechslungsreich, mein vergangenes Leben, und ich muß mich erst ein wenig daran gewöhnen, länger als vierzehn Tage an einem Ort auszuhalten.» Bonsels blieb nicht lange in Cannanore, denn er wurde nach Mangalore versetzt. Die Kompromißlosigkeit des jungen Weltenbummlers führte zu Auseinandersetzungen mit der Basler Mission. Bonsels kamen die Arbeitsmethoden der Mission in Indien unglaubwürdig vor; er übte Kritik. (In der Schrift «Mein Austritt aus der Baseler Missions-Industrie und seine Gründe, Offener Brief an die Baseler Missionsgemeinde in Württemberg und der Schweiz», München, 1904, erläuterte er kurz nach seiner Rückkehr seine Einwände gegen die Missionare und ihre Arbeitsmethoden in Indien.) Das unmittelbare Ergebnis war, daß die Basler Mission ihn mit der Begründung entließ, er habe seine Aufgabe nicht zufriedenstellend erfüllt. Die Mission schickte ihn nach Deutschland zurück, und er traf am 16. April 1904, also innerhalb von sechs Monaten, wieder in Europa ein. Somit endete seine erste und zugleich einzige Reise nach Indien. Was Bonsels' reales Erlebnis von Indien betrifft, so muß deshalb festgehalten werden, daß er nicht lange in Indien war und von Indien sehr wenig gesehen hat. Er hatte zwar Englischkenntnisse, zumal er für seine Ausbildung zuvor auch kurze Zeit in England weilte, aber er hat keine indische Sprache gelernt und aus diesem Grund wohl nur zu wenigen Indern Zugang gehabt. Trotz dieser Sprachhindernisse hat Bonsels versucht, Indien positiv auf sich wirken zu lassen.

Bonsels begann erst nach seiner Indienreise zu schreiben und sich als Schriftsteller zu artikulieren. Seit seinem Ausbruch aus dem Elternhaus führte er ein Vagabundendasein, beschäftigte sich mit der Natur, mit der Pflanzen- und Tierwelt, mit dem Menschen und seiner Umwelt. Diese Neigungen fanden später in seinen Werken literarischen Niederschlag. Handelte es sich in der «Biene Maja» um die Tierwelt, so ging es im «Himmelsvolk» um die Blumenwelt. In «Mario, ein Leben im Walde» wurde der Versuch unternommen, aus einer «verderbten Zivilisation» in den naturhaften Zustand zurückzukehren, was jedoch ein Wunschtraum bleiben mußte. Zwischen diesen Werken veröffentlichte er seine «Indienfahrt», die ursprünglich den Titel «Die nachdenkliche Indienfahrt – Erinnerungen aus den Wäldern Indiens» tragen sollte.

Er begann mit der Niederschrift 1912 in Schleißheim, das Buch kam jedoch erst im Herbst 1916 bei Rütten und Loening in Frankfurt am Main heraus. «Indienfahrt» wurde ein Bestseller und erschien in den darauffolgenden Jahren auch in anderen Sprachen. Schon 1922 lag eine finnische, eine französische, eine schwedische, eine holländische, eine russische und eine amerikanische Ausgabe vor. In eine indische Sprache ist das Buch allerdings noch nicht übersetzt worden.

Der besondere Wert der «Indienfahrt» liegt gerade darin, daß sie nicht unmittelbar nach der Indienreise und dem Indienaufenthalt Bonsels' entstand, sondern erst einige Jahre danach. Somit konnte Bonsels manches anders darstellen und erläutern, als das 1904 möglich gewesen wäre. Bekanntlich erwartet man von Reiseberichten über fremde Länder, daß sie Beschreibungen des Landes und der Leute mit den Schilderungen von Erlebnissen des Autors verbinden und Urteile über die fremde Welt fällen. Wer die «Indienfahrt» aufmerksam liest, wird feststellen, daß Bonsels sich mit seinem Buch nicht als sachkundig und wissenschaftlich ambitionierter Analytiker profilieren will. Es geht ihm nicht um eine objektive Beschreibung und Betrachtung Indiens im Sinne eines Sachbuchautors. Er will auch keinen Reiseführer anbieten, der die Sehenswürdigkeiten des Landes vorstellt und den Indienreisenden nützliche Tips bietet. Vielmehr will Bonsels in seinem Buch seine eigenen Erlebnisse in Indien bewußt auf subjektive Weise wiedergeben.

Die typischen Themen der heutigen Indienrezeption in Westeuropa, nämlich Elend, Kastenkonflikte, heilige Kühe, Witwenverbrennung, Bettler, Aberglaube, Irrationalität usw., fehlen bei Bonsels, was auf den Leser, vor allem den indischen, wohltuend wirkt. Bereits 1918 faßte Harry Kahn in der «Weltbühne» die Andersartigkeit der «Indienfahrt» mit folgenden Worten treffend zusammen: «Vor allem charakteristisch für das Buch ist, daß es sich mit den großen Städten und den abgestempelten Kuriositäten überhaupt nicht befaßt. Die Namen Bombay, Madras, Kalkutta kommen kaum beiläufig vor. Nichts von den heiligen Affen in Benares und den merkwürdigen Schlössern in Delhi wird berichtet. Keine Fakire und Radschas treten auf; es werden keine Schlangen beschworen und keine Tiere getötet. Die Ramschphantastik von Kostümverleihern und Kinobesitzern kommt nicht auf ihre Kosten. Zwei kleine Städtchen an der malabarischen Küste, die die gewöhnlichen Karten nicht kennen, eine Kanufahrt ins Innere und ein Marsch ins Gebirge mit zwei eingeborenen Dienern machen den ganzen äußeren Apparat aus, dessen sich Waldemar Bonsels für seine Erlebnisse und Erkenntnisse bedient.»

«Indienfahrt» ist eine Mischung von Reisetagebuch und Roman mit einer ausgeprägt subjektiven Darstellungsweise. In der Ich-Form erzählt der Dichter die Erlebnisse eines Reisenden, der durch Indien zieht und dabei vieles sieht und erlebt. Diese Erlebnisse sind nicht durch eine einheitliche geschlossene Handlung bestimmt. Es ist ein Erzähler, das Alter-Ego von Bonsels, der unter Verwendung einer Spiegelungstechnik Situationen, die sich aufeinander beziehen, wechselnd darstellt und dem Werk dadurch einen autobiographischen Anschein verleiht. Er steht im Mittelpunkt und berichtet von seiner Reise von Cannanore nach Mangalore, die den Rahmen bildet, innerhalb dessen die einzelnen Episoden jeweils ihren Platz einnehmen. Da die Zeitspanne zwischen Erlebtem und Niederschrift immerhin etwa zehn Jahre ausmacht, gelingt es Bonsels mühelos, realistische Details und Imaginäres miteinander mosaikartig zu verbinden.

Folgendes zeigt, warum «Indienfahrt» nicht für ein Tagebuch gehalten werden kann. In «Indienfahrt» begegnen wir einem jungen Deutschen, der, enttäuscht von der europäischen Zivilisation, in Indien eine Alternative zu finden hofft. Träumend vertieft er sich in die Landschaft und will vorläufig seine Heimat vergessen. Seine Reise hat er anscheinend selbst finanziert. Wir wissen jedoch, daß all dies auf Bonsels nur bedingt zutrifft. Bonsels kam durch die Basler Mission nach Indien, weil er «seine kaufmännischen Fähigkeiten in den Dienst der großen und guten Sache stellen» wollte, wie er dies in seinem «Offenen Brief an die Baseler Missionsgemeinde» erklärte. Er war kein unabhängiger Reisender, und Indien war für ihn kein Zufluchtsort. Der Erzähler in «Indienfahrt» spricht von seinen «indischen Jahren» (S. 10), gibt aber nirgends genau an, wie lange er in Indien geblieben ist, auch eine Jahreszahl wird nicht genannt. Bonsels war kaum sechs Monate in Indien und nicht jahrelang. Der Erzähler ist auf seiner Reise von Cannanore nach Mangalore mehrere Monate unterwegs, da ihn die Reise durch bergige Landschaft und durch Dschungel führt. Bonsels hatte gerade wegen seiner Anstellung bei der Basler Mission unmöglich eine solche Reise unternehmen können. Auch die Persönlichkeit des Erzählers in «Indienfahrt» kann mit der von Bonsels schwerlich gleichgesetzt werden. Der Erzähler ist extrovertiert, davon zeugen seine Begegnungen mit dem König von Schamaji und den englischen Beamten. Er hat keinerlei Mühe, wenn es darum geht, Kontakte mit Leuten der verschiedensten Bevölkerungsschichten anzuknüpfen und sich gegebenenfalls zu behaupten. Bonsels hingegen scheint in dieser Hinsicht beträchtliche Schwierigkeiten gehabt zu haben. Dies hängt sicher damit zusammen, daß er nur eine untergeordnete Stellung innerhalb der Basler Mission hatte und in seinem Umgang mit seiner Umwelt recht kompromißlos war. Hinzu kamen die fehlenden Sprachkenntnisse. Wir haben schon darauf hingewiesen, daß er nur wenig Englisch sprach und keine der indischen Sprachen beherrschte. Der Erzähler in «Indienfahrt», wie er von Bonsels beschrieben wird, scheint aber ein Polyglott zu sein: Von Panja lernt er Hindustani, versteht «Kanaresisch» (gemeint ist die südindische Sprache Kannada), nimmt Sanskritunterricht bei Mangesche Rao und spricht hervorragend Englisch, daß sogar der englische Kollektor ihn fragt, ob er Engländer sei. Diese Unterschiede zwischen dem Erzähler und dem Dichter Bonsels lassen die Schlußfolgerung zu, daß Bonsels mit dichterischer Phantasie eine Erzählergestalt aufstellt, die Eigenschaften besitzt, die er selbst nicht hatte, jedoch für ideal hielt für einen Indienfahrer, der Zugang zu Indien sucht.

Bonsels' Erzähler ist kein durchschnittlicher Tourist, der auch im Ausland auf diejenigen Bequemlichkeiten ungern verzichtet, die er von zu Hause kennt. Ganz im Gegenteil nimmt er sich in der Tat eine recht beschwerliche Reise vor. Er studiert zwar vorher die Karten, aber sie sind eben unvollständig, und er verzichtet auf einen minutiösen Reiseplan und erwartet nicht, daß alles reibungslos verläuft. Er verliert unterwegs nicht nur die topographische Orientierung, sondern auch den Sinn für die Zeit. Er wird mit «unüberwindbaren Hindernissen» konfrontiert und muß daher oft die Richtung wechseln. Auch für das leibliche Wohl ist nicht immer ausreichend gesorgt, bald fehlt das Trinkwasser, bald ordentliche Nahrung. Sein Interesse an Indien ist aber so groß, daß er nie und nirgends über Unbequemlichkeiten klagt. Das Reisen unter widrigen Umständen macht ihm Spaß, weil er so vieles kennenlernt und erlebt, was dem Besucher entgeht, der nach Indien kommt, einige Tage oder Wochen in den bekannten großen Städten weilt und dann das Land wieder verläßt. Bonsels bietet seinem Erzähler für seine Indienfahrt eine bunte Kulisse, eine echte indische Atmosphäre, die den zeitgenössischen Leser begeistert haben muß. Pflanzen, Bäume und Tiere tragen zu dieser Atmosphäre bei. Erwähnt werden Bananen, Bambusrohr, Feigenbäume, Palmen, Tamarindenbäume, Pfefferbeeren, Reisfelder, Sandelholz und Tapioka, sodann Hirschantilopen, Krokodile (Bonsels verwendet fälschlicherweise den Begriff «Alligatoren»), Kobras, Rattenschlangen, Rotwild, Schakale, Tiger, wilde Büffel usw. Typischerweise bleiben im ganzen Buch Elefanten und «heilige Kühe» unerwähnt. Der Erzähler benutzt zwar indische Begriffe und Wörter, aber er übertreibt nicht, vielleicht, weil er keinen Anspruch darauf erheben will, Indologe zu sein.

Bonsels' Ich-Erzähler bereist Indien ohne den für den heutigen Touristen obligatorischen Photoapparat. Beschreibungen ersetzen die Photographien. Der Erzähler hat ein enges Verhältnis zur

Natur, die er mit Begeisterung schildert. «Wir sehen den Dichter in schrankenloser Hingabe immer tiefer versinken in die Wunder der üppigen Natur, bis zur völliger Einigung mit Pflanze und Tier in Liebe, Schlaf, Traum und Tod.» Diese Worte von Rheinfurth in «Der neue Mythos» sprechen für die impressionistische Sensibilität Bonsels', denn Indien war für ihn ein Erlebnis, das ihm zeigte, daß seine Vorstellungen von der Natur- und Tierwelt, obwohl im technisierten Europa von damals fehl am Platze, doch irgendwo in einem anderen Teil der Erde Wirklichkeit sein könnten. Werner Mahrholz schreibt im März 1917 in «Zivilisation und Natur»: «Das Erlebnis ‹Indien› ist für Bonsels das Erlebnis einer Natur ohne Konventionen, ohne Zivilisation, ohne Mechanisierung des Lebens.» Die Naturschilderungen Bonsels' bieten das, was die Photos der heutigen Touristen in Indien wiedergeben.

Was die Kunstdenkmäler Indiens anbetrifft, so werden lediglich bei der Beschreibung der Stadt Btschapur im achten Kapitel einige historische Bauten vorgestellt. Es geht dabei weder um exakte Beschreibungen im Stil eines Kunstführers noch um genaue Informationen, die den geschichtlichen Tatsachen entsprechen. Das Gol Gumbaz und der Palast Gagan Mahal dienen hier als monumentale historische Kulisse für die tragische Liebesgeschichte, die der Erzähler mit großer Anteilnahme erzählt. Mit Indiens langjähriger Geschichte scheint sich der Erzähler nicht ausführlich beschäftigen zu wollen. Nur ein einziges Mal, als ihm einige Brahmanen auf der Basarstraße auffallen, obwohl sie ihn kaum zur Kenntnis nehmen, fühlt er sich veranlaßt, über den geschichtlichen Werdegang Indiens anzumerken: «Ich erblickte schöne Gestalten und stolze Gesichter unter ihnen und las aufs neue aus ihren Zügen die ferne Verwandtschaft mit den germanischen Völkern unseres Erdteils, deren Wesen die Jahrtausende nicht ausgelöscht haben. Sie haben lange das gewaltige Reich beherrscht, bis Mohammed seine Fahnen inmitten ihrer Königsschlösser aufpflanzte und ihnen langsam mehr und mehr die furchtbare und geheimnisvolle Macht erschütterte, die heute nur noch tief im Lande, in düsterer Gewalttat und mystischem Dunkel waltet. Bis auch Mohammeds Zeichen und die Pracht seiner Könige erblaßte, als das Gebrüll des britischen Löwen sich über dem Meer erhob und das Land erfüllte.» (S. 36)

Dieses Desinteresse, das er den geschichtlichen Details entgegenbringt, deckt sich mit der Gleichgültigkeit, die heute noch viele Inder für die Geschichte ihres eigenen Landes zeigen, sich aber bestens in der europäischen Geschichte auskennen. Heinrich Sarnetzki meinte dazu in der «Allgemeinen Kölnischen Rundschau», die «Indienfahrt» Bonsels' sei die «Reise eines Ästheten, der ein Wunschbild beschreibt, ein gedichtetes Indien, in dem weder politische Fragen noch die sozialen Verhältnisse erschlossen werden». Diese Auslegung stimmt nicht ganz, denn der Erzähler macht uns darauf aufmerksam, daß er durch die Bekanntschaft mit Indern wie Mangesche Rao «einen allgemeinen Einblick in das Interessengebiet des politisch kämpfenden Indiens» gewonnen habe, und äußert sich einige Male über die Kolonialpolitik der Engländer. Er stellt zum Beispiel fest, daß «jeder in Indien, der lesen kann, weiß, daß ein Engländer nur selten etwas von fremden Sprachen versteht», und rügt deren Umgang mit der einheimischen Bevölkerung.

Obwohl er ein unbeteiligter Beobachter bleiben möchte, erkennt sein scharfer Blick die Politik, welche die Engländer in Indien treiben. «Die Engländer pflegen die Gebräuche und die persönlichen Gewohnheiten der vornehmen Hindus wie auch die der Brahmanen auf das zurückhaltendste zu respektieren, weil sie erkannt haben, daß sie durch die Unterschiede der Sitten, welche die einzelnen Kasten auszeichnen, das Land um so leichter beherrschen.» (S. 215)

Wer das heutige Indien kennt, kann beipflichten, daß diese Art Politik heute noch von manchen indischen Politikern betrieben wird, obwohl die Engländer das Land vor Jahren verlassen haben. Trotzdem will die «Indienfahrt» kein politisches Dokument sein. Der Erzähler verzichtet darauf, sich ausführlich mit der politischen Situation Indiens auseinanderzusetzen. Um so größer ist sein Interesse an den wenigen einzelnen Indern, mit denen er in Berührung kommt, und er macht sich Gedanken über seine eigene Rolle als Fremder.

Wohl erfährt der Leser einiges über diese Inder, aber deren Familien- und Gesellschaftsleben wird nicht beschrieben. Personen wie Mangesche Rao, Panja, Pascha, Goy, Rameni, Gurumahu und der König von Schamaji werden zwar vorgestellt, aber umfassende Charakterstudien von ihnen werden nicht geliefert. Bonsels' Personen sind Typen, die in ihrem Wesen erfaßt werden, jedoch nicht in ihrer Erscheinung. So spricht der Erzähler von zwei Indern, die den Europäern gegenüber unterschiedliche Haltungen einnehmen. Da ist der Koch, «der es nicht über sich brachte, sich vor den Europäern zu beugen, und der seinen Haß gegen die Fremden um der Liebe zu seiner Heimat willen nährte». Der Diener Panja zeigt dagegen eine «geringfügige Unterwürfigkeit, die übrigens keiner niedrigen Gesinnung entsprang, sondern einer kindlichen Bewunderung für den Glanz alles Fremden». Jeder Europäer, der Indien besucht und bereist hat, wird bezeugen können, daß er diesen zwei Typen von Indern immer wieder begegnet ist. Der Inder hat ein zwiespältiges Verhältnis zu Europa: Europa ist für ihn sowohl Patriarch auf Grund des Kolonialismus als auch Partner seit dem Tag der Unabhängigkeit, seit dem 15. August 1947. Diese Zwiespältigkeit bestimmt seinen Umgang mit den Europäern. Treffende Bemerkungen finden sich auch über die Verhaltensweise der indischen Diener ihren europäischen «Herren» gegenüber. Panja betrachtet es als seine Pflicht, seinen Herrn vor anderen, vor allem geldgierigen und betrügerischen Landsleuten zu schützen. Er ist stets um das Wohlbefinden seines Herrn besorgt. Solche Diener gibt es heute noch in Indien in Hülle und Fülle.

Die Gestalt von Mangesche Rao läßt sich auf einen Inder zurückzuführen, den Bonsels während seines Indienaufenthaltes persönlich gekannt hat. In seinem «Offenen Brief an die Baseler Mission» schreibt Bonsels: «Ich machte in Mangalore die Bekanntschaft eines Brahminen, der die Universität in Madras absolviert hatte und einen Lehrerposten an der englischen Hochschule bekleidete. Mein Interesse an seiner Persönlichkeit nahm schnell zu, und unser Verhältnis wurde freundschaftlicher Art, so daß ich sein Vertrauen gewann und später seiner durchschauenden Klugheit und seinem an Erfahrung gebildeten Urteil manches ehrliche Wort von Wert verdankte.»

Der Erzähler betrachtet Mangesche Rao als einen geeigneten Gesprächspartner, weil er für ihn sowohl das alte als auch das neue Indien verkörpert, außerdem ist er der einzige Inder, der ihm intellektuell ebenbürtig ist und mit ihm über religionsphilosophische und soziopolitische Themen anregende Gespräche führen kann. Es ist leider so, daß viele Europäer nur mit jenen Indern Kontakte knüpfen können, die Englisch beherrschen. Der Zugang der Europäer zu Indien wird dadurch bedauerlicherweise allzuoft von solchen gebildeteren Indern bestimmt. Der Erzähler von «Indienfahrt» scheint jedoch unterstreichen zu wollen, wie wichtig es für die europäischen Indienreisenden ist, Bekanntschaften mit Indern aus verschiedenen sozialen Schichten zu pflegen. Er berichtet: «Die Fischer wurden meine ersten Freunde in Cannanore, und ich hatte mich bald daran gewöhnt, ihre Arbeit mit ihnen zu teilen. Es gelang mir, ihr anfängliches Mißtrauen zu zerstreuen, und ich lernte von ihnen, wie sie von mir.» (S. 38)

Das Lernen voneinander wird hier von Bonsels hervorgehoben, eine Forderung, die heutzutage in den weltweiten entwicklungspolitischen Diskussionen laut gestellt, aber nur von wenigen praktiziert wird. Der Erzähler bringt auch viel Verständnis für die Probleme des Einzelnen auf, wenn von jenem Jungen die Rede ist, der seinen Affen verkaufen will, weil seine Familie nichts zu essen hat, und ihm auffällt, daß der Ton, in dem der arme Junge sein Schicksal beschreibt, «ohne Klage und Anklage» ist, oder wenn er von einem dreizehnjährigen Mädchen berichtet, das seinem Schicksal zu entfliehen sucht, indem es sein Dorf verläßt, um sich nicht an der «Nacht der freien Liebe» beteiligen zu müssen.

Bemerkenswert ist die Zurückhaltung des Erzählers, der eine einheimische Sitte von einem Einheimischen erklären läßt, dabei aber darauf verzichtet, eigene Werturteile abzugeben. Er weiß, daß es vieles in dem fremden Land gibt, was er nicht verstehen kann und verstehen wird.

Das fehlende Selbstverständnis der Inder glaubt der Erzähler auf den Kolonialismus zurückführen zu können. Gerade die gebildeten Inder besitzen mehr Kenntnisse über die europäische Kultur als über ihre eigene. Daran hat sich heute noch nicht viel geändert. Mangesche Rao scheint jedoch eine Ausnahme zu sein, denn er spricht zwar zuerst über Goethe und Schiller, stellt aber dann das Drama «Sakuntala» von Kalidasa weit über alles, «was der große Engländer» (gemeint ist Shakespeare) «jemals empfunden, gedacht und gestaltet hat». Somit läßt der Erzähler den Inder den Anspruch erheben, daß auch die indische Literatur zur Weltliteratur gehört. Bekanntlich sind die indischen Literaturen selbst heute im deutschen Sprachraum noch nicht in dem Maße bekannt, daß man auf dem Gebiet der Literaturwissenschaft von einer gleichberechtigten Partnerschaft sprechen kann. Der Erzähler der «Indienfahrt» macht aber auch darauf aufmerksam, daß die Inder über Deutschland dürftig informiert sind. Als er Rameni sagt, er sei Deutscher, antwortet Rameni: «Ich habe von diesem Land niemals gehört, aber seine Bewohner gelten als freigebig, und wahrscheinlich ist es reicher als das Britische Reich.»

Der Erzähler ist sehr vorsichtig mit seinem Urteil über die Inder. Er ist sich der Problematik bewußt, wenn er sagt: «Wir erlangen in unseren kurzen Erdentagen niemals das Maß von Erfahrung fremden Erscheinungen gegenüber, das uns ermöglichte, nach dem ersten Eindruck gerecht auf den allgemeinen Wert zu schließen.» Später heißt es dann: «So waren die Eindrücke, die ich in den ersten Monaten meines Aufenthalts in Mangalore erhielt, außerordentlich bunt und mannigfach, und so eifrig ich nach dem Sinn der Erscheinungen forschte, so verwirrte mich das meiste eher, als daß es mein Verständnis förderte.» Der Erzähler versucht sich in Indien anders zu verhalten als die anderen Europäer. Er geht davon aus, daß man sich im Ausland den Landesgewohnheiten anzupassen hat, und findet es bedauerlich, daß viele «Hinduhotels» den Europäern die Speisen auf deren Art zubereiten, was dazu führt, daß der Europäer die indische Küche nie richtig kennenlernt. Nicht nur Reisende, auch Missionare werden wegen ihrer Verhaltensweise kritisiert. In einem sehr bissigen

Ton bemerkt er: «Ein bezeichnendes Merkmal, woran solche Leute im Fall eines Zweifels bald zu erkennen sind, ist ihre Fähigkeit, über alle Dinge mitzureden, sie zu beurteilen oder einzuschätzen, ohne daß sie sich je die Mühe gemacht hätten, sie auch zu verstehen.» Er selber bildet in dieser Hinsicht eine große Ausnahme, weil er die Andersartigkeit der Inder, die trotz ihres harten Lebens eine gewisse Lebensfreude auszustrahlen vermögen, zu schätzen weiß.

Von den religiösen Riten und Festen der Hindus ist kaum die Rede. Der Erzähler scheint sich mehr für die dahintersteckende Lebensphilosophie zu interessieren. Deshalb fragt er Mangesche Rao: «Was ist das Brahman? Ich höre Gedanken von tiefem Sinn, Weisheit voller Schönheiten, Erlösungsgedanken voll hellen Befreiungsglaubens, aber über dem Begriff des Brahman selbst schwebt ein mystisches Dunkel.»

Eine Antwort auf diese Frage wird gegeben mit Hilfe von Zitaten aus den heiligen Schriften der Hindus, darunter dem «Atmabodha Upanishad» des Atharvaveda (S. 272), dem «Taittiriya Upanishad» des Yajurveda (S. 77) und dem «Bhagavadgita» (S. 79). Berichtet wird auch über die Bemühungen von Swâmi Vivekânanda und Brahma-Samaj, den Hinduismus zeitgerecht zu reformieren, und von dem bedingten Erfolg dieser Versuche. (S. 268)

Bei allen diesen Ausführungen geht es dem Erzähler nicht um eine vergleichende Studie der verschiedenen Religionen. Er läßt die Inder zu Fragen der Religion selbst Stellung nehmen, Mangesche

Rao äußert Bedenken über den Versuch, Hinduismus und Christentum miteinander zu vergleichen. Seine skeptische Feststellung lautet: «die meisten Vergleiche sind deshalb bedeutungslos, weil es schwerfällt, zwei Erscheinungen erfolgreich miteinander zu vergleichen, die im Wesen voneinander verschieden sind, denn das Brahman ist Philosophie, aber die Weisheit Christi ist praktische Lehre.»

Der Erzähler in der «Indienfahrt» sucht aber in Indien nach Alternativen, weil er die europäische Gedankenwelt als sinnentleert erlebt zu haben glaubt. Gedanken aus der indischen Lebensphilosophie greift er auf zur Deutung der seiner Meinung nach aussichtslosen Lage Europas. Er stellt zum Beispiel fest, daß die Menschen in Indien leichter und selbstverständlicher sterben, weil sie der Gottheit die «Sorge für ihr künftiges Ergehen» überlassen. Er vergleicht diese Haltung der Inder mit der der Europäer und meint, daß die Inder die europäische Vorstellung, man sei selbst in letzter Stunde für einen geordneten Abzug verantwortlich, unbegreiflich finden würden. In seinen imaginären Gesprächen mit dem Affen Huc, dem er den Rang eines gleichwertigen Partners einräumt, läßt er den Affen den Hochmut des Menschen anderen Lebewesen gegenüber kritisieren: «Ihr Menschen habt verlernt, in den lebenden Wesen der Schöpfung den Schöpfer zu ehren.»

Huc meint auch, daß die Menschen zu Unrecht glauben, der Natur etwas hinzufügen zu können, und er hält es für vermessen, wenn die Menschen glauben, etwas erschaffen zu müssen, um bestehen zu bleiben: «Euer ewiger Bestand hat nichts zu tun mit euren Werken, und solange ihr glaubt, euch im Streben Erlösung zu sichern, beweist ihr nur, daß ihr nicht wißt, was Erlösung ist.»

Das Indienerlebnis führt den Erzähler zu einer neuen Weltanschauung. Er lernt in Indien, alle Erscheinungsformen der Welt in der Natur, in der Tier- und in der Menschenwelt als Manifestationen eines über Sinnen, Verstand und Willen Stehenden zu begreifen.

Bonsels' Indienerlebnis und Indienverständnis können nur dann adäquat gewürdigt werden, wenn man dem dokumentarischen Wert des Werkes Beachtung schenkt, ohne sich dabei in erster Linie über den poetischen Wert dieses Buches in eine Diskussion einzulassen. Bonsels maß den Reisen große Bedeutung für die Entwicklung der eigenen Persönlichkeit zu, denn «das Reisen läutert das Gemüt, denn die Fremde macht bescheiden, und durchaus nicht auf die Art, wie es nur die Lumpen sein sollen. Die Achtung vor fremdem Wesen, die gerade uns Deutschen so gern als Tadel nachgesagt wird, ist nur dann eine Untugend, wenn sie sich mit einer Preisgabe des eigenen Wesens verbindet. Dieser Respekt aber vor fremdem Geist und Tun und vor der Lebensart anderer wird in allen reicheren Herzen die Tadelsucht und die Selbstüberhebung dämpfen, die beiden Grundfehler unserer jungen Generation.»

Im Falle von Bonsels kann von einem Mangel an selbstkritischen Fragen nach eigenen Voraussetzungen und Möglichkeiten des Verstehens einer anderen Kultur keine Rede sein. Er bemüht sich, für alles Fremde Verständnis aufzubringen, ohne die damals übliche Überlegenheit der Weißen in Indien. Ihn fasziniert die Andersartigkeit der Inder, ihre andere Einstellung zum Leben.

Sein Interesse am Land ist nicht touristischer Art. Sein Anliegen ist weder bloß «sight seeing» noch der Versuch, ohne Sprachkenntnisse herauszufinden, wie die Inder «tatsächlich» leben. Auch die Erwartung, das von zu Hause schon Bekannte im fremden Land anzutreffen, fehlt bei ihm. Er warnt seine Zeitgenossen vor falschen Erwartungen: «Eine große Zahl Berichterstatter aus dem heutigen Indien behaupten in Büchern und Journalen immer wieder, dies Land sei aller Geheimnisse und Wunder und aller Mystik längst entkleidet. Wahrscheinlich kennen sie von Indien nur die neumodischen Hotels. Ich habe den poetischen Glanz der Veden und den Geist Kalidasas überall gefunden und erst im Lande selbst recht würdigen und fassen gelernt, und der bedauernden Ernüchterung der modernen Propheten habe ich nur den Kummer entgegenzuhalten, daß meine Kräfte nicht ausreichen, von den mystischen Herrlichkeiten und dem geheimnisvollen Zauber aller Erscheinungen ein rechtes Bild zu geben.»

Das sind Worte, die eigentlich in jedem Reiseführer über Indien geschrieben stehen sollten. Bonsels verlangt eine gewisse Aufrichtigkeit gegen sich selbst von denen, die fremde Länder mit großer Neugierde und Wißbegierde bereisen. Weil er sich an das aus Europa mitgebrachte Wertsystem nicht starr hält, bleibt ihm jegliche Enttäuschung in seinem «Indienerlebnis» erspart. Er reagiert auf Indien weder überschwenglich begeistert noch ganz entsetzt, sondern gibt zu: «Mich ergriff aufs neue jene sonderbare Traurigkeit, die mich in Indien nie verlassen hat und die dem menschlichen Herzen allem Unerforschbaren gegenüber eigentümlich ist.» Bonsels will jedoch Indien nicht als absolute Fremde inszenieren. Er ist sich dessen bewußt, daß Indien in der geistig-zivilisatorischen Entwicklung noch immer auf einer Stufe steht, die in ähnlicher Weise auch Europa einmal eingenommen, inzwischen aber kraft seines «faustischen Strebens» hinter sich gelassen hat, was viele in Europa mittlerweile doch bedauern. In der «Indienfahrt» stellt Bonsels einen Erzähler dar, der den Veränderungen der technisierten Welt skeptisch, aber auch ratlos gegenübersteht, voller Unruhe, die er mitten in der Natur Indiens zu überwinden versucht. Damit wird er zum Sprecher einer Humanität, die um die Zukunft der Welt bangt.

Der Autor nimmt seine Erlebnisse in Indien zum Anlaß, über die Fragen seiner Zeit und die Probleme seines Kulturkreises nachzudenken und anhand der Denkanstöße, die ihm Indien geliefert hat, neue Bezugsrahmen zu entwickeln. Er distanziert sich nicht von Indien, er kehrt sich auch nicht von Indien ab, weil er das Land weder aus moralischer noch aus pädagogischer Perspektive herausfordert. Im Gegenteil kann er seine Zeitgenossen beruhigen: «Indien wird kaum jemand gefährlich werden, dessen Ansprüche nicht über die Erhaltung seines leiblichen Lebens hinausgehen, aber sein dämonischer Geist trifft das Mark der Seele dort inmitten, wo ihr Flug die großen Fragen allen Seins und die Höhen des Menschenbewußtseins zu erstürmen sucht. Der alte Geist des ewigen Gottesreichs lähmt mit der unfaßbaren Stille seines himmlischen Triumphs allen zornigen Eifer des Kampfes und der Forschung, alle Jugend im Streit um die Erkenntnis und die Frische jeder Tat im Geist. Es ist alles gewesen.» Somit bleibt Bonsels eine Ausnahme unter den damaligen wie heutigen Indienfahrern. Ihm ist es gelungen, die Assimilationskraft und das Aufnahmevermögen der indischen Gedankenwelt wahrzunehmen und zu erkennen, daß es, verbunden mit einem Zeitgefühl, das jeden Augenblick als Anfang und zugleich als Ende ansieht und infolgedessen jede Änderung als Teil des ständigen Wechsels einordnet, in dieser Denkweise nicht die Konflikte gibt, die für das europäische Denken bezeichnend sind. Dabei will er die beiden Kulturkreise und die beiden Denkweisen nicht gegeneinander ausspielen. Er plädiert vielmehr für eine, heute würde man sagen, Solidarität des Menschen mit seiner ganzen Umwelt oder, wie man in Indien sagen würde, mit seiner ganzen Mitwelt, wenn er feststellt: «da ich verabscheue Mitleid zu geben oder zu empfangen, ist mir nur der Weg geblieben, in allem Lebendigen einen meinem Leben gleichberechtigten Ausdruck der Natur zu erblicken».

Man kann sich nur wünschen, daß diese Art von Solidarität von vielen von uns in unseren interkulturellen Begegnungen ernstgenommen und gelebt wird.

Vridhagiri Ganeshan

Inhalt